이 책은 방일영문화재단의 지원을 받아 저술·출판되었습니다.

차이나별곡
중국문명의 그늘

2025년 8월 29일 초판 1쇄
2025년 10월 20일   2쇄

글 유광종
펴낸곳 책밭
펴낸이 전미정
디자인 윤종욱 정윤혜
교정·교열 전혜영 이민주
출판등록 2009년 12월 4일 제420-251002009000230호
주소 강원도 강릉시 주문진읍 오리나루2길 25 1404호
전화 02-2275-5326
팩스 02-2275-5327
이메일 go5326@naver.com
홈페이지 www.npplus.co.kr
ISBN 978-89-97170-76-0 03910

정가 17,000원
ⓒ 유광종, 2025

책밭은 도서출판 하다의 출판 브랜드입니다.
이 책은 저작권법에 따라 보호받는 저작물이므로 무단 전재와 무단 복제를 금지하며,
이 책 내용의 전부 또는 일부를 이용하려면 반드시 저작권자와 도서출판 하다의 동의를 받아야 합니다.

* [칼럼 연재] 유광종의 차이나 別曲, https://www.chosun.com/tag/yu-china

차이나별곡 別曲
중국문명의 그늘

유광종 저

'달빛 스파이'의 나라와 문명

일찌감치 중국인들은 문틈으로 들어오는 달빛을 보면서 '간첩'을 떠올렸다. 이 책에서 다룬 글이지만, 문명의 새벽에서 사람과 사람 사이의 긴장감 넘치는 싸움을 정밀하게 다룬 이들이 지금의 중국인 조상들이다.

그 중국에는 일찌감치 숱한 싸움이 번졌다. 고증할 수 있는 중국의 역사가 약 4000년 정도라면 그 햇수에 버금갈 정도의 대규모 전쟁이 중국 땅에서 발생했다. 그곳 사람들의 생각과 행위는 자연스레 전쟁에서 이기거나, 그 싸움을 회피하려는 사고로 이어졌을 것이다. 지금으로부터 약 2500년 전 손자(孫子)라는 이가 대표적이다.

그는 '문틈으로 새들어오는 달빛'을 그린 글자 간(間)으로부터 아주 구체적이며 대담한 스파이 운용 방법을 생각해 냈다. 그가 지은 '손자병법(孫子兵法)'은 세계적으로 유명한 '싸움 안내서'다. 아울러 그 무렵 중국에서 유행한 게임은 바둑이다.

치밀한 포석과 형세(形勢)를 읽어가며 벌이는 바둑은 고도의 전쟁 게임이다. 손자를 비롯한 수많은 병법의 저술가들과 아주 오래

전에 등장한 '메이드 인 차이나'의 최고 명품, 바둑의 상관관계는 도대체 무엇인가를 이 책은 묻고자 한다.

책에서 다루고자 하는 모든 이야기들의 큰 흐름은 바로 여기에 있다. 흥미진진한 스토리와 함께 우리의 중국 이해를 이끌었던 책은 '삼국연의(三國演義)'다. 멋진 대륙의 남성들이 맹활약하는 전쟁터 이야기다. 그러나 이 책의 진면목은 잔혹한 싸움의 기술과 기만의 방법을 전파한다는 점에 있다.

그럼에도 우리는 영웅과 호걸, 대륙의 낭만으로 그 책을 읽는 버릇이 있다. 아울러 그런 습성은 좀체 고쳐지지 않는다. 이 책은 그런 중국 콘텐츠를 바로 대하는 방법에 관한 모색을 담았다. 아울러 현대 중국인들이 왜 무술 영화와 궁중 암투극 등 사람과 사람 사이의 끝없는 다툼과 전쟁이라는 주제로 쉼 없이 다양한 콘텐츠를 생산하고 있는지 설명할 것이다.

중국은 문명체로서의 자격을 갖췄지만 이제는 강고한 국가주의로 기울고 말았다. 중국이 문명의 너른 개활지로 나아가지 못한 점을 나는 이 책에서 '그늘'로 읽었다. 사람과 사람 사이의 집요하며 음울한 싸움에 몰두하다 보니 중국은 문명의 큰 시야를 얻지 못했다. 대신, 복잡하고 불길한 계산(計算)에만 빠져든 흔적이 역력하다.

옛 왕조시대의 통치적 구도를 오늘에도 변함없이 이어가고 있는 곳이 중국이다. 과거 왕조시대의 엄혹했던 사람 통제 기술, 즉 '제인(制人)'의 방도와 사고가 오늘날 집권 공산당에 의해 현란하게 펼쳐지고 있는 점은 중국의 문명이 보이는 명확한 퇴보가 아닐 수 없다.

아울러 사회 상층인 중국 공산당 엘리트 계층의 끝없는 탐욕과 부패는 오늘날 중국의 숱한 '문제'를 구성하는 가장 큰 토대다. 게다가 지식과 정보, 경제와 문화의 각종 혜택에서 그들로부터 더욱 멀어지고 있는 대다수 중국 대중의 '우중화(愚衆化)' 문제 또한 매우 심각하다.

조선일보에 연재하고 있는 '유광종의 차이나 별곡' 일부를 대폭 보완해 우선 책으로 옮겼다. 중국을 읽는 우리 사회의 독법(讀法)이야 매우 다양하지만, 이 책은 무엇보다 중국의 오랜 전통이 빚어낸 요소들에 입각해 현대의 문제점들을 정리하고 있음을 강조한다.

한반도와 땅으로 이어진 중국은 뗄래야 뗄 수 없는 이웃이다. 아울러 우리는 국제 정치와 경제 및 산업 등 여러 측면에서 '달빛 스파이' 후예들과 더욱 경합을 벌여야 할 입장이다. 반중(反中)의 기류가 더욱 거세지는 요즘 우리 사회에 중국을 더 깊이 알고 대응하는 지중(知中)의 벽돌을 쌓기 위한 노력의 하나로 이 책의 의미를 받아들여주기를 바란다.

차례

서문   '달빛 스파이'의 나라와 문명   4

1 붉은 질서:
권력은 어떻게 작동하는가

'말발' 약해진 중국 공산당	19
'짐(朕)'이 부른 외로움	22
'큰 형님'들의 쓸쓸한 퇴장	25
간부(幹部) 천국	28
권모와 술수의 바다	31
노비의 얼굴과 무릎	34
부패가 번지기 쉬운 사회	37
어둡고 은밀한 중국의 막후(幕後)	40
일언당(一言堂), 어르신 한마디면 끝	43
전통의 지혜로부터 멀어진 공산당	46
좋은 황제 콤플렉스	49
중국 공산당의 주문(呪文)	52
책사(策士)	55
통치와 복종	58
황제(皇帝)와 붉은 자본가	62
황제(皇帝)와 순민(順民)	65

2 격자 위의 삶:
통제는 일상을 어떻게 설계하는가

고자질 문화	71
관문(關門)	74
담 안에 또 담	77
담과 울타리에 갇힌 마음	80
담쌓는 사람의 배타 의식	84
담을 넘는 중국인	87
대륙의 풍우(風雨)	90
대륙의 허풍(虛風)	93
돼지고기와 중국인	96
매우 현세적인 중국인의 가치관	99
매우(梅雨)	102
먼지 많은 세상	105
민생(民生)과 도탄(塗炭)	108
분열과 통일	111
사합원(四合院)	114
삼계탕(蔘鷄湯)과 중국인	117

2 격자 위의 삶:
통제는 일상을 어떻게 설계하는가

식인애사(食人哀史)	120
싼샤댐과 중국인의 자연관	123
요즘 중국인의 금은동(金銀銅)	126
재난과 굶주림의 땅	130
중국 부자들의 운명	133
중국에 내리는 비	136
중국의 요즘 '아줌마'	140
중국의 욕과 책임 전가	143
중국의 최대 성씨(姓氏)	146
중국인의 문(門) 앞 풍경	149
현대 중국인의 민생고(民生苦) 셋	153

3 감정의 정치학:
검열된 마음, 불안의 구조

'늑대' 꿈	159
가을에도 전쟁을 떠올렸던 중국인	163
걱정과 근심의 우환의식(憂患意識)	166
과장의 기법에 묶인 자의식	169
기우(杞憂), 땅에만 묶였던 시선	173
기형(畸形)을 사랑한 중국	176
노예근성 키웠던 중국 지식사회	179
돌림병이 걱정인 땅	182
면면한 밀고(密告)의 전통	185
성(城)을 바라보는 중국인의 정서	189
중국의 '착하게 살자'	192
중국의 구름 기상도	195
초(楚)나라 땅의 고초(苦楚)	198
총명함과 지혜	201
커튼으로 가린 중국인 생각	204
태평(太平) 콤플렉스	207

4 경계의 시선:
세계를 바라보는 이중적 자의식

6·25 전쟁의 중공군	213
'수호전(水滸傳)' 양산박과 홍콩	216
가로세로와 중화주의(中華主義)	219
광둥과 홍콩의 인문(人文)	222
길	225
동류(東流)	229
바둑과 체스로 읽는 미·중의 분쟁	232
바람 피하는 항구, HongKong	235
변통(變通)	238
복잡한 싸움법의 한계	241
성벽(城壁)과 교량(橋梁)	245
유연함을 잃어가는 중국 외교	249
장강(長江)의 앞 물결과 뒷물결	252
중국의 지구전(持久戰) 전략	256
중국인, 화인(華人), 그리고 당인(唐人)	259
중화(中華)에 못 미치는 중국	262
진화(進化) vs 천연(天演)	265
한국의 친구, 중국의 펑여우(朋友)	268

5 문자의 덫:
언어는 어떻게 사유를 가두는가

2000년 이어지는 경학(經學)의 시대	273
가짜와 짝퉁, 그리고 의고(擬古)의 전통	276
덩샤오핑과 시진핑 이름의 평(平)	279
만다린과 푸퉁화	282
자금성 붉은 담 위의 난초꽃	285
제갈량 신드롬의 속내	288
중국에 암기(暗器)가 많은 까닭	291
중국인이 사랑하는 꽃	294
호리병박과 중국 국경일	297

6 경계 너머의 풍경:
균열은 어디서 시작되는가

2025년 중국	303
강 건너 불	306
강호(江湖)라는 중국의 민간 세계	309
달빛에서 빚어낸 스파이 전통	312
더 굳어지는 중국의 얼굴	315
몸집만 큰 '아기'들의 나라	318
무기력한 중국 무술(武術)	321
세 자루의 칼과 중국인 창업 열기	324
예절 뒤에 숨긴 칼	327
전통을 오독(誤讀)하는 중국 지도층	330
주원장이 명(明)을 세운 힘	333
중국의 흑사회(黑社會)	336
질질 끌다가 흐지부지	339

차이나별곡 ── 중국문명의 그늘

1

붉은 질서

권력은 어떻게 작동하는가

통치란 단순히 명령을 내리는 기술이 아니다. 그것은 감정을 설계하고, 말의 흐름을 통제하며, 사람들에게 침묵을 학습시키는 구조다. 중국의 붉은 질서는 그렇게 만들어졌다. 황제가 내리던 조칙은 회의실 발언으로 바뀌었고, 명령은 선전 구호로 둔갑했다. 복종은 익숙한 말투로 반복되었고, 간부는 새로운 신민의 모범으로 자리 잡았다. 통치는 사라지지 않았다. 달라진 것은 방식뿐이다.

'말발' 약해진 중국 공산당

지도를 보면 길이 800㎞, 폭 200여㎞의 커다란 산줄기가 중국의 복판을 흐른다. 친링(秦嶺)이라는 산맥이다. 그 산맥을 끼고 발달한 곳이 옛 당나라의 수도 장안(長安)이 있던 산시(陝西) 지역이다. 중국 문명 초기에 일찍 주목을 받았던 곳이고, 역대 주요 왕조의 수도가 이곳에 들어섰던 까닭에 지금까지도 사람들의 큰 관심을 받는 곳이다.

그중 하나의 전통적 관념이 가끔 사람들의 입에 오르내린다. 중국 왕조사에서 땅 위에 존재하는 권력 가운데 최고의 권력이라고 여겨졌던 '황제(皇帝) 기운'이 흐른다고 하는 풍수 상의 용맥(龍脈) 관념이다. 더 먼 서쪽으로부터 흘러내린 용맥은 이 친링산맥을 통해 산시 지역에 세웠던 황도(皇都)로 전해졌다고 중국인들은 상상했다. 그런 친링 산맥의 한 줄기도 개혁·개방 이후의 거센 개발 붐에 싸인 적이 있다.

산맥의 북쪽 한 자락이 옛 장안(長安), 지금의 시안(西安)으로 흘러내리는 곳에 호화별장이 많이 들어섰다. 부동산 가치가 크게 높아질 만한 '용맥' 위에 별장을 지어 그 덕을 보려는 개발 붐이었다. 이는 지난 2000년 이후 지금까지 줄곧 이어진 상황이다. 그러나

2012년 중국 공산당 총서기 자리에 오른 시진핑(習近平)은 2년 뒤 이 별장들을 철거하라는 명령을 단호하게 내렸다. 이곳이 워낙 유명한 '용맥'의 구간이었던 데다가, 아울러 생태와 환경 측면에서도 보존 가치가 매우 높은 곳이었기 때문이다.

그러나 중국을 이끄는 공산당 총서기의 명령은 잘 먹히지 않았다. 보도에 따르면 2018년까지 시진핑은 모두 6차례에 걸쳐 이곳 구간에 무분별하게 들어선 호화 별장 단지들을 철거하라고 지시했다고 한다. 모두 6차례의 강력한 지시에도 불구하고 자신의 '말발'이 먹히지 않자 시진핑은 크게 분노했다는 후문이다. 결국 이 친링의 호화 별장들은 2018년 들어 대규모 철거 작업의 국면을 맞았다. 거듭 이어지는 공산당 최고 권력자의 명령을 더 피할 수 없었던 까닭이다. 개발이익을 노렸던 현지 지방정부의 관료들은 그 이후에야 법의 철퇴를 맞았다.

친링산맥은 생태환경이 좋아 국가 차원의 보호가 필요한 곳이다. 따라서 시진핑의 지시는 전혀 어색하지 않다. 그럼에도 공산당 총서기가 옛 황제의 기운을 상징하는 '용맥'에 집착한 것 아니냐는 의혹이 불거지며 화제에 오르기도 했다. 강력한 권력 집중을 꾀했고, 마침내 3연임 제한 철폐에 성공해 영구 집권의 토대까지 닦은 시진핑은 그런 오해를 받기에 충분했다고 할 수 있다.

하지만 아무리 최고 권력이라고는 하지만 그 지시가 때로는 먹

고도 장안(長安)의 터전 위에 들어선 시안(西安)의 명대 성채 야경 (사진 제공: 조용철)

히지 않는 중국적인 현상을 지적하는 사람도 많았다. 이른바 "정치 명령이 중난하이를 벗어나지 못한다(政令不出中南海)"는 말이 나돈 점이다. 최고 지도부의 지시가 그들이 살고 있는 중난하이에서만 맴돈다는 뜻이다. 공산당 중앙의 통제력이 예전만 못하다는 시선이 깔려 있다. 경제 침체의 가능성에 무역, 과학 기술, 군사, 외교 영역에서 미국과의 충돌이 불가피해진 중국 공산당 지도부는 '정치적 단결'을 연일 강조하고 있다. 친링의 호화 별장 철거 스캔들과 맥락을 함께하는 현상이다. 중국이 때로는 이렇게 어수선하다.

'짐(朕)'이 부른 외로움

동양의 옛 군주가 '나'라는 1인칭 호칭으로 즐겨 썼던 한자 짐(朕)의 초기 글자꼴이다.

정체를 잘 알 수 없는 글자가 등장한다. 연원을 제대로 밝히기 힘든 말이지만, 우리에게는 퍽 익숙할 수도 있는 글자다. 그러나 한자가 멀어지고 있는 요즘에는 사치스러운 생각임이 분명하다. 어쨌거나 우리는 요즘도 텔레비전 사극 등에서 이 말을 자주 듣는다. 임금이 자신을 부르면서 하는 말이다. "짐이 말일세…"라고 말할 때의 그 '짐(朕)'이다.

이 글자가 어떻게 비롯했는지는 잘 알 수가 없다. 한자 초기 꼴인 갑골문에서도 곧장 이 글자의 원래 꼴을 찾아보기 힘들다. 갑골문이 땅에 묻혀 사라지기 전의 용례를 찾기 어렵다. 나중에 이 글자가 쓰이는 경우는 조짐(兆朕)이라는 단어와 관련을 맺은 뒤다. 본래는 어떤 '틈새' 등을 가리키는 글자였기 때문에 '조짐'이라는 말로 발전했을 가능성이 크다. 앞의 조(兆)는 확연하다 싶을 정도로 그런 맥락에서 우러나온 글자다.

이 '조'는 거북의 등껍질이나 소의 견갑골 등에 홈을 파서 불에 달군 막대기를 그 안에 들이밀었을 때 생겨나는 금이나 틈의 형상이다. 갑골문의 주체들은 이런 식으로 거북 등이나 소의 견갑골이 쪼개지는 모양을 보고 점을 쳤다고 한다. 그런 '조'에 붙은 '짐'이라서 뒷글자 역시 어떤 징조 등을 가리키는 새김이었으리라 추정할 뿐이다.

아무튼 이 '짐'이라는 글자의 초기 쓰임은 그랬지만 나중에는 옛 중국에서 대개 1인칭 대명사, '우리'라는 뜻의 호칭으로 잘 쓰이다가 중국 판도를 최초로 통일한 진시황(秦始皇) 때에 이르러 제왕이 스스로를 칭하는 말로 자리를 잡았다고 한다. 그러니까 어떤 연유인지는 몰라도 글자는 제왕의 1인칭 대명사로 정착한 셈이다. 글자로서는 대단한 위상을 확보했다고 할 수 있다.

고대 동양의 군왕을 모시는 일은 아주 두려웠다. 반군여호(伴君如虎)라는 성어가 나온 이유다. 임금 모시기가 호랑이 대하듯 어렵다는 얘기다. 자칫 잘못하면 목숨을 잃기 때문이다. 아울러 제왕은 구중궁궐(九重宮闕) 깊은 곳에 몸을 사리고 있어 외롭기 마련이다. 시끌벅적한 저잣거리에 나와 일반 사람들과는 어울리기 힘든 처지다. 세상 가장 높은 곳에, 아무나 범접할 수 없는 장소에 살고 있으니 외로울 수밖에 없지 않을까.

그런 이유로 군왕 스스로는 자신을 '짐'이라고 호칭하면서 다른 한편으로는 '고가(孤家)'라고도 부른다. '외로운 사람'이라는 뜻이다. 더 나아가 임금은 자신을 '고(孤)'라고도 했다. 다 같은 맥락이다. 모두 다 진시황 이전의 춘추전국(春秋戰國) 때에 일찌감치 유행한 호칭이다. 과인(寡人)이라는 말도 있다. 과덕지인(寡德之人)의 준말이다. 스스로 "덕이 부족한 사람"이라는 겸칭이다. '고가'와 '과인'을 이어 쓰는 경우도 많다. 달리는 여일인(予一人)을 쓰기도 한다. '나 한 사람'이라는 의미다.

다른 이가 황제를 부르는 호칭은 즐비하다. 천자(天子), 황상(皇上), 성상(聖上), 폐하(陛下), 일존(一尊) 등이다. 영원한 삶을 누리라는 뜻에서 만세(萬歲)로도 부른다. 전각 위에 올라선 제왕의 발아래에 모두가 조아리는 광경이 느껴진다. 세계 최강을 꿈꾸면서 중국이 스스로를 '짐'으로 자리매김하려는 공격적 대외 확장정책을 선보인 지 오래다. 그러나 마주친 현실은 국제사회의 외면과 견제다. 무엇이 그 원인인지 중국의 깊은 성찰이 필요한 때가 온 듯싶다.

'큰 형님'들의 쓸쓸한 퇴장

형(兄)의 초기 글자꼴.
주술 또는 제례와 관련이
있을 것으로 추정하는 글자다.

부형(父兄)은 우리에게도 친숙한 단어다. 아버지와 형을 동렬에 놓았다는 점이 특색이다. 혈연을 바탕으로 한 적장자(嫡長子) 중심의 가족 관계망을 형성하는 중국의 오랜 전통인 종법(宗法)과 관련이 있다. 이 종법의 체계에서 가부장(家父長)인 아버지의 역할은 퍽 크다. 집단의 우두머리이기 때문이다. 아버지가 사라졌을 때 자리를 물려받는 존재가 형이다. 따라서 중국은 '형님'을 믿고 따르는 문화가 꽤 발달했다.

한자 형(兄)의 초기 모습도 퍽 흥미를 끈다. 입을 가리키는 구(口)가 있고 그 밑으로는 누군가 꿇어앉은 모습의 글자 요소다. 정밀한 풀이에는 조금의 논란이 있지만, 이 글자의 모습은 누군가 제사를 올리는 모습으로 간주할 수 있다. 먼 옛날의 제사는 매우 중요한 의례였고, 아무나 그 제사를 주관할 수 없었다. 따라서 이 '형'이라는 존재는 탁월한 지위에 있어 제사를 주재할 수 있는 높은 사람이라고 볼 수 있다. 아무튼 '형'은 특별한 사람이었음이 분명하다.

혈연으로 묶여 형제(兄弟)를 이루는 한 축으로 자리를 잡은 뒤에 이 '형'은 집안을 이끌어가는 아버지와 함께 '부형(父兄)'의 동급 반열에 올라 종법의 큰 줄기를 당당하게 차지한다. 문헌에서는 형장(兄長)이라는 말을 잘 쓴다. 그러나 중국어 입말에서는 '다거(大哥)'가 훨씬 일반적이다. 우리식으로 옮기자면 '큰형님'이다. 조폭이 등장하는 영화에서 자주 나와 우리에게도 퍽 친숙한 말이다.

대형(大兄)이라는 표현도 있다. '다거'와 같은 맥락이다. 노형(老兄)은 그를 더 높인 호칭이다. 동년배의 친구를 높여 부르는 말은 인형(仁兄)이다. 같은 연배거나 연령이 다소 낮아도 높여 부르면 세형(世兄)이다. 대형(大亨)과 대관(大款)이라는 표현도 있다. 앞은 19세기 상하이(上海)에서 나왔다. 마부의 좌석이 맨 뒤에 있는 이륜(二輪) 호화 마차가 처음 영국에서 들어왔을 때 마차의 이름 핸섬(Hansom)을 형성(亨生)으로 번역했고, 그 소유자를 대형(大亨)으로 줄여 불렀다. 이를테면 '돈 많은 큰 형님'이다. 대관(大款)도 재물[款]이 많은 남성의 존칭이다.

2018년이 저물면서 중국의 '돈 많은 큰 형님'들 퇴조세가 뚜렷해졌다. 알리바바를 창업한 마윈(馬雲) 등 민간 거대기업 창업자들이 현직에서 물러났거나 곧 퇴진할 상황이었다. 홍콩의 최대 부호 리카싱(李嘉誠)은 일찌감치 중국에서 발을 뺐으며, 실제 얼마 전에는 아예 중국 내 자산을 다 매각하는 조치도 취했다. 모두 다 중국 공산당이 국유 및 국영기업을 육성하고 민간기업의 영역을 축소하려고 추진하는, 이른바 국진민퇴(國進民退), 민간기업을 사실상 국유화하려는 공사합영(公私合營)의 흐름과 맞물렸던 대응이었다. 그런 연유로 중국의 내로라하는 '대형', '대관'들이 사라졌다. 지난 40년의 중국 개혁·개방 기조가 만든 중국의 활력이 이때를 분기점으로 본격적으로 꺾이고 말았다.

간부(幹部) 천국

우리 국어사전에도 '탄관(彈冠)'이라는 단어가 올라 있다. 중국 동한(東漢) 때 여러모로 포부와 지향이 같았던 친구 사이의 일화다. 한 친구가 벼슬에 나가면 다른 한 친구도 함께 자리를 얻을 수 있다는 내용이다. 그러나 나중에는 좋지 않은 뜻으로 쓰인다. 누군가 친분이 있는 사람 덕분에 벼슬자리에 나갈 수 있는 경우를 일컫는다. 일종의 비정상적인 등용(登用), 그에 얹혀 출세하는 사람의 즐거움 등을 가리킬 때 쓰는 말이다. 그런 상황에서 먼지가 쌓인 관모[冠]를 꺼내 털며[彈] 기뻐했다는 일화에서 성어 형식으로 자리 잡은 말이 탄관상경(彈冠相慶)이다.

이 성어에서 따져볼 단어는 의관(衣冠)이다. 벼슬에 나갈 때 입어야 하는 옷인 '의'와 쌓인 먼지를 털어내기 위해 꺼내든 '관' 말이다. 이 단어는 옷[衣]과 모자[冠]를 우선 가리키지만, 문화적 함의로는 문물(文物)과 지식(知識), 또는 제도(制度)까지 포함한다. 옛 시절에 어엿한 옷과 모자를 제대로 차려입거나 쓰는 사람이 지닌 사회적 역량이 높다고 봤기 때문이다.

따라서 옷과 함께 모자는 사람의 지위를 상징한다. 중국인은 특히 위정자가 쓰는 관모(官帽)를 매우 중시했다. 사회의 엘리트를 선발해 왕조의 운영에 참여시키고자 했던 옛 제도에서 비롯하는 일이다. 예를 들면 중국인들은 '과거급제 명단에 이름 올릴 때(金榜題名時)'를 인생 네 가지 큰 기쁨 중 하나로 꼽았으니 말이다. 이 점에서는 우리 또한 예외가 아니다. 과거에 급제코자 우리 왕조시대의 남성들은 인생의 모든 에너지를 쏟아붓듯이 했으니 말이다.

중국에서 가장 유명한 관모 명칭은 오사모(烏紗帽)다. 까만 깁으로 만든 모자다. 동진(東晋, 317~420) 때부터 쓰기 시작해 당(唐)과 송(宋)대에 매우 유행했던 관모다. 우리도 이와 유사한 모자를 사용했음은 물론이다. 중국인들은 오랫동안 이를 행복과 부귀(富貴)를 모두 가져다주는 보물 정도로 중시했다. 모든 것의 핵심을 정부의 기능과 권한에 두는 관본(官本)의 뚜렷한 흐름이다.

그래서 현대 중국에도 간부(幹部)가 많다. 국가주석, 총리를 비롯한 최고위층에서 지방의 현(縣), 진(鎭)까지 중국은 '간부 천국'이다. 일당전제(一黨專制)의 틀에서 간부는 견제받지 않는 권한으로 부귀와 영화를 죄다 누릴 수 있는 집단으로 여겨진다. 아울러 개혁·개방 이후 이들은 각종 권한을 행사하면서 민생을 좌지우지하는 특권 계층으로 유명하다. 이들이 탐욕스러워 부패를 피하지 못한다는 말은 탐부(貪腐)라고 표현하는데, 이제는 중국 성장의 큰 걸림돌로 떠오르고 있기도 하다.

2009년 공산당이 살짝 발표한 소수민족 출신 간부의 비율로 역산해 보면 중국의 전체 간부는 4,000만 명 정도에 이른다고 한다. 간부급에 들지 않는 하위직, 정부의 지원을 받는 이·퇴직 주요 간부, 공산당과 정부의 보조적인 역할을 하는 사람들까지 포함하면 그 수는 9,000만 명 수준이란다. 약 1억 명에 살짝 미치지 못하는 이들 공무원 및 간부가 실제 현대 중국의 면면을 이끄는 집단이다.

'간부'는 테나 틀을 일컫던 프랑스어 까드르(cadre)를 일본이 처음 한자로 옮긴 말이다. 조직의 줄기에 해당하는 부분이나 사람을 일컬으니 마땅한 번역이다. 식물로 치면 줄기와 가지, 동물로 견주자면 몸체에 해당하는 그룹이다. 그러나 이곳이 썩거나 곪으면 큰일이다. 지나치게 방대하며 부패와 비리의 사고가 빈발하는 중국의 간부 사회는 그래서 늘 큰 화제다.

권모와 술수의 바다

동양 옛 왕조의 권력이 머물던 장소, 궁(宮)의 초기 글자꼴.

제왕(帝王)이 머무는 곳을 궁(宮)이라고 한다. 깊고 넓어 보통은 구중궁궐(九重宮闕), 구중심처(九重深處) 등으로도 적는다. 들어가는 입구부터 높은 담으로 이어지는 구중궁궐과 구중심처는 어딘가 모르게 음습한 분위기도 풍긴다. 매우 깊고 넓은 그곳에서는 그악한 다툼이 줄곧 벌어졌다. 중국 왕조시기를 관통했던 아주 면면한 전통이다.

땅 위의 최고 권력을 쥐려는 사람들이 벌이는 경쟁이니 지독하기 짝이 없다. 황후와 비빈, 관료와 제왕의 인척(姻戚), 궁녀와 내시(內侍) 등 다양한 그룹 사이에서 벌어진다. 사람이 상상할 수 있는 온갖 끔찍한 방법이 펼쳐진다. 권력을 둘러싼 다툼과 싸움이 대개 그렇듯 땅 위 최고 권력인 황제와 그 주변 사람들이 벌인 중국 권력 암투의 역사는 참혹한 핏빛으로 점철할 때가 아주 많았다.

독을 타서 상대를 죽이는 독살(毒殺)은 외려 평범하다. 반역의 틀에 가둬 멸문멸족(滅門滅族)을 끌어내는 경우도 허다하다. 게다가 연좌(連坐)의 죄까지 더해져 한꺼번에 수만 명이 죽어나가는 것은 아주 흔한 일이었다. 아울러 추잡해서 차마 입에 올리기조차 힘든 사람의 간사한 꾀인 간계(奸計)가 지저분한 형태로 펼쳐진다.

그 토대는 '권모(權謀)와 술수(術數)'라고 하는 중국의 오랜 사고 패턴이다. 정면에서 당당하게 승부를 가리는 싸움법이 아니다. 기만(欺瞞)과 사술(詐術)이 주조를 이루는 암투(暗鬪)에 가깝다. 임의적이면서 매우 자의적인 꾀, 그것을 토대로 온갖 궁리가 더해져 만들어지는 방법 등을 일컫는 말이 곧 권모술수다. 사람이 생각해 내는 꾀 중에서는 아주 나쁜 수준의 것에 해당한다. 중국 역사에서 이런 권모와 술수가 가장 빈발했던 곳이 궁정(宮廷)이다. 제왕의 개인적인 공간인 궁궐의 안뜰, 즉 내정(內廷)을 일컫는 단어다. 중국 TV 드라마의 대세 중 하나는 궁정극(宮廷劇)이다.

역대 왕조의 궁중암투를 소재로 다루는 작품들이다. 음험하지만 흥미진진해서 대중은 열광한다. 이는 '삼국연의(三國演義)' 등 고전 소설과 각종 무협지, 무술 영화 등의 전통을 잇는 중국 특유의 현상이다. 중국의 최고 베스트셀러라고 할 수 있는 유명 고전 소설, 자치통감(資治通鑑)을 비롯한 각종 유명 역사서의 큰 콘텐츠 흐름은 바로 이런 궁중의 권모술수를 다루는 경우가 많다.

중국 공산당은 이를 제재할 움직임도 보이고 있다. 2018년에는 궁정극의 '5대 죄악'을 거론하면서 "이런 드라마는 시대에 맞지 않다"고 우선 비판했다. 그러나 "사회주의 핵심 가치에 맞지 않다"는 점을 들어 궁극적 의도는 궁중 드라마 자체보다는 체제 안정에 있음을 내비쳤다. 궁중 드라마의 메시지는 사회 안정에 필요한 핵심 가치에 부합하지 않는다는 논리였다. 아무튼 이런 권모와 술수는 중국 문명의 깊고 어두운 '그늘'이다. 지독한 이기(利己)와 현세적 가치관에 사람을 가두기 때문이다. 이를 비판하는 일은 필요해 보인다. 그러나 기왕이면 체제 안전보다는 문명적 차원의 더 크고 너른 성찰이어야 바람직하겠다.

노비의 얼굴과 무릎

경복궁에 나들이 가는 사람들은 그 궁전의 정전(正殿)인 근정전(勤政殿) 앞에 서 봤을 것이다. 근정전 넓은 뜨락에는 길게 품계석(品階石)이 놓여 있다. 정일품(正一品)과 종일품(從一品)을 필두로 한 관리들의 서열을 매긴 조그만 비석 형태의 돌들이다. 임금은 근정전 축대 위에 있고, 신하들은 관가의 위계에 따라 그를 우러러 마주 보고 있는 형태다.

임금은 북쪽에 앉아 남쪽을 내려다보는 형국이다. 신하들은 남쪽에 서서 북쪽의 임금을 바라보는 시선이다. 이럴 때 조선의 신하들은 임금을 "전하(殿下)"라고 불렀다. 근정전을 기준으로 보자면, 신하가 그 근정전[殿]의 아래에[下] 있음을 먼저 밝혀 그 호칭의 대상을 자신의 머리 위에 두는 방식이다. 이를테면 "나를 낮춰 남을 높이다"는 식의 과거 호칭 방법이다. 이런 방식을 '인비달존(因卑達尊)'이라고 부른다.

예치(禮治)를 근간으로 삼았던 이전 동양사회가 피할 수 없는 현상이었다. 정치체제에서는 그 정도가 심했다. 중국이 주장하는 격식을 따라 조선의 군주는 제후(諸侯)의 등급이라서 '전하(殿下)'라는 호칭이었다. 그에 비해 황제는 폐하(陛下)라고 불렀다. 계단[陛]

밑[下]의 사람이 궁궐 섬돌 위의 황제를 높여 부르는 말이었다. '전하'는 전각(殿閣) 아래의 사람이 그 위의 제후를 받드는 호칭이다.

우리사회에서도 유행했던 각하(閣下)도 마찬가지다. 관공서를 지칭하는 각(閣)의 아래 사람이 윗사람을 부르는 말이다. 1950년대와 1960년대까지만 해도 관공서나 군대 등에서 자신보다 높은 지위에 있는 사람을 이 '각하'라는 호칭으로 불렀다. 한 권력자가 방귀를 뀌자 옆에서 아부를 잘하던 사람이 "각하, 시원하시겠습니다…"라고 해 주변 사람들의 눈살을 찌푸리게 했다는 일화가 퍽 유명했다.

그렇게 나를 낮춰 대상을 높이는 방법은 과거에 퍽 흔했다. 선생님을 존경하는 습속에서 우러나온 그런 존칭은 좌하(座下)와 좌전(座前)이다. 자리 밑에 앉은 제자가 자리 위의 선생님을 그렇게 높여 불렀던 것이다. 귀하(貴下)는 남을 높이는 일반적이고 흔한 존칭이었다. 가장 먼저 등장했던 관련 호칭은 족하(足下)다. 남의 발 아래 자신을 두면서 상대를 높이는 말이다. 예전 편지글에 자주 등장했다. 절하(節下)와 휘하(麾下)는 자신을 통수하는 군 지휘관을 부르는 말이다.

예치의 틀인 서열과 계급에서의 존비(尊卑) 개념이 매우 두드러진다. 형식적 질서를 지키기 위해 어쩔 수 없지만, 정도가 지나치면 다 문제가 생긴다. 저를 낮추다가 스스로 땅바닥과 '혼연일체(渾然

一體)'를 이룰 수 있기 때문이다. 그 귀결은 노안비슬(奴顔婢膝)이다. 노비의 얼굴과 무릎이란 뜻으로, 윗사람 앞에서 종놈처럼 헤프게 웃거나 바닥을 기며 아첨하는 행위다. 중국의 역대 조정(朝廷)에서 늘 벌어졌던 풍경이다. 현대에는 권력이 크게 쏠렸던 마오쩌둥(毛澤東) 때 심했다.

  중국은 시진핑 총서기 권력이 강해지면서 개혁·개방 이전의 모습으로 크게 회귀하고 있다. '최고 권력이 모든 것을 결정한다(定于一尊)'는 말을 자주 내세우는 요즘이 꼭 그렇다. 사정이 그렇다 보니 관료들은 땅에 바짝 엎드리기에만 바쁘다. 옛 호칭에 담긴 잠재적 의식은 지금도 비슷해, 최고 권력 앞에 노비의 얼굴과 무릎으로 설설 기기에만 분주하다. 미국과의 격렬한 충돌 등은 충분히 예상 가능했지만, 권력 앞에 굴종만 했던 중국 관료 시스템은 정상적인 작동을 일찌감치 멈췄고 사태를 지금의 상황으로 키우고 말았다. 권력의 눈치만 살피며 은닉과 얼버무림으로 일관했던 중국 관료의 어두운 근성이 큰 문제가 아닐 수 없다.

부패가 번지기 쉬운 사회

우리가 예전에 흔히 썼던 성어 하나는 경천애인(敬天愛人)이다. 풀이가 어렵지 않다. 하늘을 공경하면서 사람을 사랑하라는 뜻이다. 세상 돌아가는 이치를 제대로 살펴서 사회적인 삶을 지혜롭게, 올바르게 이어가라는 가르침이기도 했다. 그래서 이 '공경한다'는 뜻의 '경(敬)'은 늘 교훈처럼 다가서는 글자이기도 하다. 존경(尊敬), 경례(敬禮), 경로(敬老) 등의 단어로도 우리에게는 제법 친숙한 한자다.

그러나 '남을 높이 우러르다'는 뜻의 이 글자는 중국에서 이상하게 쓰일 때가 있다. 효경(孝敬)이나 빙경(氷敬), 탄경(炭敬), 별경(別敬) 등의 조어에서 드러나는 뜻이 그렇다. 겉으로 보면 이 조어의 의미는 모두 훌륭하며 괜찮다. 예를 들어 '효경'은 본래 부모를 잘 모시며 공경한다는 뜻이다. 그러나 중국에서는 이 단어가 '뇌물'의 동의어다.

특히 윗사람에게 상납하는 금전이나 재화를 가리킨다. 제 상관에게 은근히 "잘 지내시라"며 건네는 각종 현금이나 선물, 이권 등이 다 이에 속한다. 여름철 무더위를 이기라고 건네는 그것은 '빙경'이다. 무더운 여름에 필요했던 얼음[氷]으로 더위를 잘 견디라며 주는 뇌물이다. 그 반대로 겨울철 추위를 잘 견디라는 뜻에서 주는 것은 '탄경'이다. 추위에 필요한 석탄(石炭) 등을 직접 지칭하는데, 이 역시 겨울에 바치는 뇌물이다. 헤어질 때 바치는 것은 이별(離別)의 한 글자를 따서 '별경'이라고 했단다.

백성들에게 군림하는 관직(官職)의 평가도 그 자리에서 챙기는 부수입이 많으냐 적으냐에 따라 크게 나뉜다. 두둑하게 챙길 수 있는 자리는 살이 찐다는 의미의 비결(肥缺), 그렇지 못한 곳은 수척해진다는 맥락의 수결(瘦缺)이다. 지금은 흔히 쓰는 말이 아닐지라도, 현재의 중국 관직 또한 얼마나 부수입을 챙길 수 있느냐가 매우 심각한 주제에 해당한다. 덤으로 흐뭇하게 챙기는 수익을 일컫는 말은 외쾌(外快)다.

몇 년 전 관영 인민일보가 관료의 부패 유형을 다섯 범주로 분류했다. 우선 '두 얼굴형'이다. 겉으로는 청렴과 근면을 외치지만 속으로는 마구 해 먹는 경우다. 둘째 유형은 '가족형'이다. 내세우는 틀은 중국이 홍콩에 자유와 민주를 허용하는 일국양제(一國兩制)와 유사하다. 이른바 일가양제(一家兩制)다. 남에게는 가혹한 잣대를 들이대면서 제 혈육에게는 무한정의 부패 여지를 열어주는 사람이다.

셋째는 '엘리트형'이다. '대담하게, 박력 있게, 요령 있게' 부수입을 챙긴다. 얄미울 정도로 철저하게 부수입을 챙기면서 비리를 진행하는 유형이다. 다음은 친구에게 잘못 휘말리는 타입이다. "주고받는 게 예의(禮尙往來)"라며 함께 해 먹다가 철창으로 향한다. 어리석은 부패 관리에 속한다. 마지막으로는 '산채(山寨)형'이다. 도적처럼 떼를 지어 단체로 해 먹다 들통이 난 케이스다. 제 근거지를 중심으로 파벌까지 형성해 광역으로 부패를 번지게 한 집단이다.

개념이 풍부하고 스타일이 다양하다는 사실은 중국이 그만큼 부패와 부정, 뇌물에 물들기 쉬운 사회구조라는 점을 말해준다. 중국 공산당은 줄곧 부패 관료 숙청에 공을 들이지만, 이런 당국의 사정 작업은 끝없이 이어지고 있다. 뿌리를 없애버리는 근절(根絶)이 아예 불가능하다는 사실을 말해주는 대목인지 모른다. 현재의 중국 지도부는 개혁·개방 40여 년의 진짜 위기가 어쩌면 이 부패에 있다고 여겼는지 모른다.

어둡고 은밀한 중국의 막후(幕後)

공자(孔子)가 제자 자로(子路)를 평가한 말이 유명하다. "당(堂)에는 올랐지만 실(室)에는 들어서지 못했다"는 내용이다. '높은 경지에 오르다'는 뜻의 승당입실(升堂入室)이라는 성어가 탄생한 유래다. 여기서 '당'은 무엇이고, '실'은 무엇이냐는 의문이 강하게 든다. 성어에서는 '당'에 올라 '실'에까지 들어선 경우를 최고의 경지로 치는 논리 흐름이 드러난다.

중국의 고대 주요 건축은 대개 '당실(堂室) 구조'다. '당'은 외부를 향해 열려 있는 장소다. 제사와 외빈 접견 등 공개적인 의례(儀禮)가 열린다. 우리 한옥에 견주자면, 바깥주인이 사람들을 맞아 담소 등을 나누며 술도 한잔하는 그런 장소라고 할 수 있다. 그에 비해 '실'은 내밀(內密)하고 개인적인 공간이다. 집채의 주인이 여기서 생활한다. 내실(內室) 또는 침실(寢室)이라 해도 좋다. 외부에 공개하는 '당'과 주인이 개인적인 일상을 보내는 '실'은 따라서 뚜렷한 대비를 이룬다. 둘 다 중요한 건축이지만 바깥과 안쪽이 갈리는 경계다.

위에 소개한 일화의 자세한 내용은 이렇다. 공자의 제자 자로는 악기를 잘 다뤘다. 강렬한 음조를 잘 냈다고 한다. 그러나 공자는 자로의 음악적 재능이 아직 원숙한 지경에 오르지 못했다고 여겼다. 그 점을 '승당입실'이라는 성어로 표현한 것이다. 건축의 '당'까지 이르렀으나 '실'에는 오르지 못했다고 설명한 것이다.

궁궐(宮闕)도 마찬가지다. 황제가 공식적인 업무를 보는 곳이 조(朝)다. 그에 비해 잠을 자고 쉬면서 삶을 잇는 곳은 정(廷)이다. 둘을 합쳐 조정(朝廷)이라고 부른다. 요즘에는 권력의 핵심이 들어선 장소를 가리키는 단어의 속뜻이다. 그러나 엄격하게 구분하자면, '조'는 일반 집채의 '당'과 같은 역할이다. 왕조의 공식적이며 공개적인 행위가 벌어지는 곳이다.

베이징 자금성(紫禁城)의 내부 모습.
옛 궁전들은 수많은 전각이 들어서 구중심처(九重深處)라고 불리기도 한다.

'정'은 그에 비해 훨씬 내밀한 곳이다. 황제와 그 가족, 궁중 업무에 종사하는 '궁궐 가족'들이 생활하며 활동하는 장소다. 그래서 '조'에서 공식적인 국가 업무에 종사하는 신료들을 조신(朝臣), '정'에서 황제와 그 가족들의 사생활을 보살피는 신료들을 '정신(廷臣)'이라고 구분했던 것이다.

그렇듯 중국의 문화적 바탕은 공적인 것과 사적인 것을 잘 나눈다. 앞에서 공개적으로 해야 할 말이나 행위, 뒤에서 은밀하게 건넬 말과 행동을 잘 나눠 분별할 줄 아는 속성이 퍽 강한 편이다. 연극이라는 예술 분야는 중국인이 겉과 속을 구별할 때 즐겨 인용한다. 그곳에는 무대의 앞과 뒤가 우선 갈린다. 무대에서 할 일과, 장막을 내린 무대 뒤의 부분이다. 이른바 대전막후(臺前幕後)다. 우리식으로 치면 막전막후(幕前幕後)다. 남에게 보여주는 무대 전면과 장막으로 가려진 뒷면의 차이를 유난히 강조한다.

'혼네(本音)'와 '다테마에(建前)'로 속내와 겉꾸밈을 가르는 일본인의 습속은 사실 이런 중국식 '당실' 구조의 한 연역(演繹)이라고 볼 수 있다. 더욱 장구한 역사적 행위로 중국은 일본에 앞서 훨씬 전부터 '겉'과 '속'을 갈라왔기 때문이다. 그 원산지인 중국, 특히 집권 공산당의 막후는 훨씬 더 은밀해서 늘 눈길이 간다. 그런데 우리는 중국의 어디를 살피고 있을까. '당'에도 올라서지 못했을 수 있다. 문(門)에나 들어섰으면 다행이랄까.

일언당(一言堂), 어르신 한마디면 끝

앞서 소개했듯이 중국의 전통 건축에 당(堂)이라는 영역이 있다. 개인 주택 안에 들어선 건물 중 하나임에는 분명하지만, 가족의 사생활이 전부 감춰지는 구역과는 조금 다르다. 이곳에서는 집주인의 가족이 행할 수 있는 공개적인 일들이 벌어지기도 한다. 예를 들면 외부 사람이 참석하는 가족 제사, 집을 방문하는 외부 손님들의 면담이나 유숙(留宿) 등이다.

왕조의 권력이 머무는 궁궐에도 공개적인 통치 행위가 이뤄지는 앞부분 조(朝), 임금을 비롯한 가족과 궁중의 업무 인원들이 머무는 정(廷)을 나누는 경우에 견줄 수 있다. 집안의 '당'은 궁궐의 '조'에 상응한다. 가정에서의 내밀한 공간인 '실(室)'은 궁궐의 '정'이라고 이해하면 좋다. 아무튼 이 '당'은 대외적으로 이 집의 면모를 대변하는 곳이어서 크고 우람하게 짓는다.

이 '당'을 두 번 중첩해서 만든 말이 곧 '당당(堂堂)'이다. 외부에 공개가 가능하며, 집안의 크고 작은 일을 치르는 열린 장소였으니 크고 튼튼하게 지었던 까닭에 유래한 말이다. 우리는 그런 집채를 닮아 의젓하고 품위 넘치는 사람에게 "당당하다"라고 찬사를 보낸다. 숨기는 구석 없이 겉으로 자신의 몸체를 자신 있게 드러내는 모

경복궁 내 장안당(長安堂)의 모습. 당(堂)은 옛 동양 건축의 핵심 요소다.

습의 집채에서 유래한 지칭이다. 그러나 개인 주택에만 국한하지 않는다. 나중에는 상거래를 하는 점포의 이름, 개인적인 거주 공간의 호칭에도 많이 등장한다.

중국에서는 요즘도 '일언당(一言堂)'이라는 말을 잘 쓴다. "말 한 마디만 하지, 이래저래 군더더기를 붙이지 않는 곳"이라는 뜻을 담은 호칭이다. 본래는 한 번 정한 가격을 그대로 관철하는 '가격 정찰제' 점포에서 유래했다. 물건의 값을 흥정하지 않고, 한 번 정한 [一言] 가격에 그대로 판다는 뜻에서 생긴 이름이다. 그러나 중국의 문화 바탕은 이 이름을 그대로 두지 않았다. 나중에는 '윗사람이 한마디 하면 그대로 끝'이라는 뜻으로 전의(轉義)해서 많이 사용했다. "당에 오른 한 사람이 부르짖으니, 섬돌 아래의 모든 이가 조아리다(堂上一呼, 階下百諾)"는 흐름이다.

중국은 세계에서 가장 돋보이는 종족(宗族) 중심의 사회다. 혈연(血緣)을 바탕으로 부계(父系) 적장자(嫡長子) 중심의 가족 집단을 구성하는 전통이 가장 오랜 곳 중 하나다. 요즘은 핵가족화한 형편이라 그 전통이 다소 퇴색했다고 하지만 정치 및 사회의 일반 구성을 들여다보면 아직도 같은 맥락의 '정통(正統)'에 입각한 질서를 우선시한다. 중국의 집권 공산당도 그런 전통의 가부장(家父長) 문화를 계승한 집단이다. 아울러 마르크스-레닌주의를 정통으로 삼았다. 시진핑(習近平) 총서기가 이끄는 '공산당 중앙(中央)'이 그 가부장적 질서와 정통의 정점(頂點)이다.

총서기 연임 제한을 철폐하고 시진핑 1인 권력을 크게 강화한 요즘은 그런 색채가 더욱 짙어졌다. 최고 권력의 한마디가 모든 것을 결정하는 '일언당 문화'가 더 농후해진 셈이다. 2019년 중국에서 세계 전역으로 퍼진 우한(武漢) 폐렴과 그 이후 중국이 갈팡질팡하며 겪은 혼란은 모두 그런 문화의 소산이지 싶다. '사회 안정'만을 강조하는 경직된 지도부와 은폐에만 급급했던 관료 사회의 합작품…. 세계가 주목했던 중국의 발전모델은 이제 어느덧 용도폐기의 운명에 직면했다.

전통의 지혜로부터 멀어진 공산당

"제 속을 까발리지 말라."

중국의 어린이들은 어렸을 때부터 어른들에게 이런 말을 듣고 자란다. 우리도 크게 다를 바는 없지만, 제 속내를 먼저 드러내는 행위에 대한 경계심은 중국이 우리보다는 훨씬 강하다. 그래서 사람 됨됨이를 따질 때 중국인들은 일정한 잣대가 있다. 남보다 먼저 제 밑천을 드러내는 사람에겐 결코 높은 점수를 주지 않는다는 점이다. 제 의중을 드러내지 않고 신중하게 처신해야 중국에서는 '된 사람' 취급받는다.

우리말 사전에도 올라 있는 성부(城府)라는 한자 단어가 있다. 중국에서는 '속이 깊은 사람'의 의미다. 이 말은 원래 도시의 성벽, 큰 저택의 담을 가리켰다. 나중에는 그렇듯 마음의 담을 쌓아 저 자신을 쉽게 드러내지 않는 사람이라는 새김을 얻는다. 그래서 마음속에 이런 담을 쌓아 좀체 속내를 상대에게 드러내지 않는 이가 중국인에게는 '괜찮은 사람'이다. 가슴에 그런 품성을 지녔다는 흉유성부(胸有城府)라는 성어도 나왔다.

그에 비해 자신의 장점을 훤히 드러내면 어리석은 사람이다. 성어 봉망필로(鋒芒畢露)의 경우다. 여기서 '봉망'은 곧 저 자신이 지닌 무기인 '칼과 창[鋒]의 날카로운 모습이나 빛[芒]'이라는 뜻이다. 이것이 죄다[畢] 드러나는[露] 경우를 가리키는 성어다. 싸움에서 상대에게 미리 제 카드와 밑천을 꺼내 보이는 행위인데, 이런 상황이면 싸우기도 전에 승부는 갈리기 마련이다. 밑천 다 드러낸 사람은 싸움의 수(數)에서 상대를 압도하기 힘들기 때문이다.

자신의 능력과 재주를 과시하며 남을 깔아뭉개는 이도 지적을 피할 수 없다. 성기릉인(盛氣凌人)이라는 성어는 그래서 깝죽대며 남을 업신여기는 '팔불출'과 동의어다. 겉은 우둔해 보여도 속은 지혜로운 외우내지(外愚內智), 밖으로는 원만해도 안으로는 반듯한

중국 산둥(山東) 랴오청(聊城)의 옛 회관 외부 모습. 견고한 담이 돋보이는 건축이다.

1장 붉은 질서: 권력은 어떻게 작동하는가

외원내방(外圓內方)이 사람 됨됨이를 놓고 중국인이 가장 높게 치는 스타일들이다.

개혁·개방 이후 중국이 대외정책의 근간으로 삼았던 도광양회(韜光養晦)도 같은 맥락이다. 자신의 장점[光]을 감추고[韜] 단점[晦]을 보완하라[養]는 뜻이다. 그러나 중국 당국이 이 틀을 벗고 뭔가를 해서 남에게 보여야 한다는 '유소작위(有所作爲)'의 구호로 돌아선 지 꽤 오래다.

그 결과는 요즘 벌어지는 미국의 거센 견제다. 미국은 단순한 경계감을 넘어 이제 중국을 본격적으로 다루기 시작했다. 미국의 경계감이야 충분히 짐작했던 대목이다. 미국은 아예 공개적으로 중국의 과도한 행위를 지적하기도 했다. 그럼에도 중국은 지나치다 싶은 자기중심적 민족주의, 도를 넘는 권력 집중화로 일관하면서 위기를 자초했다.

먼저 제 밑천을 드러내는 데 신중한 중국이었다. 그러나 1인 권력의 과도한 집중, 그로 인한 중국 공산당 의사 결정 구조의 경직화가 적절한 대응의 실패, 가중하는 미국의 압력으로 이어지는 추세다. 이제 미국은 실질적인 대 중국 견제 조치와 압박을 위해 병력을 이끌고 중국이 쌓은 성벽 바로 앞에 다가섰다. 이른바 병림성하(兵林城下)의 상황이다. 중국이 겸손하게 자신의 실력을 키우는 지혜로운 전통을 너무 쉽게 벗어던졌다는 느낌이다.

좋은 황제 콤플렉스

역대 중국인 모두는 땅 위 최고의 권력자 황제(皇帝)로부터 자유로울 수 없었다. 황제의 권력은 그의 발아래에서 살아야 했던 모든 사람을 가혹하게 지배할 만큼 아주 강력했기 때문이다. 그 황제는 중국 역사의 전 시기에 걸쳐 사람들과 늘 함께했던 존재였다. 그래서 황제와 그 밑에 살아야 했던 사

현대 공산주의 중국을 건국한 주역 마오쩌둥.

람들의 삶은 늘 '황제 밑 순민(順民)'의 구도로 설명할 수 있다. 중국인들은 황제로부터 결코 자유롭지 못한 삶을 살아야 했다.

조금 더 과장을 하자면 일반적인 삶을 살아야 했던 사람들은 최고 권력 밑에서 종살이를 해야 했던 노예의 신세에 불과했다. 그나마 그런 노예들에게도 꿈이 하나 있다면 "그래도 좋은 황제 밑에서 살고 싶다" 정도였을 테다. 이른바 '좋은 황제 콤플렉스[好皇帝情結]'다. 무능해서 혼란한 국정을 부르거나, 난폭해서 많은 생명을 죽이는 황제는 싫었을 것이다. 아울러 전쟁을 좋아하는 황제, 부패와 탐욕에 빠진 황제도 피하고 싶었을 것이다. 태평성세를 부르는 황제, 백성의 삶을 평안하게 이끌어줄 황제가 그리웠을 것이다.

중국인이 요즘도 많이 시청하는 궁중 드라마의 큰 줄거리를 이루는 흐름이다. 한(漢)을 세운 유방(劉邦), 당(唐) 태종 이세민(李世民), 명(明)의 주원장(朱元璋) 등 역대 군주가 화려하게 부활한다. 특히 청(淸)의 옹정제(雍正帝)는 탐관오리를 없앤 근면한 제왕으로 인기가 높다. 2017년 말 타계한 중국 작가 얼웨허(二月河)는 청나라 성세(盛世)의 축이었던 그 옹정제의 소설로 큰 인기를 끌었다. '좋은 황제 콤플렉스'라는 전통적이며 대중적인 심리로 개혁·개방 뒤 만연했던 부정부패를 잘 겨냥했던 작가다.

일당전제(一黨專制)의 틀로 공산당이 옛 황제를 대체한 지 오래다. 집권 공산당은 라이벌 국민당을 대륙에서 쫓아낸 뒤 건국하는 데 성공함으로써 세계의 주목을 받았다. 그러나 지나친 좌경화 실험에 빠져 대약진운동(大躍進運動)과 문화대혁명(文化大革命)으로 중국을 자칫 파멸로 몰아넣을 뻔했다. 그러나 1970년대 말 개혁·개방을 시도해 거대한 성취를 이루기도 했다. 짧은 시간에 부국강병(富國强兵)의 꿈을 이뤄가는 그런 공산당에 열광하는 중국의 대중도 많다.

강력한 반(反)부패 드라이브로 입지를 다진 공산당 총서기 시진핑(習近平)은 어쩌면 중국인의 그 심리구조를 잘 다뤄 성공한 최근의 정치인이다. '황제와 순민'의 전통적 구도는 공산당과 시진핑에 의해 더 깊어질 전망이다. 그러나 어딘가 어둡다. 이 그림의 근간은 주인[主子]과 노비[奴才]의 관계 설정이다. 위에서 내려주는 은혜[皇恩]에 아래가 굽실거려야[卑屈] 하는 모습이다. 대중이 제 삶의 대부분을 스스로 결정한다는 '민주(民主)'라는 방식은 아직 중국인에게는 멀고도 낯선 이름인 모양이다.

중국 공산당의 주문(呪文)

유명 고전 소설 '서유기(西遊記)'에 등장하는 주문이 있다. 철없이 날뛰는 원숭이 손오공(孫悟空)을 제압하려 현장법사(玄奘法師)가 외는 '긴고주(緊箍呪)'다. 손오공 이마에 미리 채운 쇠고리는 이 주문이 나오면 마구 조여 손오공에게 심한 고통을 준다. '불안정성'을 상징하는 캐릭터 손오공은 그로써 길들여진다.

나중에 만들어진 '서유기' 관련 애니메이션이나 일반 그림 등에서 손오공은 늘 머리에 쇠고랑을 찬 모습으로 나온다. 매우 독특한 설정으로, 생동감 넘치는 현장법사와 손오공의 캐릭터가 잘 드러나는 대목이다. 이런 과정을 거쳐 '긴고주'는 일반 주문(呪文)의 의미를 넘어선다. 말썽 많은 대상을 제압하는 통제 수단 또는 그 방법이라는 의미를 획득한다.

손오공 등이 등장하는 '서유기'를 영화화한 작품 포스터.

그런 '긴고주'에 해당하는 현대 중국 공산당의 주문이 있다. 이는 중국 건국 뒤 집권 공산당이 끊임없이 외워대는 주문이다. "안정이 모든 것을 압도한다(穩定壓倒一切)"라는 말이다. 이 말은 개혁·개방의 총설계사 덩샤오핑(鄧小平)의 유훈과도 같다. 아울러 70년 넘게 이어지는 집권 공산당의 변함없는 국정 최고 목표다. 덩샤오핑 이후의 중국 지도자들은 이를 주문처럼 외우다시피 했다. 다양한 문화적 갈래를 지닌 중국을 이끌기 위해서는 안정이 꼭 필요하다는 판단에서다. 잦은 전란 속에서 태평(太平)을 늘 갈구했던 중국 전통 사유의 공산당 식 연역이다. 요즘 표현은 '안정을 유지하다'는 뜻의 유온(維穩)이다.

2000년에는 정식으로 공산당 중앙에 유온판(維穩辦)이라는 공식기구가 출범해 중국 전역의 사회 안정 업무를 총괄해 왔다. 무엇보다 정치적인 안정이 핵심 목표다. 공산당의 지속적인 일당통치를 위한 작업이다. 따라서 통제가 우선이다. 사회 안정을 위협하는 모든 존재와 행위가 다 대상이다. 14억 인구를 감시하는 첨단의 안면 인식 체계부터 촘촘하게 깔려 전국을 감시하는 폐쇄회로 카메라도 다 그 안에 들어간다.

정부로부터 돈을 받고 국가 방침에 반하는 여론을 공격하는 네티즌, 즉 '우마오당(五毛黨)'의 급여도 관리한다. 사회 기층에서 낯선 외부인을 감시하는 아줌마 부대, 군중 치안 조직도 마찬가지다. 연간 예산은 중국 국방비를 능가한다는 추정이다.

그럼에도 공산당 간부의 부패와 토지 등을 둘러싼 지방의 관민(官民) 소요는 이어진다. 아울러 관료의 부패는 "끝이 없다"고 해도 좋을 정도로 줄곧 이어진다. 최고위층이라고 할 수 있는 국방부 장관 자리는 2024년 현재 몇 개월 간격으로 사람이 바뀌는 등 심각한 양상을 보이는 중이다. 모두 부정과 부패에 얽혀 낙마하는 케이스다. 미국의 도널드 트럼프 대통령의 2기 집권을 확정한 이후 경기 하강 추세와 함께 미국과의 마찰이 더욱 심해질 것으로 보여 불안정 요소가 훨씬 많아졌다. 공산당은 국가와 사회 안정 유지에 전력을 기울이지만, 정작 그 체제를 뒤흔드는 요소는 공산당의 깊숙한 내부와 중국의 부상을 억제하려는 미국으로부터 번지는 형국이다. 개혁·개방 이후 지금까지의 기상과는 다른 '풍우(風雨)'가 중국에 닥치는 분위기다.

책사(策士)

선비를 가리키는 글자 사(士)의 초기 글자꼴.

2018년 현재 중국 공산당 최고위 인사들을 살펴보면 눈에 띄는 두 사람이 있다. 왕후닝(王滬寧)과 류허(劉鶴)다. 앞의 왕후닝은 공산당 정치국 상무위원, 뒤의 류허는 정치국원이다. 형식적인 자리의 높낮이를 볼 때는 정치국 상무위원이 더 높고, 정치국원은 그 아래다. 그러나 둘의 위상보다는 그 영향력이 모두 지대하다는 점을 눈여겨봐야 한다.

이들은 중국의 오랜 '전통'에 견주어 생각해 볼 대상이다. 왕조 시절 군주를 보필했던 책사(策士)의 전통이다. 우선 중국의 4대 기서(奇書)로 꼽히는 '서유기(西遊記)'의 맥락을 떠올리면 좋다. 책은 두 유형의 축(軸)을 보여준다. 서역(西域)의 부처 말씀, 즉 진리를 얻고자 길을 떠나는 현장(玄奘) 법사와 그를 돕는 손오공(孫悟空)·저팔계(猪八戒)·사오정(沙悟淨)의 행자(行者) 그룹이다. 전자는 이상과 명분을 추구하고 후자는 당면한 현실 문제 해결에 나서는 역할이다.

예전 왕조 시절의 정치판 구도를 봐도 그렇다. 뜻과 이상을 펼치는 명분 중심의 군주에게는 현실적인 방도를 마련하고 실행에 옮기는 사람들이 반드시 필요했다. 그런 이들을 보통 책사, 모사(謀士), 모신(謀臣)으로 불렀다. 위상이 더 높을 때는 제사(帝師)라고도 했다.

주(周)의 왕실을 보조해 패권을 쥐는 데 기여했던 강태공(姜太公), 제(齊) 환공(桓公)을 도와 춘추시대 패업을 이뤘던 관중(管仲), 와신상담(臥薪嘗膽)의 주역인 월(越) 구천(勾踐)을 보필했던 범려(范蠡), 유방(劉邦)을 보좌해 한(漢)을 세웠던 장량(張良)이 대표적이다. 진시황(秦始皇)에게는 이사(李斯), 유비(劉備)에게는 제갈량(諸葛亮)이 있었다. 당(唐) 태종 이세민(李世民)에게는 위징(魏徵), 명(明)의 주원장(朱元璋)에게는 유기(劉基), 현대의 마오쩌둥(毛澤東)에게는 저우언라이(周恩來) 등이 따랐다. 중국의 예와 지금, 그리고 2500년 이상 흘렀던 연면한 왕조의 전통 등에서 이들 제왕과 책사의 구조는 어김없이 등장했다.

중국 공산당의 핵심 브레인으로 불리는 왕후닝(王滬寧). 현대판 최고 책사(策士)에 해당하는 인물이다.

앞에서 언급한 왕후닝과 류허는 각각 이데올로기와 경제 분야에서 최고 지도자인 공산당 총서기 시진핑(習近平)을 돕는 옛 전통 속의 책사이자 모신이다. 위에 열거한 숱한 지칭 외에도 이들 그룹은 달리 지낭(智囊)이라고도 적는다. 풀어 옮기자면 '꾀주머니'다. 그 근간은 싸움에서 남을 이기고자

하는 모략(謀略)이다. 꾀와 모략···. 요즘은 조금 시들해졌으나 개혁과 개방 40여 년의 짧은 기간에 열심히 부상해 미국을 바짝 위협하는 세력으로 컸던 중국의 잠재력이 숨어 있는 영역이다. 꾀가 많고 늘 타산에 골몰하는 모략의 풍부한 전통이 있으니, 중국은 늘 상대하기가 만만찮은 나라다.

통치와 복종

힘에 의한 질서는 오래전 문자 전통에서도 잘 드러난다. 미래의 모습을 알 수 없어 점을 쳤던 점복(占卜) 행위와 깊은 관련이 있던 한자(漢字) 이야기다. 이 초기의 한자 체계는 보통 갑골문(甲骨文)이라고 부른다. 거북이의 등갑이나 소의 견갑골(肩胛骨) 등에 점을 친 내용을 적어 두는 방식으로 이어 온 전통이다.

중국 문명의 초기에 왕성했다가 땅에 묻혀 사라졌던 문자들이다. 그러나 19세기 말에 발굴되면서 세계의 주목을 받았고, 이제는 일부가 해독 과정을 거쳐 한자의 초기 모습이 어떻게 발전하고 성장했는지를 잘 보여준다. 이 갑골문의 큰 흐름은 전쟁, 제례, 농사, 기후 등의 주제를 중심으로 펼쳐진다. 그럼에도 초기 인류사회의 사회적 질서도 보여준다.

높은 사람은 높은 곳에 있고, 낮은 사람은 낮은 곳에 있는 위계(位階)에 관한 면모들이다. 후대의 왕조시기에 드러나는 정연(井然)한 질서의 체계는 아니더라도, 사람 사이의 높고 낮음을 따지는 엄격한 질서의식은 보인다. 특히 전쟁에서 승리한 쪽과 전쟁에서 패배해 붙잡힌 포로 사이 등이다. 그렇게 한자 초기 꼴에서도 힘을 가진 자와 그러지 못한 자의 차이가 분명하게 드러나니, 중국의 존

중국 관광지 곳곳에 들어서 있는 패방 또는 패루의 모습이다.
통치와 복속의 구조를 들여다볼 수 있는 장치다.

비(尊卑) 관념은 이미 문명의 새벽을 훤히 밝혔던 듯하다. 그 핵심은 곧 통치와 복속이었다.

    동양사회에서 충신(忠臣)이나 효자, 열녀 등을 기리기 위해 세웠던 붉은 문이 있다. 우리는 보통 정문(旌門)으로 적지만 홍살문, 정려문, 홍문으로도 부른다. 왕조가 지향하는 가치에 가장 충실한 사람들을 골라 표창함으로써 이를 다른 사람들이 배워 따르도록 하는 기능을 지녔던 장치다. 그 원류는 역시 중국이다. 한(漢)나라 때는 이를 궐(闕)이라고 표기했던 기록이 있다. 뭔가 밖으로 내세워 남들로 하여금 쉽게 바라보도록 하는 장치였다.

그러나 이 지칭은 이후 중국에서는 다른 명칭으로 바뀐다. 유교의 통치 이념이 최고조로 발달했던 명(明)과 청(淸)에 들어서는 패방(牌坊) 또는 패루(牌樓)라는 이름으로 자리를 잡았다. 큰 규모의 것은 여러 칸으로 나눠 짓는 경우도 있다. 마을의 입구나 어느 특정 구역의 초입, 잘나갔던 관리의 저택 등에 고루 들어섰다. 패방과 패루는 거의 같은 모양새지만 지붕 양식이 없으면 패방, 있으면 패루다.

명과 청나라 왕조의 수도였던 베이징(北京)에는 그런 패방과 패루가 즐비하다. 왕조의 통치 이념에 가장 충실했던 황도(皇都)였기에 그렇다. 나중에는 유명 사찰이나 사적지 등을 기념하는 표지물 기능도 더해졌다. 그러나 민간에 세워진 패방과 패루가 골간(骨幹)이다.

대개는 과거 급제자, 충신이나 효자 또는 열녀의 행적이 있을 때 그 가문이나 지역 유지 등이 과시용으로 앞 다퉈 화려한 패방과 패루를 지었다. 왕조가 내세우는 통치의 이념에 "우리가 가장 충실한 사람"이라고 호응하는 꼴이다.

특히 중국 남부 지역으로 이동해 정착한 명문(名門) 가족, 과거

급제자를 많이 배출한 집안 또는 지역에 숱하게 들어섰다. 그 안에 담긴 가치 지향은 충(忠)과 효(孝), 정절(貞節) 등이다. 왕조는 이로써 '통치'를 벌이고 민간은 그로써 '복종'을 다짐하는 모습이다.

현대 중국을 이끌고 있는 공산당은 그로부터 계속 멀어져야 정상이다. 그들 스스로 봉건적 왕조의 질서와 가치체계를 부정하고 일어섰기 때문이다. 그러나 지난 홍콩 사태를 다뤘던 과정을 보면 그 반대다. 어느덧 인권과 민주의 가치에 익숙해진 홍콩에 보안법이라는 새 '패방'과 '패루'를 강요했기 때문이다. 왕조의 전통인 '통치'와 '복종'의 구도에 묶이면서 '동방의 진주'로 불렸던 홍콩이 이제는 아예 빛을 잃었다.

황제(皇帝)와 붉은 자본가

마윈(馬雲)은 중국 최고의 기업인이었다. 전자 상거래 기업 알리바바(阿里巴巴)의 창업자다. 1999년 창업해 2017년 말 재산은 2,555억 3,000만 위안(약 42조 4,179억 원)이다. 중국 기업인 중에서 보유 재산으로는 3위지만 지명도에서는 으뜸이다.

그래서 마윈은 늘 화제였다. 요즘 두 행보가 눈길을 끌었다. 2018년 1월 19일 그는 '기업가 설맞이 모임(商界春晚)'에서 노래 실력을 뽐냈다. 인민해방군 복장으로 무대에 올라 "반동파를 없애 세상을 바꾸자(要消滅反動派改地換天)"라는 내용의 1960년대 문화대혁명 시절 중국식 오페라 노래를 불렀다. 공산당의 '코드'에 맞추려는 눈물겨운 노력으로 보는 시각이 많다.

다시 더 필름을 뒤로 돌려보자. 그는 2017년 11월 11일 특별한 동영상을 만들었다. 우리식 '빼빼로 데이'라고 할 수 있는 중국 광군제(光棍節, 광군은 '홀아비'라는 뜻)에 그는 단편 무술 영화를 한 편 만들었다. 그 제목은 '공수도(功守道)'다. 앞의 두 글자가 애매하다. 우리에게는 공수도(空手道)가 귀에 익고, 눈에 익은 표현이다. 그렇지 않다면 적어도 '공수(攻守)'라고 적어 공격과 수비를 나타내는 무술 정도를 가리켜야 마땅하다.

마윈이 만든 15분짜리 동영상 '공수도(功守道)'의 표지.

마윈이 직접 지은 제목대로라면 '제가 쌓은 공(功)을 지키다(守)'는 뜻이다. 마윈이 태극권(太極拳)과 중국 전통의 정신세계가 지닌 자긍심을 영화 속에서 펼쳐 보였다고는 하지만, 그와는 전혀 다른 해석을 내놓는 사람도 있다. 제목 그대로 공산당이 지배하는 중국에서 전전긍긍할 수밖에 없는 기업가의 고민을 보여준다는 풀이다.

"산은 높고 황제는 멀리 있다(山高皇帝遠)"라는 중국 속언이 있다. 황제의 권력으로부터 멀리 떨어져 있으니 좋다는 얘기다. 중앙

권력이 있는 수도로부터 아주 멀고 험한 위치에 있는 광둥(廣東)과 쓰촨(四川) 지역 사람들이 즐겨 썼던 말이다. 그만큼 중국 황제의 권력이 뿜어내는 강력한 자장은 자유롭게 살아가려는 사람에게는 큰 속박이자 구속이다.

이제 옛 황제의 권력은 공산당이 대체한 지 오래다. 황제의 눈치를 보며 살아가야 하는 것이 중국인들의 오랜 숙명이다. 흔히 "황제의 발아래(皇帝脚下)…"라는 말로 그런 운명을 말할 때도 있다. 그런 엄혹한 권력 밑에서 기업을 운영하는 마윈의 이러한 행보를 두고 해석은 다양하다. 중국 '황제'의 힘이 예나 지금이나 아주 세다는 점만은 분명하다.

중국이 미국을 위협할 정도의 '굴기(崛起)'를 이뤘다는 점은 개혁·개방 이후 집권 공산당이 '선택과 집중'에 성공했음을 말해준다. 공산당이 적어도 '바보스러운 황제'를 모신 권력 집단은 아니었음을 얘기하는 대목이다. 옛 황제에 비견할 수 있는 공산당 최고 권력은 그래서 늘 우리의 주목거리다. 그 권력자가 빼어나면 모든 것이 흥할 수 있고, 그 반대라면 패망의 기운을 불러들이기 때문이다.

황제(皇帝)와 순민(順民)

'백성'이라는 새김의
한자 민(民)의 초기 글자꼴 형태다.
사람의 눈, 그것을 찌르는
막대기 등이 등장한다.

지금으로부터 2300여 년 전인 전국시대(戰國時代) 말기였다. 법가의 싹을 틔운 정치가 상앙(商鞅, BC 390~BC 338)은 신흥 강국으로 떠오르고 있던 진(秦)나라에서 개혁을 주도했다. 상앙이 주도해서 공고하게 다진 토대로 진나라는 얼마 뒤 중국 전역을 통일하는 대업을 이룬다.

그런 상앙이 남겼다는 '상군서(商君書)'에는 이런 말이 나온다.

"정치가 백성들이 싫어하는 일을 하면 백성은 약해지고, 백성들이 좋아하는 일을 하면 백성은 강해진다."

이어 도출하는 결론은 이렇다.

"백성이 약해지면 나라는 강해지고, 백성이 강해지면 나라는 약해진다(民弱國强, 民强國弱)."

이는 상앙의 사고에서 매우 두드러지는, 이른바 '약민(弱民)'의 주장이다. 가능한 한 백성의 힘을 빼놔야 나라가 강해져 패업(霸業)에 이른다는 논리다.

백성을 물, 임금을 배로 보는 시각도 있다. 순자(荀子)가 그렇다. 그는 둘의 관계를 이렇게 풀었다.

"물은 배를 띄우기도 하지만, 또한 뒤집기도 한다(水能載舟, 亦能覆舟)."

민의를 존중해야 통치가 쉽다는 의미도 담겨 있다. 그럼에도 '배 띄우는 물'은 말 잘 듣는 순민(順民), '배 뒤집는 물'은 통치에 거역하는 폭민(暴民)이라는 그림 또한 뚜렷하다.

대륙을 통치하는 치자(治者)의 입장에서 이 '순민'과 '폭민'을 바라보는 시선은 매우 착잡하다. 그럼에도 전통 왕조의 통치자들은 어떻게 하면 백성들을 '순민'의 틀에 가둘 것인가에 매우 큰 관심을 쏟아왔다.

중국인의 특징을 '순민의 성격'이라고 개괄하는 중국 지식인들이 적지 않다. 전통 왕조 시절의 황제(皇帝) 권력이 절대적으로 컸던 까닭이다. 폭민을 제거하고 순민을 키워야 한다는 강박에 사로잡힌 사람들이 고금(古今)의 중국을 이끄는 지도부다.

2010년대 후반에 접어들어 중국 공산당이 특히 그래 보인다. 당 총서기 시진핑(習近平)의 1인 권력 집중, 즉 집권(集權)의 흐름이 가팔라져 새로운 '황제'가 출현하고 말았다. 이데올로기와 정보의 교류를 더욱 통제하면서 국영 또는 국유 기업의 경쟁력 강화에 힘을 기울일 모양이다.

그 사고는 상앙이 주장한 '약민(弱民)'의 흐름과 아주 흡사하다. 공산당 나름대로 고충이 있겠으나 그 시선이 2300년 전 음울했던 정치가를 닮았다는 점은 어딘가 개운치 않다. 중국인들은 예나 지금이나 '황제' 발아래 숨죽이며 살아야 하는 '순민'인가 보다.•

•
이 글을 작성한 2018년은 시진핑 총서기의 연임이 확정된 시기였다. 권력이 공고해지면서 2022년에는 유례없는 3연임까지 확정되었다. 이 무렵부터 총서기의 권력이 크게 강화되면서, 옛 황제에 비견할 만한 권력 토대가 생겨나고 있었다.

2

격자 위의 삶

통제는 일상을 어떻게 설계하는가

—

일상은 어느새 구조화되었다. 사합원의 담장은 단순한 건축이 아니며, 시장의 가격표는 시장만의 논리가 아니다. 돼지고기의 흐름, 국경일의 형식, 집 앞 담장의 곡선까지 — 그것은 삶의 조형이자 동시에 통제의 언어다. 중국인의 삶은 겉으로는 통제되지 않는 듯 보이지만, 그 안에는 오래된 질서의 도식이 작동하고 있다. 감시는 드러나지 않는다. 보이지 않는 시선이 이미 삶의 틀을 그려놓았을 뿐이다.

고자질 문화

보이지 않는 곳에서 날리는 화살이 있다. 무방비의 상대에게 치명적인 타격을 주는 암기(暗器)다. 그런 행위를 암전상인(暗箭傷人)이라고 한다. 겉으로는 웃지만 속으로는 칼을 품어 상대를 해친다. 소리장도(笑裏藏刀)다. 입에는 꿀을 발라놓았는지 달콤하기 짝이 없건만, 그 뱃속에는 정작 사람을 해칠 날카로운 칼을 품고 있다. 구밀복검(口蜜腹劍)이다.

중국에는 이런 성어들이 참 많이도 발달했다. 정상적인 방법이나 절차를 무시하고 목적을 이루려는 행위를 가리킨다. 대개는 남이 전혀 눈치 채지 못하는 경로를 따른다. 상대방의 눈을 속여 마음을 어지럽히는 각종 사술(詐術)이 들어 있다. 따라서 비겁함, 졸렬함, 부당함이라는 요소를 다 품고 있다. 그렇게 남을 해치는 행위 중 하나가 '고자질'이다.

현대 중국에서는 고밀(告密)이라고 적는다. 거꾸로 뒤집어 밀고(密告)라고 해도 무방하다. 대상의 약점을 캐서 다른 이에게 알리는 행위다. 은밀하게 이뤄지는 '남 뒤통수 때리기'다. 정정당당하지 않은 통보라고 해서 '소보고(小報告)'로도 적는다. 정식으로 정해진 체계가 아니라 몰래, 비정상적인 계통을 따라 이뤄지는 보고다.

물론, 남을 해치려는 강한 의도가 담겼다.

역시 남의 잘못을 슬쩍 상부에 알리는 일은 소회보(小匯報)다. 달리 고발(告發), 고알(告訐)이라고도 적는다. 우리는 같은 맥락의 행위를 표현할 때 투서(投書)라는 말을 더 잘 쓴다. 몰래 남에게 상처를 입힌다는 점에서 일종의 음해(陰害)에 해당한다. 불만이 있으면 직접 꺼내놓고 따지면 좋을 일을 은밀하게 상처 줄 방법을 찾아 해코지를 하는 행위다. 대개는 대상자의 상관 등에게 정보를 제공하는 형식을 취한다.

4~6세 아동들의 발달심리에는 이런 '일러바치기'가 등장한다. 규칙 어긴 사람을 견제코자 보이는 심리라고 한다. 그러나 사회화(社會化) 과정이 더 펼쳐질수록 이런 고자질 행위와 심리는 줄어든다. 그런 고자질 심리가 사회적으로 흐름을 형성하면 문제다. 극심한 좌파적 실험이었던 1960년대의 문화대혁명(文化大革命)을 거치며 불거졌던 사람 사이의 '반목'과 '불신'은 중국에서 어느덧 고자질 문화로 자리를 잡은 듯하다. 특히 학생이 선생을 고자질하는 사례가 빈발한다.

2018년에는 중앙민족대학에서 티베트 불교를 전공했던 교수가 SNS상에서 학생으로부터 "불교를 전공했으면서 쓸데없는 정치 얘기를 왜 하냐?"는 고자질성 훈계를 듣고 말문이 막혔단다. 더 나아가 아들이 아버지를 고발하는 일, 동료가 동료를 "사상이 의심스럽다"며 관계 기관에 알리는 일 등이 자주 매스컴을 타고 있다. 분열과 대립의 요소만 키워 퇴행하고 있는 우리사회가 언젠가는 닮을 수도 있을 중국식 '유아기 발달심리'일지도 모른다.

관문(關門)

"그대에게 권하노니 술 한 잔 더 드시게. 서쪽으로 양관을 나가면 아는 이 없으리니(勸君更盡一杯酒, 西出陽關無故人)"라는 명구가 있다. 당나라 문인 왕유(王維, 701~761)의 작품이다. 먼 곳으로 떠나는 지인에게 술 한 잔 권하는 마음을 표현한 시구 가운데에서는 절창(絶唱)으로 꼽힌다. 여기 나오는 양관(陽關)은 지금 중국 둔황(敦煌)에 있던 당나라의 서남쪽 경계다. 그 북쪽에 있던 옥문관(玉門關)과 함께 서역(西域)을 향해 나갔던 마지막 국경 관문(關門)이라 아주 유명하다. 이별의 정서를 다루는 문학 작품에 곧잘 등장한다.

관문의 앞 글자 관(關)은 사람이 출입하는 문(門)이라는 글자 안에 어떤 장치를 걸어 문을 잠그는 모습의 초기 꼴로 등장한다. 따라서 사람의 출입을 막는 잠금장치라는 점이 1차적인 새김이었으리라고 본다. 문을 잠가 사람의 출입을 막을 수 있다는 점은 나아가 '통제'의 행위로 이어졌을 법하다. 그로써 이는 사람이 드나들 수 있는 곳에 있는 중요한 입구라는 뜻을 얻어 지금의 관문(關門)이라는 단어로 발전했겠다.

중국에는 관문이 참 많다. 유비(劉備)가 죽은 뒤 북벌에 나선 제갈량(諸葛亮)이 자주 넘었던 검문관(劍門關), 북방 유목민의 침입 루트에 있던 안문관(雁門關), 만리장성의 동서쪽 끝인 산해관(山海關)과 가욕관(嘉峪關) 등이 잘 알려진 관문이다. 중원 일대에 벌어졌던 혹심한 싸움에 자주 등장하는 동관(潼關), 수도 베이징(北京) 인근의 거용관(居庸關) 등도 역사 속에서 이름을 남겼던 유명한 관문이다.

'삼국연의(三國演義)' 소설 속 관우(關羽)가 조조(曹操)의 진영을 벗어나 의형(義兄)인 유비(劉備)의 진영으로 돌아가는 장면에도 이 관문들은 등장한다. 관우는 조조의 영향권에 속한 다섯 개의 관문을

제갈량이 북벌을 위해 넘었다는 쓰촨(四川) 북부 지역 검관(劍關).

2장 격자 위의 삶: 통제는 일상을 어떻게 설계하는가

지나면서, 그곳을 지키던 조조의 장수 여섯과 싸움을 벌여 이들을 모두 베어버린다. '다섯 관문 지나며 여섯 장수를 베다(過五關, 斬六將)'라는 대목은 지금도 중국인들이 자주 입에 올리는 말이다.

아울러 '관'은 중요한 경계에 들어서는 요새(要塞)라는 뜻도 있다. 보통은 전략적인 요충이나 변경(邊境) 길목에 짓는다. 역시 사람과 물자의 출입을 통제하는 곳이다. 그로부터 '매우 중요한 곳'이라는 뜻을 또 얻는다. 그래서 사물의 가장 긴요한 부분을 관건(關鍵)이라거나 관절(關節)이라고 부른다. 사람 몸의 중요하게 접히는 곳의 지칭도 관절이다. 그로부터 다시 뭔가 이어진다는 관계(關係), '마음에 담아두다'라는 관심(關心) 등의 단어도 파생했다.

중국은 2020년 혹독한 통제와 체벌 위주의 보안법을 제정하고 실행하면서 '홍콩'이라는 큰 관문 하나를 닫았다. 이어 경제의 '내적(內的) 순환(循環)'까지 강조하고 나서면서 당시까지의 개혁·개방 기조를 크게 바꿔버렸다. 문호를 아예 닫는 폐관(閉關)이나 쇄국(鎖國)까지는 아니라 해도 외부와 중국을 잇는 길목들이 사람과 물자 모두 지나가기 어려운 난관(難關)으로 변했다. 2012년부터 지금까지 중국이 걸어왔던 과정이 늘 그랬다.

담 안에 또 담

중국 옛 왕조의 바깥을 두르는 크고 긴 담은 만리장성(萬里長城)이었을 테다. 그 담을 넘어 다시 중국의 수도에 들어서려면 베이징 성(城)의 견고한 벽을 통과해야 한다. 그로부터 또 중국의 권력 중심에 진입하려면 자금성(紫禁城)의 높은 담과 마주친다. "산을 넘고 물을 건너…"라고 우리는 고된 여정을 말할 때가 있지만, 중국을 제대로 살피기 위해서는 이 땅에 무수하게 들어선 '담'을 넘고 또 넘어야 한다.

그 점은 개인의 집을 방문해도 마찬가지다. 동서남북(東西南北)의 사방 집채가 모두 안쪽의 뜰을 향해 있는 대표적인 전통 주택 사합원(四合院) 역시 완연한 성채의 모습이다. 그 문에 들어서면 안팎을 가르는 조그마한 벽이 다시 발길을 가로막는다. 소장(蕭墻)이라고도 하고, 또 조벽(照壁)으로도 부르는 '담 안의 담'이다. 그 담을 들어섰다고 해서 안심하면 큰코다친다. 중국인이 기거하는 내실(內室)에 진입하려면 당(堂)이라는 열린 공간을 넘어야 하고, 최종적으로는 중국인이 실내에 설치한 병풍(屏風)도 지나가야 한다.

그래서 중국과 제대로 교류하려면 국가의 울타리, 왕궁의 벽, 개인의 담을 다 넘어서야 우선 가능하다. 또 중국인의 울타리 안에 확

중국인의 침실 속 화려한 침대인 팔보상(八寶床).
중국인은 담을 늘 드리우다가 안방에서도 병풍과 칸막이로 또 자신을 가린다.

실하게 몸을 들이려면 '소장'이나 '조벽'과 같은 크고 작은 무수한 담, 최종적으로는 병풍이라는 조그마한 장치까지 무사히 넘어가야 그 진짜 얼굴과 행동거지를 관찰할 수 있다. 담은 나와 남을 가르고, 외부의 시선으로부터 자신을 가리는 장치다. 그래서 전통의 중국은 늘 그늘에 가려진 모습을 종종 연출한다. 은밀(隱密)함의 속성이 돋보이고, 폐쇄적(閉鎖的)이며 배타적(排他的)인 분위기마저 풍긴다.

현대 중국의 집권 공산당 최고 권력이 머무는 곳은 중난하이(中南海)다. 자금성 서쪽에 있는 건축군(建築群)이다. 옛 왕조의 권력을 상징했던 붉은 담이 우뚝하고, 삼엄한 경계가 펼쳐져 함부로 다가설 수 없다. 옛 황제 권력이 머물던 곳을 지칭했던 구중심처(九重深處)라는 성어가 먼저 떠오른다. 정문인 신화문(新華門) 안을 엿보려 해도 아주 높고 견고한 '담 안의 담'에 가려져 내부가 전혀 보이지 않는다.

하강(下降)하는 경제, 미국과의 전면적 마찰이 벌어지는 요즘 중국의 분위기가 아주 달라졌다. 길거리에는 예전에는 보기 힘들었던 실직자와 노숙자들이 대거 몰려다닌다. 무수한 사람들이 오가던 대형 쇼핑몰에는 사람의 자취와 온기가 거의 느껴지지 않는다. 1인 통치 체제의 강화로 인해 나타난 현상들이라고 하지만 진짜 속내는 무수한 담에 가려져 잘 보이지 않는다. 담은 자신을 방어하는 데는 유용하지만, 더 큰 차원의 공정성을 가로막는 장치일 수도 있다. 중국에는 담이 너무 많다.

담과 울타리에 갇힌 마음

베이징(北京)은 '담[圍墻]'의 도시다. 북쪽에는 길고 두터운 만리장성이 늘어서 있고 왕조시대의 황궁 자금성(紫禁城)은 약 12m의 높은 담을 둘렀다. 공산당을 비롯한 중국 중앙부처 관공서의 담도 아주 높다. 고관대작(高官大爵)이 살았을 법한 베이징 중심부의 전통주택 사합원(四合院)도 견고하며 우람하고, 때로는 야멸차다 싶을 정도의 완고한 담을 자랑한다.

새로 짓는 고급 아파트 또한 담장이 발달했다. 이런 고급 아파트들은 담이 가져다주는 외부로부터의 차단성 정도에 따라 값이 매겨지는 경우도 있다고 한다. 일반 서민들이 거주하는 아파트 또한 담이 견고하지 않더라도 집으로 들어서는 문(門)만큼은 각종 안전장치를 삼엄하게 추가하는 것으로 유명하다.

그뿐이 아니다. 자금성의 외곽은 1차 고리를 형성한다. 궁성(宮城)에 해당하는 부분이다. 그 다음 옛 베이징 성곽이 있던 도성(都城)은 2차 고리, 즉 2환(環)을 이룬다. 베이징은 이런 1환에서 뻗어나가 먼 외곽까지 모두 환상(環狀), 즉 고리 형태의 순환도로가 펼쳐지는 구조다. 궁성 외곽의 옛 도성(都城) 주위를 중심으로 고리 형태의 환상도로가 여섯 개까지 뻗어나간 이 풍경 또한 중국인이

남부 도시 항저우(杭州) 인근 우전(烏鎭)의 한 민가.
아열대의 고온다습한 날씨임에도 이렇게 벽을 견고하게 두르고 있다.

쌓고 또 쌓는 '담'의 연역(演繹)이다.

중국의 모든 지역은 '울타리[圈子]'의 숲이다. 자신과 제가 속한 집단의 외부를 성벽처럼 두르는 무형(無形)의 울타리가 수도 없이 많다. 친구는 친구끼리, 공무원은 공무원끼리, 동향은 동향끼리 뭉쳐 크고 작은 이익을 주고받는다. 사회적인 삶을 살아가면서 무수하게 마주치는 사람과의 관계는 이 '울타리' 구조를 띠면서 줄곧 커져가는 그림이다.

그 울타리 안, 또 여러 울타리의 사람들이 교통(交通)하는 방식이 곧 '관시(關係)'다. 복잡한 이해를 따지는 틀에서 벗어나기 어려워 대개 은밀하며 음습하다. 그래도 중국인의 삶은 이 '관시'의 범주를 결코 벗어나지 못한다. 오랜 농경사회의 습속 탓인지는 몰라도 중국인들은 혈연을 바탕으로 태어나 끊임없이 '아는 사람과 사람끼리'의 이 울타리를 밖으로 확장하는 일생을 살아간다.

이런 담과 울타리는 모두 성을 쌓는 '축성(築城)'의 심리에서 비롯했다. 오래, 그리고 자주 벌어진 전쟁의 여파다. 우선 중국의 국가(國歌)는 이렇게 시작한다.

"일어나라, 노예로 살고 싶지 않은 사람들이여! 일어나서 우리의 피와 살로 새로운 장성(長城)을 쌓자!"

혁명을 바탕으로 건국했다고는 하지만 국가 첫 소절부터 강력한 군국주의(軍國主義)의 냄새를 풍겨대는 중국이다. 아울러 중국인들은 위기가 닥치면 18번 레퍼토리 성어를 꺼내든다. "모두의 마음으로 성을 쌓는다(衆志成城)"다. 아주 오래전에 생겨나 지금까지 쓰이는 성어다. 지난 2003년 중증호흡기증후군(SARS)이 중국을 휩쓸었을 때, 얼마 전 코로나19가 역시 중국을 할퀴었을 때 어김없이 이 성어가 등장했다.

축성의 오랜 습성은 삶과 죽음을 다투는 전쟁에서 스스로를 지키고자 쌓은 전통이다. 그 자체로서는 나무랄 데가 없다. 그러나 지나치면 문제다. 나와 다른 남을 배척해 제 이익만을 강조하는 행위로 이어질 수 있기 때문이다. 제 담장을 높이 쌓는 버릇의 중국은 남에게 지독하리만치 차갑다. 마음을 열어 나보다 어려운 이웃을 먼저 헤아리는 문화적 전통이 취약하다. 그래서 이런 속언이 나온다.

"내 집 문 앞 눈은 쓸어도 남의 집 지붕의 서리는 간여치 않는다(各人自掃門前雪, 莫管他人瓦上霜)."

이러한 속담으로부터 현대 중국이 얼마나 자유로울 수 있을지를 우리는 조용히 지켜볼 뿐이다.

담쌓는 사람의 배타 의식

1780년 서울을 떠나 압록강을 넘었던 연암(燕巖) 박지원(朴趾源)의 '열하일기(熱河日記)'에는 중국의 인상 깊었던 담의 행렬이 등장한다. 3리(里)를 갈 때마다 성(城)이 나오고 5리를 가면 그보다 더 큰 곽(郭)이 나오는 점이 그랬다. 압록강을 넘어선 뒤 당시 청(淸)나라의 관문에 해당하는 책문(柵門)을 지나면서 그랬고, 여정이 깊어질수록 이 조선 선비의 눈에 들어오는 만주 지역 일대의 풍경이 다 그랬다.

관공서가 없음에도 불구하고 크고 높은 성곽(城郭)이 들어선 풍경은 이 조선의 선비에게는 낯설기만 했다. 그는 청나라 수도였던 베이징(北京) 진입 전의 한 마을에도 성벽이 굳건하게 쌓인 모습을 보고는 급기야 그 안으로 들어가 촌장을 찾았다. 이어 그에게 "일반 마을인데 도대체 왜 이런 성벽을 쌓은 것이냐"고 묻기까지 했다. '천하대장군', '지하여장군'이라고 적힌 장승 두 개가 지키고 있을 뿐, 주변을 담으로 두를 생각조차 못 했던 조선의 마을과 비교하면 이런 중국 마을이 무척 기이했기 때문이었다.

조선 선비의 시선만이 아니다. 19세기에서 20세기로 넘어가던 시절 중국을 여행했던 외국인의 눈에도 이런 중국 마을의 모습은

베이징 자금성(紫禁城)의 높고 견고한 담장. 평균 11~13m의 높이다.

꽤 신기하게 비쳤던 듯하다. 지금은 다 철거를 한 뒤 극히 일부 지역만 성벽의 흔적을 보존하는 곳이 많지만, 옛 왕조시절의 중국 마을과 촌락은 대개가 성벽으로 겉을 둘러친 모습이었다.

그렇듯 담과 중국인은 떼어 놓고 생각할 수가 없이 아주 긴밀한 관계다. 왕조와 국가에도 크고 두터운 담을 두르던 전통이 깊다. 만리장성(萬里長城)이라고 하는 길고 모진 담은 그렇게 등장했다. 개인 또한 두터운 담을 두르려는 성향이 강하다. 중국 전통 주택의 모습들은 대부분 높고 두터운 담으로 외부를 두른 형태가 많다. 중국의 국가(國歌)에 해당하는 '의용군진행곡(義勇軍進行曲)'의 처음도 "노예로 살고 싶지 않은 사람들이여 일어나라! 우리의 피와 살로 새 장성을 쌓자"다. 나라와 사회, 개인의 영역에서 고루 보이는 중국인들의 '담쌓기' 의식이다.

무형(無形)의 담 또한 수두룩하다. 낯선 타인을 상대할 때 중국인들은 제가 두른 마음의 벽을 함부로 허물지 않는다. 상당한 시간과 노력을 기울여 상대를 샅샅이 파악한 뒤에야 자신의 마음에 있는 벽의 문을 연다. 그 마음이 통하는 사람들은 함께 자신들만의 울타리를 형성한다. 중국인들은 이를 흔히 '취안쯔(圈子)'라고 부른다. 혈연(血緣)과 지연(地緣) 등으로 끼리끼리 모여 각종 이권을 지키고 나누는 공동체 의식이다.

담을 쌓는 사람은 담 밖의 타자(他者)를 매우 차별적으로 대한다. 성문을 함부로 열어줄 수 없는 '위험한 존재'로 보기 때문이다. 나와 다른 남, 이기(異己)를 향한 경계와 배척이 따를 수밖에 없는 사회적 심리구조다. 신종 코로나바이러스가 먼저 확산한 중국인들이 당시 그곳에 거주하는 한국인을 그렇게 대했다. 한국인 거주 아파트를 봉쇄하거나 아예 나무판을 대고 못질했다. 위기감 속에서 되살아난 중국인의 배외(排外)적, 배타(排他)적인 정서가 드러난 장면이다.

담을 넘는 중국인

담을 넘는 행위가 '담치기'다. 개도 궁지에 몰리면 그렇게 한다. 중국인이 잘 쓰는 성어 구급도장(狗急跳墻)의 경우다. 이 말의 궁극적인 깨우침은 '상대를 너무 코너에 몰지 말라'는 메시지다. 막바지에 몰린 쥐가 고양이를 물고, 위기에 몰린 맹수는 외려 싸우고자 덤비는 법이다. 중국 성어로는 곤수유투(困獸猶鬪)라고 하는데, 역시 그 맥락의 경고다.

담을 넘는 다른 상황도 있다. 참선(參禪)에 빠져 있다가 입맛을 자극하는 향긋한 냄새를 참다못해 담을 넘었던 사람이다. 중국 탕(湯) 요리의 정수, 불도장(佛跳墻)의 유래를 설명하는 얘기다. 온갖 정성을 들이고, 진귀한 재료를 사용해 끓인 탕이 있다. 그 냄새가 하도 좋아 옆 절집[佛]에서 수행하던 사람이 담장[墻]을 뛰어넘어[跳] 왔다는 얘기다. 물론, 과장이 섞인 말이니 그대로 받아들일 필요는 없다.

강아지가 뛰어넘고, 최고급 요리 냄새를 맡은 스님도 타고 넘은 담이다. 이 '담치기'의 한자 표현은 월장(越墻)이거나 유장(逾墻)이다. 이 담을 넘어 어디로 사라졌다가 집에 다시 돌아온 남성 한 사람의 이야기가 가슴을 때린다. 중국 문학사에 애처롭게 전해지는

당나라 최고 시인으로 꼽히는 두보(杜甫)의 초상.

담을 넘나든 초로의 늙은이 스토리다.

당(唐)나라 시인 두보(杜甫)의 작품이다. 그가 전란의 와중인 어느 날 저녁 무렵 석호(石壕)라는 마을에 들렀을 때다. 그 무렵에는 안사의 난(安史之亂, 755~763)이 번져 이미 수습하기 어려운 국면으로 치닫고 있던 상황이었다. 마침 미관말직(微官末職)에 불과했지만, 두보는 관리 신분으로 새 임지를 향해 가고 있던 와중에 이 석호라는 마을에 들러 하룻밤 묵어가야 했던 상황이었다. 묵었던 집에서 그는 밤중의 호통과 소란에 놀란다. 그가 '석호촌 관리(石壕吏)'라는 작품에서 묘사한 당시 정경이다.

우선 전쟁터에 군역(軍役)으로 보낼 사람을 잡으러 온 관리의 사나운 외침, 그를 피해 담을 넘어 달아나는 늙은이[老翁逾墻走]의 모습이 생생하다. 이어 늙은이의 할멈이 나와 "세 아들 다 끌려가 둘 죽고 하나 남았다"며 애절하게 울부짖는 정경도 참담하다. 그런 참담함을 지켜본 뒤 두보는 하룻밤을 묵었다. "남편 대신 전쟁터에 가서 아침밥 짓겠다"는 할멈의 호소와 밤새 이어진 흐느낌도 들었다. 할멈은 관리를 따라 전쟁터에 갔다. 두보는 이튿날 밤새 집에 돌아온 늙은이와 인사를 나눈 뒤 헤어져 길을 나선다.

이야기는 그로써 일단락을 맺지만 작품은 전란으로 인해 혼란 상황을 맞았던 중국인 사회의 참담함을 고스란히 잘 묘사하고 있다. 역사 속 중국인 모두는 그렇게 때로는 '담'을 넘어야 할 때가 많았음을 짐작케 한다. 요즘 중국인의 담치기는 '번장(翻墙)'으로 곧잘 적는다. 집권 공산당이 공을 들여 구축한 인터넷 감시와 통제의 담, Great Firewall(萬里防火墙, 만리방화장) 넘어서기다.

중국에 불리한 외부의 소식과 내부의 정보가 드나드는 경로를 차단하기 위해 대단한 규모의 예산과 인력을 동원해 중국 집권 공산당이 쌓은 담이다. 지난 코로나19 때 사태가 번지면서 이 담을 넘어서려는 사람도 부쩍 많아졌다. 지금도 외부 소식에 관심이 많은 중국 네티즌은 이 담을 넘으려고 안간힘이다. 이제는 더 '업그레이드'다. 중국에서 삶에 지친 사람들이 당국이 설정한 관문(關門)을 넘어 과테말라 등 남미의 정글로 향하고 있다. 이곳을 통해 다시 미국으로 삶의 터전을 옮기고자 하는 것이다. 중국의 담은 그 담을 넘고 막아서려는 사람들로 아직 분주하다.

대륙의 풍우(風雨)

"산 비 쏟아지려니 바람이 다락에 가득하다"는 시구가 있다. 당나라 허혼(許渾)의 작품이다. 원문은 "산우욕래풍만루(山雨欲來風滿樓)"다. 본래 단순한 서경(敍景)이었으나 현대 중국에서는 곧 닥칠 위기의 전조(前兆)를 암시하는 뜻으로 바뀌어 일반인의 대화에서도 즐겨 쓰이는 구절로 자리를 잡았다.

중국인에게 바람과 비, 풍우(風雨)는 단순한 자연 현상이 아니다. 문화적인 함의로는 머잖아 닥칠 변수나 위험 요소를 머금은 무엇, 곧 닥칠지도 모를 위기 정도로 풀 수 있다. 비슷한 흐름의 풍운(風雲), 풍상(風霜), 풍설(風雪), 풍파(風波), 풍랑(風浪) 등이 다 그렇다. 모두 바람과 비의 요소를 품고 있지만 한결같이 '위험', '고난' 등을 예시하는 조어 행렬이다.

이 모두는 곧 닥칠지도 모를 위기에 매우 민감하게 반응하려는 중국인의 문화적인 심리를 드러내는 말들이다. 상황이 닥치기 전 그에 먼저 대비하려는 중국식 '위기 사고'의 패턴을 잘 보여주기도 한다. 그만큼 중국인들은 자신이 처한 상황, 그 앞에 번질지 모를 어떤 위기 등에 매우 민감하다.

'좌전(左傳)'에 나오는 "평안할 때 위험을 생각하라"는 뜻의 거안

중국 장쑤(江蘇)에 들어서 있는 한(漢) 창업주 유방(劉邦)의 석상.

사위(居安思危)가 대표적 경구다. 뒤로 이어지는 "미리 생각하면 대비가 있고, 준비가 있으면 환란이 없다(思則有備, 有備無患)"는 말도 우리에게 꽤 유명하다. 우리는 특히 1970년대 북한의 위협을 전제로 하면서 '유비무환(有備無患)'을 일상적인 구호로 자주 사용한 기억이 있다.

비가 내리기 전 창문을 고치라는 뜻의 미우주무(未雨綢繆), 일이 번지기 전에 위기의 요소를 먼저 잠재우라는 방환미연(防患未然)도 같은 맥락이다. 가축을 잃었을 때 드러나는 우리와 중국인의 차이점도 있다. 우리는 대개 "소 잃고 외양간 고치면 뭐 하냐?"는 핀잔과 푸념이 기조를 이룬다. 그에 비해 중국인은 "양을 다시 잃지 않으려면 외양간을 고치자"는 자세를 보인다. 이른바 망양보뢰(亡羊補牢)식 위기 대응이다.

2018년 들어서면서 시진핑(習近平) 중국 공산당 총서기의 행보가 단연 화제였다. 황제와 같은 권력 집중이 연일 언론에 오르내렸다. 그러나 나름대로 위기를 의식한 흔적도 뚜렷했다. 40년 개혁·개방에서 드러난 얽히고설킨 부패와 비리, 그로써 초래할지 모를 큰 혼란이었다.

우리는 오히려 중국이 쌓아 온 그런 '위기'의 속내를 잘 읽어야 한다. 중국의 문화 바탕이 피해 갈 수 없는 구조적인 부정과 부패 문제 말이다. 나날이 거세지는 중국의 부상이 기회이면서 한편으로는 위기이기도 한 우리의 입장에서는 특히 그렇다.

대륙의 허풍(虛風)

"공허하다"라고 말할 때의 글자 허(虛)의 옛 글자꼴.

예전에 우리가 자주 쓰던 '무실(務實)'이라는 말이 있다. "실질(實)에 힘쓰라(務)"는 주문이다. 고담준론(高談峻論)에 몰두하다가 그저 공허한 이야기로 일관했던 옛 시절을 회고했던 시대적인 언어였다. 그렇게 형식과 모양새보다는 실질에 힘을 쏟으면서 종국에는 그를 실천하는 수준에까지 이르라고 충고할 때 쓰는 말이 무실역행(務實力行)이다. 공허한 성리학(性理學) 틀에 젖어 망국에까지 도달했던 조상들을 비판하며 각성을 외쳤던 개화기 지식인들의 단골 주문이었다.

그러나 중국인들은 그 반대의 조어인 '무허(務虛)'라는 말을 잘 쓴다. 아예 국가와 집권당 차원에서 그를 주제로 하는 회의까지 여는 것을 보면 우리로서는 의아할 수밖에 없다. 이른바 '무허 회의'라는 것은 전 세계 어디에도 없는 중국만의 독특한 회의다.

중국으로서는 1978년이 매우 중요했다. 여러 차례 실각했다가 복권에 성공한 덩샤오핑(鄧小平)이 제11기 3중전회(中全會 중앙위원회 3차 전체 회의)에서 개혁·개방을 결정했기 때문이다. '죽의 장막'에 가려져 극심한 공산주의 이데올로기에 휩싸였던 중국 대륙의 분위기를 일거에 뒤바꿀 거대한 실험을 앞두고 있었다. 그 이듬해 3월 덩샤오핑의 주재로 공산당 전체 회의가 하나 열렸다.

이 회의가 중국에서 매우 유명한 '무허' 회의다. 이 성격의 회의를 글자 그대로 해석하면 퍽 이상하다. "허망함에 힘을 쏟다"라는 뜻이기 때문이다. 실질에 힘을 쏟으라는 '무실'의 대척점에 놓였다고 보면 그렇게 풀 수 있다. 그러나 '무허'와 '무실'을 서로 보완하는 관계라고 보면서 회의 명칭을 받아들인다면 풀이가 달라진다.

1978년 공산당의 최고 권력자로서 개혁·개방을 결정한 덩샤오핑에게는 큰 장애가 생겼다. 자유화의 바람이 불어 혼란스러운 양상이 빚어졌기 때문이다. 이때 열린 '무허' 회의에서는 중대한 결정이 내려졌다. 이른바 '4개 기본원칙(四項基本原則)'이다.

개혁과 개방을 펼치되 사회주의, 프롤레타리아 독재, 공산당 영도, 마르크스-레닌주의와 마오쩌둥(毛澤東) 사상은 그대로 유지하겠다는 내용이다. 지금까지 중국이 이어오는 '사회주의 시장경제'의 틀이 만들어진 계기다.

이 '무허'는 이론, 틀, 토대 등을 우선 지향한다. 구체적인 수치나 항목보다는 추상적이면서 개념적인 것을 다루는 작업이라고 보면 좋다. 따라서 '무허 회의'에서는 전체 흐름과 형세(形勢) 등을 살펴 방향을 잡는 일을 다룬다. 회의에는 숫자와 통계가 거의 등장하지 않는다. 대신 정책의 옳고 그름, 방향의 정오(正誤) 등을 따진다. 우리식으로 푼다면 전략(戰略)을 다루는 자리다. '무실'은 그에 비해 전술(戰術)이 대상이다. 실리에 눈을 떼지 않으면서도 중국 공산당과 기업들은 모두 '무허' 회의를 즐긴다.

   이는 전략으로 큰 판을 들여다보면서 전술로써 세부의 항목과 변수에 대응하려는 자세다. 그 근간은 싸움에서 이기려는 전쟁의 사유, 곧 모략(謀略)이다. 중국은 그런 모략의 전통이 늘 충만하다. 대륙의 허풍(虛風)은 사실 칼바람인 셈이다.

돼지고기와 중국인

집에 돼지를 키운다? '집'이라는 뜻의 한자 가(家)의 풀이다. 주거용으로 지은 건물['ㅡ'·면]에 돼지[豕·시]가 들어앉은 꼴이다. 처음부터 그 동물이 '돼지'였는지는 확실치 않다. 그럼에도 언제부턴가 중국인들은 돼지와 함께 살아가는 모습을 '집'으로 적었다. 중국인들은 가족 사이의 혈연적 유대를 무척 중시한다. 따라서 중국인에게 집은 아주 특별히 소중한 곳이다. 그 집을 표현하는 한자에 우선 돼지가 등장하니 그에 대한 주목이 필요하다.

중국인들의 돼지 사랑은 아주 유명하다. 4대 기서(奇書) '서유기(西遊記)'의 주인공 중 하나는 저팔계(豬八戒)다. 욕심이 많지만 정감이 넘쳐 독자들로부터 퍽 사랑을 받는 캐릭터다. 이름에서 우선 알 수 있듯이 돼지 형상으로 등장해 손오공(孫悟空)과 함께 행자(行者) 그룹을 형성해 맹활약하는 캐릭터다. 아울러 한자 가(家)의 예에서 보듯이 중국인들은 돼지를 일찌감치 중요한 재산으로 다룬 흔적이 있다.

중국에서 돼지는 또 왕성한 생명력, 행운을 가져다주는 길상(吉祥), 그리고 복(福)을 상징한다. 오랜 농경(農耕)의 습속 때문에 돼지를 가장 잘 키울 수 있던 환경이 한몫했다. 따라서 돼지는 중국

손오공 등이 주역인 작품 '서유기' 속의 저팔계(猪八戒) 모습.

인들이 가장 즐겨 먹는 육류다. 다양한 중국 음식 중에서도 돼지고기는 특별하다. 북송(北宋)의 유명 문인이자 정치가인 소동파(蘇東坡)는 지방에서 벼슬할 때 자신이 특별히 제조한 돼지고기 요리를 선보였다. 이른바 '동파육(東坡肉)'이다.

큼직하게 덩어리로 자른 돼지고기를 비계와 살 그대로 넣고 간장 등으로 조린 음식이다. 중국 최고 요리 중 하나로 꼽힌다. 중국 각 지역 대표 음식 중에서도 돼지고기 요리는 사람들의 눈길을 가장 먼저 끈다. 우리는 보통 돼지고기에 비해 소고기를 더 높이 치지만, 중국인은 달콤한 맛이 더 우러나는 이 돼지고기를 소고기에 비해 더 맛있다고 여기는 경향이 강하다.

그런 전통과 취향 때문에 세계에서 가장 많은 돼지고기를 소비하는 곳이 중국이다. 세계 인구의 5분의 1인 중국 인구가 소비하는 돼지고기 양은 지구촌 소비량의 절반이다. 2015년 기준 5,489만t이다. 이 글을 적었던 해는 기해(己亥)년으로 마침 돼지의 해였다. 돼지를 가장 좋아하는 중국의 돼지해였던 그 해에 돼지 파동이 심상치 않았다. 아프리카 돼지 열병으로 수많은 돼지가 떼죽음을 당하고, 미·중 무역 갈등과 경기 하강의 여파로 돼지고기 가격이 가파르게 올라 민심마저도 불안했다. 게다가 홍콩 사태까지 겹쳐 분위기가 뒤숭숭한 편이었다. 2019년 그해 중국의 가을도 퍽 소란했다.

매우 현세적인 중국인의 가치관

중국에 오래전부터 전해지는 인생의 '네 가지 큰 기쁜 일(四大喜事)'이 있다. "긴 가뭄 끝에 내리는 비(久旱逢甘霖), 낯선 타향에서 만나는 친구(他鄕遇故知), 촛불 타오르는 신혼의 밤(洞房花燭夜), 과거급제 명단에 이름 올릴 때(金榜題名時)"다. 중국인이 예로부터 어떤 것을 삶 속의 가장 큰 가치로 여겼는지를 보여주는 대목이다.

남송의 홍매(洪邁)라는 유명 문인이 저서 '용재수필(容齋隨筆)'에 당시 민간의 말을 채록하면서 유명해진 중국인의 전통적 가치관이다. 맥락을 살펴보면 위에서 꼽은 네 가지 기쁨이 모두 현실적이다. 농사라는 생업을 우선 꼽았고, 그에 이어 사람과 사람 사이 '관시(關係)'의 확대를 중시했으며, 그다음으로는 가정을 꾸려 제 혈연의 토대를 이어가는 생육의 고민, 마지막으로 남들보다 나아지려는 출세의 지향이다. 이를 반대로 익살스럽게 표현한 버전도 있다.

"오랜 가뭄 끝에 내리는 비 한 방울, 타향에서 마주친 고향의 빚쟁이, 옆집의 신혼방, 동명이인의 과거급제"라는 설정이다. 이른바 인생의 '네 가지 슬픈 일(四大悲事)'이다. 어쨌든 앞으로든 거꾸로든 모두 행복과 이욕(利慾)의 추구가 두드러진다. 삶의 터전을 확

유명한 '권학문(勸學文)'을 지은 북송의 황제 진종(眞宗).

보하면서 제 가정을 꾸려 남들보다는 그래도 조금 더 낫게 살아야 좋지 않겠느냐는 중국인의 각성이 들여다보이는 내용들이다.

공부를 장려하는 권학(勸學)의 옛 문장에서도 이 점이 뚜렷하게 드러난다. "한 치의 시간은 한 치의 황금(一寸光陰一寸金)"이라며 시간을 금에 비유한 유명 문구가 우선 심상찮다. "시간을 황금처럼 아껴 쓰라"는 충고는 우리도 어른들에게 귀가 따갑도록 들었던 말이다. 그러나 중국은 우리보다 현실적인 삶의 자세에서 늘 한 걸음 더 나아가는 편이다. 요즘도 중국인들이 암송하는 북송(北宋)의 진종(眞宗)이라는 황제의 권학문은 이렇게 전해 내려온다.

"먹을 것이나 집이 없어, 또는 예쁜 아내 없다고 고민하지 마라"

며 운을 뗀 이 황제는 독서를 권장하며 "책에는 대단한 봉급, 황금으로 만든 집, 어여쁜 아내가 다 있다(書中自有千鍾粟, 黃金屋, 顔如玉)"고 강조한다. 공부를 강조하는 그 방향은 매우 옳다고 할 수 있지만, 그 '대가'를 말하는 대목은 아주 노골적이다. 책을 읽으면 그 안에서 대단한 봉급, 황금으로 만든 집, 예쁜 아내까지 다 얻을 수 있다는 주장 말이다.

지나치게 현세적이고 공리(功利)적인 지향이다. 중국이라는 땅에서 키워지는 가치관은 대개 이런 흐름이다. 전쟁과 재난이 빗발처럼 자주 닥치며 개인의 삶을 심각하게 위협했던 중국 땅의 역사적 환경이 그 우선의 원인일 듯싶다. 그래서 손에 쥘 수 있는 가장 높은 '가치', 황금을 향한 중국인의 사랑은 세계적으로 유명하다. 이는 개혁·개방 이후 급속도로 성장한 중국 경제의 문화적 토양이었을 것이다. 누구도 황금의 유혹에 사로잡히기 마련이지만, 중국인의 집착은 때로 크게 지나쳐 지구촌 사람들의 입방아에 오르는 경우도 적지 않다.

매우(梅雨)

매실 익는 계절에 내리는 비를 중국인들은 '매우(梅雨)'라고 한다. 보통은 장강(長江) 중하류 지역에 6~7월경 내린다. 오랜 기간 짙은 구름이 끼고 비가 내려 일종의 장마로 간주한다. 줄곧 내리는 비로 인해 곰팡이가 핀다. 그래서 '곰팡이 비', 즉 매우(霉雨)로 칭할 때도 있다.

옛 중국인들이 썼던 비의 종류는 제법 풍부하다. 달콤한 이슬인 감로(甘露)에 비를 비유한 경우가 우선 눈에 띈다. 보배로운 이슬, 보로(寶露)도 그렇다. 그러나 마냥 좋지만은 않다. 벌판을 거세게 달리는 말들처럼 땅을 뒤흔드는 듯 내리는 소낙비는 취우(驟雨)다.

분우(盆雨)라고 하는 비도 있다. 물동이를 쏟아 붓듯 내린다는 '경분대우(傾盆大雨)'의 준말이다. 방타(滂沱)는 비가 마구 쏟아지는 모습을 형용한 말이다. 역시 아주 큰비, 대우(大雨)를 일컬을 때 흔히 등장한다. 땅이 잠긴다는 뜻에서 쓰는 수료(水潦)라는 단어도 큰비의 하나다. 음우(霪雨)와 음우(陰雨)는 과하게 오래 내리는 비다.

땅을 충분히 적실 정도로 내리는 비는 투우(透雨)다. 땅을 헤집고 들어가는 빗물, 투지우(透地雨)의 준말이다. 사흘 이상 이어지면 임우(霖雨)다. 하늘에 구멍이 뚫린 듯 쉬지 않고 내리는 비는 천루(天漏)라고 했다. 손님 발길을 막는다고 해서 적었던 유객우(留客雨)도 있다. 비는 때에 맞춰 내려야 좋다. 그런 비는 급시우(及時雨)다. '수호전(水滸傳)'에서 양산박(梁山泊) 108 두령의 첫째인 송강(宋江)의 별명이다.

문학적으로 일컫는 아칭(雅稱)도 여럿 있다. 우선 바닥에 튀어 번져나가는 빗물을 형용해 도주(跳珠)라고 한다. 바닥에 튕겨 나가는 진주라는 뜻이다. 감림(甘霖)이라는 단어도 있다. 오랜 가뭄 끝에 내리는 비다. 그러나 잠시 오다가 그치는 비가 아니라, 비교적 오래 내리는 비를 가리키는 말이다. 앞의 '감'은 가뭄을 해소해주는 감로수와 같다고 해서 붙인 글자다. 땅을 넉넉히 적신다고 해서 얻은 이름은 고택(膏澤)이다. 같은 맥락에서 달리 현액(玄液), 또는 현택(玄澤)이라고 쓰기도 했다.

용이 비를 몰아 땅을 적신다는 뜻에서 나온 이름은 용윤(龍潤), 하얀 은색과 같은 것이 길게 땅에 내려앉는다고 해서 얻은 명칭은 은죽(銀竹)이다. 어떤 섭리로 신비하게 내려 땅을 적신다는 뜻의 영택(靈澤), 밤에 내리는 봄비는 야춘(夜春), 맑디맑은 이슬이라는 새김의 청로(清露) 등도 모두 비의 우아한 이름들이다.

어디선가 소개했지만, 가뭄 끝에 내리는 비는 중국인의 인생 4대 기쁨 중 하나다. 가뭄이 번져 메마름이 대지 위의 사람들을 혹독함으로 몰아갈 때 땅을 적시는 비는 정말 간절한 바람의 대상이었

것이다. 전란에 쫓겨 지금의 쓰촨(四川)으로 가서 피난살이했던 당나라 시인 두보(杜甫) 또한 봄밤에 내리는 비를 바라보며 '춘야희우(春夜喜雨)'라는 제목으로 시를 지었다. 그는 그 봄비를 찬양하며 "대지를 적시네, 촉촉하게, 소리 없이(潤物細無聲)"라는 표현의 명구를 남기기도 했다.

  2020년 6월경 중국 남부 지역에 내렸던 비는 '매우'였음에 분명하다. 그러나 매실 자라는 데 도움은커녕 사람 사는 집과 땅을 거대하게 삼켜버렸다. 근심을 부르는 장맛비, 수림(愁霖)의 수준을 넘어섰다. 이재민은 당시 통계로 4,000만 명에 이르렀다고 했다. 그때 대륙의 민심(民心)은 또다시 비에 젖고, 슬픔에 젖고, 또 눈물에 젖었던 모양이다.

먼지 많은 세상

사슴이 일으키는 흙먼지의 모습에서 유래한 '먼지'라는 뜻의 글자 진(塵)의 초기꼴.

티끌이나 먼지를 가리키는 한자는 진(塵)이다. 사슴[鹿]과 흙[土]의 합성이니, 뜻은 자명해진다. 사슴이 땅을 밟고 다닐 때 생기는 흙먼지다. 바람과 함께 먼지가 일어나기 쉬워 풍진(風塵)이라고 곧잘 쓴다. "이 풍진 세상을 만났으니…"라고 시작하는 한국의 오랜 가요도 있으니, 이 말은 우리에게 제법 친숙했던 단어다. 살아가기 만만치 않은 세상, 삶의 조건이 가혹할 때 자주 등장하는 말이었다.

세상은 각종 이해(利害)에 따른 다툼이 모질게 일어난다. 이를 먼지에 빗대어 일컫는 말은 홍진(紅塵)이다. 이 홍진의 함의는 여럿이다. 본래 이 말이 등장할 때는 '도시의 먼지'라는 뜻에 가까웠다. 동한(東漢, 25~220) 때 시인의 시구에 등장한다는 설명이다. 수레와 마차가 일으키는 먼지였고, 더 나아가 명리(名利)를 추구하는 사람들이 오가는 길 위의 먼지라는 의미를 획득한 듯하다. 이어 세속의 욕망(欲望), 도시의 변화(繁華), 사람 사는 세상인 인간세(人間世)의 지칭으로도 자리를 잡았다. 아무튼 홍진은 사람의 잡다

한 욕구가 소란으로 번질 수밖에 없는 인간 사회의 별칭이다. 불가(佛家)에서는 세속의 번뇌로도 해석한다.

홍진이라는 단어는 달리 진세(塵世), 진환(塵寰)으로도 적는다. 모두 먼지 가득한 세상이라는 뜻이다. 역시 사람의 번잡한 이해에서 벗어나고자 했던 불가의 지칭이다. 그래서 출진(出塵)으로 적으면 세간의 잡다한 욕망에서 벗어나는 일이다. 세속의 욕망과 그로부터 빚어지는 온갖 번뇌와 갈등을 훌훌 벗어버리고자 했던 불가에서 자주 인용했던 말들이다.

중국은 아무래도 '먼지'가 많은 땅이었던 것일까. 먼지와 관련이 있는 단어가 이렇듯 적잖게 만들어졌음을 따져보면 그럴 수도 있다는 생각이다. 우선 서북 지역에 발달한 사막과 건조 지대가 있다. 아울러 토사(土沙) 함유량이 많아 늘 왕성한 퇴적 작용이 빚어졌던 황하(黃河) 중하류 지역은 드넓은 황토 고원 지대다. 이런 지리적 여건 때문에 바람에 실려 오는 먼지의 양이 대단했던 땅이다. 이는 요즘의 '황사(黃砂) 현상'으로도 충분히 미뤄볼 수 있다. 아무튼 중국인들은 오랫동안 진애(塵埃), 사진(沙塵)이라는 말을 잘 썼다가 이제는 무매(霧霾)라는 단어의 쓰임새가 흔해졌다.

공기 중 습도가 높은 안개 형태의 물 분자[霧], 본래는 '흙먼지'를 가리켰으나 요즘은 스모그를 지칭하는 오염 성분[霾]을 합친 시사적 용어다. 우리가 최근 들어 자주 겪는 '미세먼지'의 요즘 중국식 표현이다. 중국인들은 오래전부터 이런 먼지에 반응한 문화적 배려와 풍습 등이 있었다. 먼 곳을 다녀온 가족이나 친구에게 "고생 많았다"며 베푸는 식사를 세진(洗塵)으로 적었던 것이다. '먼지 씻어주기' 정도로 이해하면 좋은 말이다. 나름대로 먼지라는 환경 요소에 적응한 문화적 습속이다. 이제는 시도 때도 없이 중국발(發) 미세먼지에 휘감겨야 하는 우리가 정작 문제다. 중국과의 강력한 교섭은 물론, 자체적으로 먼지 저감(低減) 조치도 궁리해야 한다. 그러나 정치와 행정은 그를 늘 받쳐주지 못한다. 한국이 중국보다 먼지가 더 가득한 사회로 변할지 걱정이다.

민생(民生)과 도탄(塗炭)

우리 '춘향전'에는 과거에 급제해 암행어사로 신분 상승을 이룬 이몽룡이 극적으로 등장해 탐관오리를 처단하는 통쾌한 장면이 나온다. 그 직전에 암행어사 신분이었지만 거지 행색으로 분장한 이몽룡이 고을 유지들이 모인 자리에서 시를 읊는 장면이 나온다.

"촛농 떨어질 때 백성들의 눈물도 떨어지고, 노랫소리 높은 곳에는 백성들의 원성이 높네(燭淚落時民淚落, 歌聲高處怨聲高)."

백성, 또는 그 수준의 일반인이나 더 못한 신분의 사람으로 살아가는 일이 이전 왕조시대에는 몹시 고달팠음을 암시하는 대목이다.

오랜 기간 왕조의 전제적 통치 틀에서 살아온 동양사회에서 민초들의 삶은 결코 평탄치만은 않았을 것이다. 특히 견고한 황제의 권력이 자리를 틀었고, 수많은 왕조가 흥망성쇠를 거듭하며 늘 불안정한 상황을 몰고 왔던 중국의 사정은 훨씬 더 가혹했다. 그런 왕조시절 민생의 가혹함을 표현하는 단어들이 제법 풍성하다.

우선 집안 형편이 경제적으로 매우 쪼들리는 경우를 우리는 가난이라고 한다. 그러나 어원은 한자 단어 간난(艱難)이다. 자음 하나가 탈락하면서 순우리말 형태로 변한 결과다. 본래는 사람이 겪을 수 있는 많은 경우의 심한 어려움을 일컫는 말이다. 우리는 보통

곤란(困難)이라는 말을 잘 쓴다. 간고(艱苦), 궁곤(窮困), 간신(艱辛) 등도 같은 흐름의 단어들이다.

삶의 환경이 가혹한 어려움에 처하는 경우를 물과 불로 설명할 때도 있다. 깊어진 물, 너무 뜨거운 불을 가리키는 성어 수심화열(水深火熱)이다. '맹자(孟子)'에 나오는 말이다. 물과 불만을 강조해 아예 수화지중(水火之中)으로도 적는다. 이 물과 불에 비유하는 민생의 고달픔은 중국에서는 매우 뚜렷한 전승을 지니고 있다. 그만큼 맹자의 비유가 혹독한 시련에 종종 휩싸이는 민생의 어려움을 잘 표현했다는 얘기다.

그런 물과 불의 맥락에서 등장하는 단어가 있다. 우리에게 아주 친숙한 '도탄(塗炭)'도 그로부터 유래했다. 앞의 도(塗)는 물이 거세게 휩쓸고 지나간 뒤의 진창, 뒤의 탄(炭)은 불길이 이글거리는 숯 바닥이다. 앞의 경우는 각종 재난과 재해를 가리키는 말이라 간주할 수 있고, 뒤의 상황은 사람이 일으키는 재난인 전쟁의 지칭이라고 봐도 좋다. 그런 재난과 전쟁 속 가혹한 상황에 직면하는 민생을 "도탄에 빠졌다"고 표현한다. 아주 험악한 환경이다.

그와 반대는 안거낙업(安居樂業)이다. 편안하게 제 집에 머물면서 자신의 생업을 즐겁게 이어갈 수 있는 상황이다. 나라가 평화롭고 백성의 삶이 안온하면 국태민안(國泰民安)이다. 모두 태평(太平)을 향한 중국인의 간절한 희구(希求)가 담겨 있는 성어다. 중국에서

'나날'이라고 풀 수 있는 단어가 일자(日子)다. 그래서 그 앞에 '좋을 호(好)'를 붙이면 살아가기 좋은 시절을 지칭한다. 고생이 이어지는 때는 '고(苦)'를 쓴다. 요즘 중국에서는 허리띠 졸라매는 경우를 상정해 그에 '긴(緊)'을 덧댄다.

어느덧 미국을 바짝 추격하며 세계 제2강이라는 자부심에 젖어 있던 중국이 바야흐로 고난에 접어들더니 2025년 새해 벽두 무렵에는 민생 전체가 도탄에 빠지는 절망적 상황에 직면하고 있다. 중국 집권 당국은 그래서 '어려운 나날들(苦日子)'과 함께 '허리띠 졸라매야 하는 나날(緊日子)'을 강조하고 있다. 이제 미국과의 갈등은 단순한 수준을 넘어 무역과 금융, 산업 일반에서 전쟁을 방불케 하는 양상을 띠고 있다. 국내 정치가 늘 발목을 잡는 우리 상황도 만만치 않을 듯하다. 일반 국민이 빠지기 쉬운 그 '도탄'을 피해가기 위한 정치권의 노력이 항상 절실하다.

분열과 통일

동양 고전 가운데 동아시아 전반에 막대한 영향력을 미친 '삼국연의(三國演義)'에는 유명한 언급이 아주 풍성하다. 천하의 대세(大勢)를 거론하는 서문 격 문장에 이런 표현이 나온다.

"분열이 오래 이어졌으니 반드시 합칠 것이고, 합쳐진 상태가 오래 이어지니 반드시 찢어질 것(分久必合, 合久必分)."

이 책의 독자가 워낙 많았기에 이 구절 또한 그 영향으로 늘 인구(人口)에 회자되던 말 가운데 하나다.

이는 왕조시대 권력의 잦은 부침(浮沈), 흥망(興亡), 성쇠(盛衰)를 일컫는 말일 수도 있다. 그러나 중국적인 특색을 띤 말이기도 하다. 중국은 본래 왕조의 권력이나 일반적인 국가 개념에 맞지 않는 대상이다. 원래의 출발점을 잘 따져보면 중국은 왕조나 나라 개념으로 국한하지 않는 '문명'의 몸체를 지닌 곳이다. 그곳에 다양한 왕조와 나라의 요소들이 개입하면서 수많은 통일 전쟁에 휩싸였던 구조를 지니고 있다.

'삼국연의' 서문에 등장하는 위의 언급은 중국적 특성, 즉 통일과 분열을 '밥 먹듯이' 반복할 수밖에 없었던 중국 역사 속 현상을 가리킨다고 봐야 할 것이다. 통일했다가는 곧 분열, 분열했다가는 다시 통일로 회귀하는 그런 역사적 정률(定律) 속에서 중국인이 떠올린 비유 가운데 하나가 바로 실타래였다.

실의 여러 갈래를 잘 묶으려면 뚜렷한 가닥이 필요하다. 이른바 두서(頭緖)다. 그를 중심으로 다른 여러 가닥을 묶어야 든든한 밧줄도 만들 수 있다. 이를 대표적으로 말해주는 한자가 바로 통(統)이다. 이 글자는 통합(統合), 통일(統一), 통치(統治), 정통(正統) 등의 조어가 즐비하다. 중국 역사에 자주 등장하는 관련 단어는 일통(一統)이다. 새김은 '통일'과 비슷하지만, 중심축(軸)을 설정해 다른 것을 지배한다는 정치적 의미에서는 유래가 훨씬 깊다.

중국의 역대 위정자에게는 그래서 '정통'을 차지하는 일이 급선무였다. 중심축 가장 바른 자리에 올라서 남을 '통치'하기 위해서다. 요즘에는 그 정통을 중심(中心), 핵심(核心) 등으로도 표현한다. 현대 중국 집권 공산당이 자주 쓴다. 3연임에 성공해 영구 집권의 토대를 닦은 현재의 최고 지도자 시진핑(習近平)에게 잘 따라붙는 호칭이 바로 이 '중심'과 '핵심'이다.

그래서 권력을 쥔 뒤 중국을 이끄는 사람들은 분붕리석(分崩離析)이라는 성어를 끔찍이도 싫어한다. 나뉘고[分], 무너지고[崩], 헤어지고[離], 쪼개지는[析] 상황이다. '논어(論語)'에 일찍감치 등장한 말이다. 실타래의 두서를 잘 잡아 흐트러짐 없이 상황을 잘 정리하는 '일통'과 '통일'의 사고에 비해서는 극단의 대척점에 서는 상황이 아닐 수 없다. 역사의 출발점이 아주 다양하고 이질적인 요소들의 집합이었던 본래 중국의 상황에서는 권력자들이 '1호 기피(忌避) 대상'으로 꼽는 상황이 아닐 수 없다. 따라서 현재의 공산당 또한 정치적 통일성과 국토의 완정(完整)을 국정 최고의 과제로 여기고 있다.

2024년 1월 벌어진 대만 선거에서 중국이라는 정체성을 아예 부정하며 독립 성향까지 드러내는 민진당(民進黨)이 승리했다. 중국으로서는 참 침통한 결과다. 대만에 있는 사람들이 어떻게 생각하든, 중국은 이런 대만을 자신으로부터 분리와 독립을 꾀하려는 움직임으로 간주하고 있기 때문이다. '일통'을 내세워 대만을 '통일'하려는 중국의 의도와는 반대로 대만은 자꾸 '나뉘고, 무너지고, 헤어지고, 쪼개지는' 상황으로 나아간다고 보는 까닭이다. 거기에 중국을 견제하려는 미국의 힘이 보태져 갈등의 요소는 훨씬 증폭할 수 있다. '하나의 중국'이라는 '정통'을 자처하며 중국을 이끌었던 공산당에게는 또 다른 도전이다.

사합원(四合院)

중국의 수도인 베이징(北京)에서 오랜 전통의 주택을 꼽으라면 우선은 사합원(四合院)이다. 이는 고대 중국의 북부 지역에서 일찌감치 지어지기 시작했던 주택이다. 그러나 명(明)과 청(淸)대에 접어들면서 베이징에 집중적으로 들어섰다고 알려졌다. 두 왕조 시기의 황궁이었던 자금성(紫禁城) 주변에는 아직도 숱한 사합원 저택이 있다.

이 주택에는 뚜렷한 특징이 몇 있다. 우선 축선(軸線)이 분명하다. 대개는 남북의 종향(縱向)으로 뻗는 축선이다. 동남쪽에 조그맣게 난 문을 들어서면 가운데로 흐르는 이 남북 축선을 중심으로 동서 양쪽 건물들이 대칭을 이룬다는 점도 특색이다. 앞은 외부 사람을 맞이하는 당(堂), 뒤는 가족들만이 사는 실(室)의 구조라는 점도 눈에 띈다.

'사합원'이라는 이름은 바깥을 이루는 동서남북의 네[四] 면이 중간의 뜰[院]을 향해 합쳐진다[合]는 맥락에서 유래했다. 우리식 'ㅁ' 자의 닫힌 형태로 지어진 한옥(韓屋)을 떠올리면 좋다. 그러나 사합원은 그 '밀폐'의 정도가 더 심하다. 한옥은 그저 느슨한 밀폐형이라고 한다면, 중국의 사합원은 사람을 질식시킬 만큼의 강력한 밀폐형이라고 해야 좋다.

우선 동서남북 네 면의 벽이 견고한 성벽과 같은 느낌을 준다. 아울러 모든 건축물이 겉으로는 등을 돌리고 안의 뜰을 향하는 배치다. 따라서 벽을 두터이 쌓아 외부의 것을 경계하는 심리가 강하게 드러난다. 어쩌면 개인이 짓고 사는 저택의 형태가 완고하게 적의 침입을 막아서는 튼튼한 성채와 같다는 느낌을 주고도 남는다.

남북 종향의 축선은 사람 사이의 높고 낮음, 즉 존비(尊卑)의 성향을 담은 건축 심리다. 집 안에 거주하는 사람의 등급(等級)에 따라 신분이 높은 사람일수록 북쪽, 정면에 자리를 잡는다. 그 다음

중국 남부 지역에 들어선 유명한 마을 우전(烏鎭)의 한 호텔 외벽.
아무나 들어설 수 없도록 만든 담벼락이 인상적이다.

사람들은 등급에 따라 동서로 각각 나눠 거주한다. 지위와 처지가 낮을수록 남쪽이나 서쪽에 자리를 잡는 점이 큰 특징이다. 삼엄(森嚴)하다고 해도 좋을 정도의 위계(位階) 관념이 이 집의 구조에 깊이 숨어 있다.

그러나 중국인들은 이 사합원에 매력을 느끼기 십상이라고 한다. 견고하게 쌓은 벽, 모든 것이 안으로 향하는 구조, 축선이 만들어 내는 위계와 질서 등의 안정감 때문이라고 한다. 그래서 새로 개조한 사합원이 현대 중국 부동산 시장에서 큰 인기를 끈다는 소식도 전해진다. 비싼 사합원은 우리 돈으로 수백억 원을 상회하는 초고가 부동산 상품 취급을 받는다.

그러나 인문의 견지에서 이를 달리 보는 시선도 있다. 밖을 등진 채 안으로 몸을 돌리게 만드는 모진 담, 모든 건축물이 안으로만 향하는 구조는 폐쇄와 자기만족을 상징한다는 지적이다. 아울러 견고한 남북 축선을 중심으로 펼쳐지는 건축의 지향은 누가 높고 낮으냐는 존비(尊卑)의 관념, 더 나아가 등급과 위계로 남을 누르고 억압하는 진부(陳腐)한 차별의식을 드러낸다고 보는 시각이다. 1970년대 말 개혁·개방 초기의 활달함을 잃고 미국의 질서에 편승해 제법 부유해진 뒤에는 패권적인 욕망을 서슴없이 드러내는 요즘 중국을 이 사합원의 건축 심리로 살필 때가 많다.

삼계탕(蔘鷄湯)과 중국인

중국인들에게 한국 삼계탕(蔘鷄湯)은 명성이 자자하다. 고려 인삼과 닭을 함께 끓여 내놓는 요리라 유명하다는 것이 일반적인 생각이다. 그러나 중국인에게 닭고기를 넣고 끓인 탕, 즉 계탕(鷄湯)이 주는 의미를 먼저 짚어 볼 일이다. 음식으로 몸의 에너지를 보탠다는 '식보(食補)' 개념은 세계에서 중국인이 가장 잘 따진다. 그런 의미에서 중국인이 으뜸으로 꼽는 음식이 계탕이다. 몸을 건강하게 유지하는 양생(養生)과 면역(免疫) 기능이 있다고 보기 때문이다.

특히 몸이 허약해진 아이에게 엄마가 자주 끓여주는 계탕은 중국인에게 특별한 의미로 다가온다.

게다가 한국의 삼계탕은 고기가 질기지 않은 연계(軟鷄)에 약효가 높은 인삼까지 덧대져 중국인에게는 최고의 음식으로 비치기 십상이다. 이런 닭고기 국물, 계탕의 역사는 중국에서 매우 장구하다.

중국인들이 동물의 살코기나 뼈를 우려 탕을 만들어 먹은 역사는 신석

미국 작가의 'Chicken Soup for the Soul'을 중국어로 번역해 인기를 끌었던 '심령계탕(心靈鷄湯)'의 표지.

기 시대인 7000~8000년 전까지 거슬러 올라간다고 주장한다. 탕(湯)이라는 글자보다 더 자주 쓰였던 글자는 갱(羹)이다. 지금으로부터 2700년 전에 만들어진 책에 "밥 먹을 때 반드시 국이 있어야 한다(有飯必有羹)"라는 기록이 나오는데, 적어도 이 당시에도 탕 문화가 이미 널리 퍼져 있었음을 보여주는 대목이다.

계탕이 만들어진 시기를 거슬러 올라가면 중국에서는 최초 왕조인 상(商)이 그 스타트에 해당한다고 한다. 당시 달걀 하나를 선물로 받아 그를 수탉으로 키워 국으로 끓여 먹었다는 기록이 전해진다. 그로부터 장구한 중국의 '닭국', 즉 계탕의 역사가 이어져 당송(唐宋)에 이르러 상당한 발전을 이룬다고 한다. 그러나 중국의 각종 문헌에서 '계탕'이라는 단어가 본격적으로 출현한 시기는 북송(北宋) 때다.

당시 북송의 대학자였던 심괄(沈括, 1035~1095)의 저작 '몽계필담(夢溪筆談)'에서 이 '계탕'이라는 명칭이 최초로 등장했다는 설명이 있다. 이런 문헌상의 기록과는 상관없이 중국에서 가장 보편적이면서도 친근했던 것이 이 계탕이다. 특히 명(明)을 세운 주원장은 왕조 창업 전에 형수로부터 맛난 계탕을 자주 얻어먹어, 황제에 오른 뒤 그 형수를 제후에 봉했다는 일화가 전해지기도 한다.

그러나 요즘 들어 중국인에게 가장 유명한 계탕은 따로 있다. '심령계탕(心靈鷄湯)'이다. 미국 작가의 'Chicken Soup for the

Soul'의 중국어 번역본이다. 1993년부터 2016년까지의 시리즈 출판에 중국인들이 아주 열광한 책이다. 긍정적인 에너지를 부추기는 내용 일색이다. 개혁·개방 이후 왕성해진 중국 경제발전의 분위기가 그에 한몫했다고 보인다. 그러나 요즘의 중국 '계탕'은 의미가 싹 달라졌다. 인터넷상의 의미는 '하나 마나 한 소리', '공자님 말씀' 정도에 지나지 않는다. 이제 중국 네티즌들은 "삶이 그대를 속일지라도 슬퍼하거나 노여워 말라"는 푸시킨의 시구조차도 "삶이 그대를 속일지라도 슬퍼하거나 노여워 말라. 내일 당신은 또 속을 테니까…"라고 바꿔버린다. 사회의 위선을 향한 조롱과 야유가 들어있다. 그래서 '계탕문(鷄湯文)'이라고 적으면 '쓸데없는 글', '계탕도(鷄湯圖)'라고 하면 '연출한 사진' 정도의 뜻이다. 집권 공산당의 선전도 이제는 인터넷에서 이렇게 걸쭉한 닭 국물을 뒤집어쓸 때가 많다. 요즘 중국 사회 분위기의 한 단면이다.

식인애사(食人哀史)

네 갈래 길 오르막에 주막을 차린 여성. 이름은 손이랑(孫二娘), 별호는 모야차(母夜叉). 중국 4대 기서 '수호전(水滸傳)'의 양산박 108두령 명단에 이름을 올린 세 여성 중 하나다. 특기할 점은 사람의 고기로 만든 인육만두(人肉饅頭)의 제조자라는 사실이다.

호랑이를 때려눕히는 장사 무송(武松)을 술 취하게 해 만두소로 만들려고 했던 인물이다. 남편 장청(張靑)과 함께 사람 고기를 잘게 썰어 만두로 만들거나, 쇠고기로 위장해 장에 내다 팔던 소설 속

큰 인기를 끌었던 영화 '신용문객잔(新龍門客棧)'의 포스터.

캐릭터다. 이를 모티브로 삼았던 홍콩 영화 '신용문객잔(新龍門客棧)'도 우리의 기억에 뚜렷하다.

중국의 현대 문호 루쉰(魯迅)은 자신의 유명 소설 '광인일기(狂人日記)' 집필 동기를 설명하면서 "중국인은 아직 사람을 먹는 민족"이라고 했다. 사람을 극도로 옥죄는 유가의 예교(禮敎) 질서가 지닌 폐해를 지적했다고 사람들은 믿는다.

그러나 실재했던 중국 역사 속 식인의 전통을 말한 내용이라고 봐야 한다. 학술논문의 통계에 따르면 장구한 왕조 역사에 등장하는 중국의 식인 사례는 모두 408회다. 그러나 이는 단순한 '횟수'가 아니다. 한 지역에 가뭄이나 흉년이 들어 광범위하게 벌어진 식인의 사례라는 점에 주목해야 한다. 말하자면, 넓고 큰 지역에 가뭄 등이 드넓게 번져 숱한 식인 사건이 한꺼번에 벌어진 사례라는 말이다.

당나라 시인 백거이는 "강남에 기근이 들어 사람이 사람을 먹었다(人食人)"는 시 구절을 남겼다. 그가 전해들은 대로 강남의 넓고 큰 지역에 셀 수도 없는 식인 사건이 벌어졌다는 점을 기록한 것이다. 북송(北宋) 때 전란을 피해 남부 지역을 여행했던 문인의 글 '계륵편(鷄肋編)'도 그런 참상을 전하고 있다. 이 기록에 등장하는 명사 하나가 눈길을 끈다. '요파화(饒把火)'라는 말이다. 그를 설명한 대목에 따르면 "불을 많이 때야 익힐 수 있다"는 뜻이다. 나이 든 사람의 시신을 불로 익힌다는 말이다.

다음은 '하갱양(下羹羊)'이다. 이는 부녀자의 육체를 일컫는다. 국거리로 쓰는 양고기와 같다는 뜻이다. 그 다음이 '화골란(和骨爛)'이다. 뼈까지 이지러지는 경우다. 어린아이들의 몸을 가리킨다. 이 모두를 통칭하는 말이 '양각양(兩脚羊)'이다. 두 다리로 걷는 양이라는 뜻이다.

중국 역사에서 빈번하게 등장했던 이런 식인의 사례는 대개 혹심한 전쟁이 그 배경이다. 그에 못지않게 중국 대륙을 늘 휩쓸었던 재난 또한 넓고 광범위한 식인 사례를 불렀다. 가뭄과 홍수, 그리고 거대한 메뚜기 떼로 인한 황재(蝗災) 등이 대표적이다. 명(明)과 청(淸)에 이어 1966년 벌어진 문화대혁명 때도 인육을 먹었다는 기록이 전해진다. 전란과 재난으로 펼쳐진 식인의 어둡고 슬픈 풍경이다. 그러니 공자(孔子)와 맹자(孟子) 등의 거창한 사상사적 포장만으로 판단할 중국이 아니다. 역사의 어두운 길목에서 자주 벌어진 이 참담한 식인의 사례들은 우리가 중국을 바라볼 때 그냥 건너뛸 수 없는 대목이다.

싼샤댐과 중국인의 자연관

자연에 감응하는 사람, 즉 하늘과 인간이 하나를 이룬다는 뜻을 담은 성어가 바로 천인합일(天人合一)이다. 자연을 바라보는 사람의 관점이 녹아 있다. 중국인들이 전통적으로 자연을 어떻게 보느냐를 말할 때 흔히 등장한다. 자연과 사람의 일체감을 표현하는 말로도 쓰인다. 그러나 중국 인문에서는 달리 이런 말도 전해진다. "인간이 자연을 이길 수 있다"는 인정승천(人定勝天)이다. 여기서 '인정(人定)'은 사람의 사고 등이 확고하게 자리를 잡는 상황을 가리킨다. 그러니까 마음만 제대로 먹으면 환경을 충분히 극복할 수 있다는 뜻이다.

앞의 '천인합일'은 주로 관념적인 흐름이다. 유가(儒家)와 불가(佛家), 도가(道家) 등 종교철학 영역에서 각자 깊은 해석을 시도했다. 촘촘한 사유의 체계를 지녀 훨씬 더 그럴듯해 보이지만, 실제로 중국인의 자연관을 대표했다고 보기 어렵다. 오히려 이 말은 '하늘이 내린 사람', '하늘의 아들'이라고 하는, 이른바 천자(天子)의 존재를 꾸미려는 맥락도 담고 있다. 즉 하늘이 제 아들인 천자를 세상에 내려 보내 다스리게 한다는 흐름에서 '천인합일'을 주장한다.

여성의 발을 칭칭 묶어 끔찍한 변형을 만들어내는 전족(纏足),

서북부 대도시 란저우(蘭州)에서 주민들이 황허(黃河)의 수로 공사를 벌이고 있다. (사진 제공: 조용철)

 남성의 생식기를 제거해 권력의 도구로 부렸던 내시(內侍), 비늘 등을 뜯어 괴상한 모습으로 만들었던 기형 금붕어 등의 전통과 습속을 보면 중국의 '천인합일'은 어디까지나 추상과 관념의 차원이다. 건강한 여성의 발, 건전한 남성의 성(性), 자연스러운 금붕어 등을 무참히 망가뜨린 중국인의 욕망이 어떻게 자연과 사람이 조화롭게 어울린 '천인합일'일 수 있을까.
 중국인의 보다 더 솔직한 자연관은 '인정승천'이다. 중국 대지를 오갔던 수많은 재난, 그를 이기고 땅 위에 서 있으려는 중국인의 사고와 감정이 진하게 배어 있는 말이다. 끝없이 도전해 산을 옮기겠다는 우공이산(愚公移山)의 우화가 그렇다. 신의 딸이었다가 바다에 빠져 익사한 소녀의 혼이 정위(精衛)라는 새로 변해 돌과 흙, 나뭇가지를 입으로 물어 날라 바다를 메우고자 했다는 정위전해(精衛塡海)라는 성어도 마찬가지다.

우직하게 자연과의 승부에 나서는 중국의 '인정승천'식 사고의 현대판 결정(結晶)은 싼샤(三峽)댐이다. 높이 185m, 길이 약 2.3㎞의 댐으로 장강(長江)의 흐름을 막은 유사 이래 최대 토목 건설 공사다. 아울러 중국을 지배하는 공산당의 가장 큰 자랑거리였다. 그러나 거대 공사였던 만큼 뒷말도 무성하다. 큰 재앙을 부를 수 있다는 경고도 자주 나온다. 2023년과 이듬해 거듭 발생한 남부 지역 대형 홍수 때에는 댐이 전혀 제 기능을 발휘하지 못해 조롱거리로 전락한 적도 있다. 치수(治水)에 이은 치국(治國)의 상징으로 이 댐 건설을 치켜세웠던 공산당으로서는 불편하기 짝이 없는 일이다.

요즘 중국인의 금은동(金銀銅)

로마제국에서 황제의 머리 위에는 월계관(月桂冠)이 올랐다고 한다. 올리브 나무의 잎 형태로 장식한 왕관이었던 모양이다. 그에 앞서 그리스의 올림픽에서는 경기의 우승자에게 올리브 나뭇잎으로 만든 모자를 씌웠다고 한다. 특히, 고대 그리스 시절에는 빼어난 시인(詩人)에게도 이 월계관을 선사했다고 전해진다. 이런 까닭에 1936년 제11회 베를린 올림픽 마라톤 우승자였던 손기정의 머리 위에 올랐던 것도 월계관이었다. 또한 아주 우수한 작품으로 명망을 쌓은 현대 시인에게도 '계관시인(桂冠詩人)'이라는 명칭을 부여했던 듯하다.

1896년 그리스 아테네에서 부활한 근대 올림픽 당시에도 우승자에게 주어지는 것은 은으로 만든 메달과 올리브 나뭇가지였고, 2회인 1900년에도 메달 대신 상장과 상패 정도를 만들어 주는 방식이었다. 메달 수여가 지금의 형식처럼 자리 잡았던 때는 1904년 미국 세인트루이스 올림픽이었다. 이때 1위 선수에게 금메달, 2위 선수에게 은메달, 3위 선수에게 동메달을 주면서 지금의 형식으로 자리를 잡았다는 설명이다.

그 이후로 개최국의 독특한 디자인이 들어간 금·은·동메달이 만들어져 올림픽 참가 선수 중 각 종목의 1~3위를 차지한 선수에게 주어진다. 그 금, 은, 동은 달리 말하자면 인류의 곁을 늘 지켰던 세 종류의 귀한 금속을 지칭한다. 황금(黃金), 백은(白銀), 청동(靑銅)이다. 이 순서는 인류의 보편적인 가치 기준이라 할 수 있다.

그러나 금과 은을 향한 중국인의 집착은 다른 세계인에 비해 무척 강하고 왕성하다. 현대 중국에서조차 "난세에는 황금을 사둔다(亂世買黃金)"는 말이 불문율처럼 지켜진다. 공부의 궁극적인 지향도 결국 잘사는 데 있다는 점을 "책에 황금의 집이 있다(書中自有黃金屋)"는 권학문(勸學文)으로 내려앉힌 전통도 있다. 책을 제대로 읽으면 과거(科擧)에 합격할 테고, 과거에 합격한 뒤에는 높은 벼슬자리에 올라 큰 복록(福祿)을 누릴 것이라는 기대와 소망이 현대 중국에서도 여전하다.

이런 금과 은, 동을 활용해 만든 요즘 중국의 유행어가 있다. '금교(金橋), 은로(銀路), 동루(銅樓)'다. 다리를 놓으면 금, 길을 내면 은, 집을 지으면 동이라는 뜻이다. 이 말은 지방 관료나 개발업자들에게 해당하는데, 그들이 돈을 벌어들이는 가장 좋은 수단의 순서다. 하지 않아도 좋은 공사를 강행해 이익을 남겨 나눠 갖는다는 차원의 발상이다. 다리를 놓으면서 얻는 정당치 못한 수입을 '금', 길을 깔아 챙기는 소득을 '은', 집을 마구 지어 분양해 얻는 막대한 이익을 '동'으로 표현했다. 그러나 압권은 다이아몬드다.

중국 서남부 대도시 충칭(重慶)의 강에 놓인 한 다리 모습.
큰 공사에는 적잖은 부패가 뒤따라 중국은 늘 홍역을 겪고 있다.

귀금속에서도 가장 비싼 다이아몬드급의 수입은 어디서 나올까. 중국인들은 그를 댐으로 보고 있다. 그래서 찬석패(鑽石壩)다. 앞의 찬석(鑽石)은 다이아몬드, 뒤의 패(壩)는 방죽이나 요즘의 댐을 일컫는 글자다. 그 때문일까. 현대 중국에는 다리가 많이 생겼고, 길도 꽤 많이 났다. 아파트는 지나치게 지어 타운 전체가 빈 아파트만 난립한 '유령 도시[鬼城]'도 적지 않다. 돈이 가장 많이 생기는 댐은 2000년대 이후 전 세계 절반이 중국에서 지어졌다.

'황금의 꿈'을 향한 중국인의 짙은 욕망이 부정(不正)한 수입을 노리고 번져 현대의 난개발로 이어진 현상의 문화적 토대다. 최근

하강하는 추세를 멈추지 못하는 중국 경제 부진의 진정한 원인일지도 모른다. 아울러 시진핑(習近平) 공산당 총서기가 취임한 후 13년이 지났지만 아직 반(反)부패의 사정 칼날을 거두지 못하는 진짜 이유일 수 있다.

재난과 굶주림의 땅

1938년 노벨 문학상을 수상한 펄 벅(Pearl S. Buck, 1892~1973)은 '대지(The Good Earth)'라는 작품에서 중국의 재난 상황을 잘 묘사했다. 토지에 얽힌 중국인의 심성과 행위를 잘 드러냈을 뿐만 아니라, 그 땅에 모든 것을 걸고 살아가는 중국인의 애환을 시대적으로 훌륭하게 그려냈다는 평을 받는다. 작품에서는 그 땅을 경작하며 살아가는 중국인들, 그들이 겪는 가뭄과 메뚜기 떼의 공포 등이 자세히 그려진다.

중국의 문명사적 특징은 전쟁과 재난에 있다고 생각한다. 그만큼 그들이 역사 속에서 겪은 전쟁과 재난은 심상치 않았다. 우선 횟수에서 압도적이고, 그 수준의 심각성을 가늠하면 '세계적'이라는 수사가 무색하지 않을 정도로 격심할 때가 많았다.

우리도 자주 사용하는 '한발(旱魃)'이라는 단어를 보자. 전설 시대 황제(黃帝)라는 임금을 도운 불의 여신이 발(魃)이라고 했다. 그 황제를 도와 수공을 펼쳤던 치우(蚩尤)에게 함께 맞섰던 캐릭터다. 결국 황제를 도와 치우를 꺾는 데 성공했지만 그는 속히 제자리로 돌아가지 않고 땅에 남았다는 것이다. 강렬한 열과 불을 뿜는 여신이라 그가 가는 곳마다 가뭄이 번져 재난을 일으켰다. 그로써 얻은 이름이 '한발'이고 현재는 지독한 가뭄을 일컫는 단어로 자리를 잡았다. 이렇듯 중국에는 재난을 일컫는 말이 제법 풍부하다.

벌겋게 색을 드러낸 땅이 천리…. 이른바 '적지천리(赤地千里)'다. 본래 지독한 가뭄을 가리킨다. 큰물의 사나움은 홍수맹수(洪水猛獸)라고 했다. 수해(水害)의 지칭이다. 산이 무너지고 땅이 갈라지면 산붕지열(山崩地裂)이다. 지진(地震)의 다른 표현이다. 가뭄, 홍수, 지진 등 재난(災難)의 상처 때문에 생겨난 단어들이다. 천연재해는 그렇듯 태곳적부터 중국 땅을 뒤덮었던 큰 주제다. 그 빈도와 피해 규모가 몹시 잦으며 컸다. 세계에서 유례를 찾기 힘들다.

재난 뒤에 닥치는 기아(飢餓)도 심각했다. 서구 학계는 그래서 중국을 아예 'The land of famine'이라고 부른다. 중국의 번역은 '기황지국(饑荒之國)'이고, 우리식으로 옮기면 '굶주림의 땅'이다. 1940년대 중국 허난(河南)을 엄습했던 가뭄과 흉년으로 이 지역 일대 300만 명에 달하는 사람들이 아사(餓死)했고, 1959년의 대약진운동(大躍進運動) 때는 모두 4,000만 명 이상이 굶주림이나 그로 인한 비정

혹독했던 중국 재난의 역사를 정리한 덩퉈(鄧拓)의 얼굴이 실린 한 책의 표지.

상적인 요인으로 죽었다.

그 재난의 형태로는 가뭄과 홍수가 우선 대표적이다. 가뭄 뒤에 찾아오는 메뚜기 떼의 습격도 대단했다. 한재(旱災)와 수재(水災)에 메뚜기로 인한 황재(蝗災)까지 가세하면 중국의 '재난 삼부곡(三部曲)'이다. 지진, 해일, 태풍, 우박, 산사태, 병충해 등 재해의 종류는 매우 다양했다. 중국 역대 재난의 빈도와 피해 상황 등에 처음 주목한 덩튀(鄧拓, 1912~1966)의 집계는 그 심각성을 잘 보여 준다.

기원전 1766년부터 기원후 1937년까지 3703년에 이르는 동안 가뭄은 1,074차례다. 평균 3년 4개월에 한 번꼴이다. 홍수는 모두 1,058차례다. 역시 3년 5개월에 한 번이다. 비슷한 기간 각종 재해가 들었던 햇수는 5,079차례로 나온다.

가혹한 재난의 역사 때문인지 중국 공산당은 '헐벗음과 굶주림 해결[溫飽]'을 개혁·개방의 초기 목표로 삼았다. 이어 그를 바탕으로 부유함까지 갖추자는 '전면적 소강(小康)사회'의 꿈도 그렸다. 그러나 천재(天災)인지 인재(人災)인지 모를 신종 코로나바이러스가 발목을 단단히 붙잡아 중국은 크게 휘청거렸다. 이어 역시 천재인지 인재인지 모를 미국과의 갈등과 대립이 중국에는 '신형 재난'으로 닥치고 있다. '중국 꿈(中國夢)'의 길은 아직 멀고 험해 보인다.

중국 부자들의 운명

재물이 저절로 굴러 들어오는 경우가 있을까. 꿈같은 이야기다. 현실성은 없으나 사람들이 늘 바라면서 기다리는 일이다. 중국에서는 재물이 저절로 가득 차는 그릇 이야기가 전해진다. 취보분(聚寶盆)이다. 우리의 '화수분' 또는 '보물단지' 격이다. 중국인들이 이 신비한 그릇의 소유자였으리라 추정하는 역사 속 인물이 심만삼(沈萬三)이다. 명(明)나라 초반 지금의 동남부 장쑤(江蘇)에 실존했던 사람이다.

그는 중국 역대 부자 중에서도 가장 이름이 높다. 중국 민속에 관심이 많은 사람이라면 이 사람의 이름은 한 번쯤 들어봤을 것이다. 이러한 곡절이 있어 그의 이름은 부자의 대명사로 쓰일 때도 있다. 명나라를 세웠던 주원장(朱元璋)도 도읍을 건설할 때 돈이 없어 그에게 난징(南京) 성곽의 절반을 짓도록 했다는 일화도 전해진다.

그렇듯 심만삼은 대단한 부자였지만 다른 한편으로는 비운(悲運)의 주인공이기도 하다. 너무 많은 재산 때문에 최고 권력이 그를 그냥 내버려두지 않았기 때문이다. 수도의 성곽 절반을 짓는 '서비스'에도 불구하고 그는 재산을 빼앗긴 뒤 오지로 쫓겨난다. 그의 고향으로부터 아주 멀리 떨어진 베이징(北京)에서도 그의 일화가 전해진다. 주원장의 아들 주체(朱棣)가 황제에 오른 뒤 수도를 난징에서 베이징으로 옮기면서 또 그를 불렀다. 그를 마구 패면 재물이 묻힌 곳을 알려준다는 속설 때문이었다. 그는 실신하도록 열 차례를 얻어맞고 결국 돈이 묻혀 있는 장소를 알려줬다는 내용이다.

뒤는 꾸며진 이야기일 듯하다. 그럼에도 심만삼의 일화는 중국에서 거대한 부를 쌓은 사람에게 어떤 일이 벌어지는지를 알려준다. 나라 재정 수준에 달하는 재산을 모았을 때 중국에서는 부가적국(富可敵國)이라고 한다. '재산이 나라에 맞먹을 정도'라는 표현이다. 실존했던 중국의 거부(巨富)는 부지기수다. 그들은 어느 날 갑자기 권력을 들이대며 자신의 재산을 한꺼번에 탈취할 수도 있었던 왕조의 통치자들, 전쟁의 군벌들, 황야의 도적떼들을 늘 두려워했다.

개혁·개방의 분위기가 코로나19 유행 뒤 크게 꺾이고 접히면서 중국의 부자들이 줄줄이 일선 무대에서 물러서는 분위기가 확연해지고 있다. 그런 조짐은 코로나19 이전에도 조금씩 나타나고 있었다. 알리바바의 마윈(馬雲)에 이어 텐센트의 마화텅(馬化騰), 레노버의 류촨즈(柳傳志) 등이 그런 사례다.

그에 앞서 중국 최대 보험그룹, 금융계 거물 등이 줄줄이 낙마했다. 복잡한 사정이 있었지만, 급격히 부를 형성한 이들에 대한 정치적 사정(司正)이 핵심 요인이었다. 정당하지 않은 방법으로 정당하지 않게 쌓은 부에 대해 중국 당국이 칼날을 들이댄 모양새지만, 사회 시스템을 개방과 개혁이 아닌 그 반대 방향으로 돌려 잡은 중국 최고 지도부의 의지도 중요했다고 보인다. 그로써 중국의 부자들은 숨을 점차 죽여 가며 자세를 낮추는 분위기다. 중국에서는 부를 이루기도 어렵지만, 지키는 일은 더 어려운 모양이다.

중국에 내리는 비

가뭄이 극심한 흉년에 내리는 비는 중국인들에게 감동과 환희 그 자체였을 때도 많다. 오랜 가뭄에 내리는 비(久旱逢甘霖)는 '인생의 네 가지 큰 기쁨' 중 하나로 당당히 꼽히기도 했다. 그러나 장마철에 끊이지 않고 내리는 비는 심장에 내리꽂히는 비수와도 같을지 모른다. 그렇듯 비는 많이 와도 말썽이다. 재난이 자주 닥쳤던 중국에는 그런 비를 바라보며 키운 사람들의 한숨과 노심(勞心), 그리고 초사(焦思)가 제법 깊다. 비를 소재로 명시(名詩)를 남겼던 당나라 시인 두보(杜甫)도 그중 하나다.

그는 참혹한 내전인 '안사지란(安史之亂)'을 피해 760년, 지금의 쓰촨(四川) 청두(成都)에 쫓겨 간다. 후대에 천재적인 시인으로 숭앙을 받지만, 그는 생활인으로서는 그렇게 뛰어나지 않았다. 그럼에도 진지한 문인의 성격을 지녀 겨우 후원자가 생겼다. 그는 그 쓰촨의 청두에서 한 벼슬아치 지인의 도움으로 겨우 초가집 한 채를 마련했다. 그로써 전란의 폐해가 별로 번지지 않았던 쓰촨에서 그는 당분간 안온한 삶을 이어 갈 수 있었다. 그러나 이듬해 가을에 사달이 벌어졌다.

그가 쓴 '가을바람에 초가지붕이 뜯기다(茅屋爲秋風所破)'는

서남부 쓰촨 청두에 있는 당나라 시인 두보(杜甫)의 초당(草堂) 입구.

제목의 시를 보면 당시의 정황이 그려진다. 마침 태풍이 몰아닥쳤던 모양이다. 그 세차게 불던 바람에 두보와 그의 식구가 마련한 집의 지붕이 날아갔다. 태풍에 실려 온 비는 계속 내리던 상황이었다. 바람에 지붕이 날아가자 동네 개구쟁이들이 달려들었던 듯하다. 그들은 바람으로 흩어진 두보의 초가지붕 일부를 주워 내뺐다고 한다.

지붕이 사라져 차가운 비를 맞으며 잠자는 아이들을 바라보다가 깊은 시름에 젖었던 시인의 탄식이 작품에는 가득하다. 두보는 그 상황을 "우각여마미단절(雨脚如麻未斷絶)"로 적었다. 질긴 삼 줄처럼 끊이지 않고 내리는 비의 표현이다. 이 시를 처음 우리말로 푼 '두시언해(杜詩諺解)'는 '우각(雨脚)'을 '빗발'로 옮겨 지금 우리에게도 전해진다.

두보가 맞이했던 당시의 상황을 일컫는 명대(明代) 버전이 있다. "지붕 새는데 하필 비는 밤새워 내린다(屋漏偏逢連夜雨)"이다. 이 구절이 현대 중국인에게도 아주 유명한데, 사실은 그 뒤에 한 구절이 더 붙는다. "배가 부서졌는데 마침 바람 닥친다(船破又遇頂頭風)"이다. 여러 가지 우환이 겹쳐 불리한 상황이 이어지는 경우다. 우리가 흔히 '눈 내린 데 서리까지 겹친다'고 하는 설상가상(雪上加霜)의 상황이다. 역경의 연속이며 개인적인 삶으로 보면 불운이 줄곧 이어지는 경우를 말한다.

요즘 중국의 상황이 그렇다. 지난 40여 년 동안 이어진 개혁·개방의 기운이 꺾이고, 미국과의 심각한 마찰과 코로나19 등으로 중국의 국내외 환경이 급변했다. 심각한 경기의 하강 추세는 밑바닥을 알 수 없을 정도로 줄곧 이어지고 있다. 국내에서의 급속한 보수적 회귀는 불량한 민족주의의 부활을 불러 이제는 외국과의 정상적인 소통과 교류가 힘들 정도에 이르렀다. 공산당 최고 권력의 독단(獨斷)은 심각한 경직화(硬直化)를 초래해 정상적이면서 합리적인 의사 결정이 불가능해지고 말았다. 악재가 거듭 닥치는 화불단행(禍不單行), 엎친 데 덮친 격인 설상가상의 상황이다. 그런 여러 가지로 인해 중국은 '지붕'을 잃었다. 공격적인 자세로 일관했던 중국의 대외정책 탓에 적잖은 국가가 이제는 등을 돌려 중국에 '비'를 퍼붓고 있다. 지붕 새는 집에 내리는 폭우…. 중국이 꼭 그런 상황에 빠져 있다.

중국의 요즘 '아줌마'

중국 국내의 얘기에만 그치지 않는다. 가끔 세계의 토픽 한가운데 서는 중국 여성들이 있다. 이른바 '다마(大媽)'다. 우리식으로 풀면 '아줌마'가 적격이다. 조용하며 다소곳한 전통적 중국 여성의 이미지와는 사뭇 다르다. 현대 중국인의 이미지를 대변하는 한 그룹에 해당한다. 불특정 다수의 '중국 아줌마' 그룹이라고 보면 좋다.

2013년 중국 언론 등에서 먼저 이들을 '다마'라는 이름으로 통칭하기 시작했다. 이어 이들은 세계 여러 나라가 주목하는 대상으로 변했다. 이들의 모습은 우선 중국의 모든 도시 광장에서 볼 수 있다. 큰 소리로 음악을 틀어놓고 전통 무용이나 서양식 댄스로 몸을 단련한다. 이들이 쏟아내는 소음이 아주 시끄러워 해당 지역에 거주하는 주민, 이들의 댄스에 끼어들지 않는 군중, 특히 이들과 세대 차가 나는 젊은이들의 거센 반발을 부르고 있다.

이들은 낮이나 밤이나 가리지 않고 시끄러운 음악을 틀어둔 채 단체로 춤을 춰서 주변 사람들이 몸서리를 칠 정도다. 이들의 춤은 '다마 댄스(大媽舞)'라고 부른다. 미국 샌프란시스코의 금문교(金門橋) 주변, 프랑스 파리 루브르 박물관 앞 광장 등에도 벌써 진출했다. 중국인이 사는 곳 어디서든지 이 '다마'들은 어김없이 출현한다.

1970년대 우리 '복부인'이 했던 역할도 수행한다. 세계의 증시 등락에 일희일비하며 적극적인 투자에 나서는가 하면, 중국인 특유의 '황금 사랑' 첨병으로 세계 금시장의 큰손으로 나선 지 꽤 오래다. 주식과 황금 매매의 일선에서 이들 중국 아줌마들의 '무용담'은 곧잘 화려하게 펼쳐진다. 아울러 '중국인의 기행(奇行)'이라고 여길 만한 세계 화제 뉴스에도 꼭 등장한다. 화려한 크루즈 여행에서 차려놓은 음식이 금세 동나거나, 오스트레일리아 마트에서 갑자기 분유나 다른 식품 등이 대량으로 사라질 때 어김없이 이들 중국의 아줌마가 얼굴을 내민다.

2018년에는 장가가 늦어진 아들의 색싯감을 직접 고르려 길을 오가던 여성 행인을 일일이 탐문하던 중국 여인이 미국 경찰에 붙잡혀 화제에 올랐다. 때로는 중국의 이미지를 크게 해치는 존재라고 비판을 받지만, 처절했던 문화대혁명 등 고난의 시기를 거친 뒤 이제는 좀 살 만해진 중국 여성들의 특별한 모성(母性) 발휘로 이해하려는 시각도 있다.

그러나 막무가내에 지나칠 정도로 거리낌이 없어 문제다. 이는 중국의 아줌마들에게만 그치는 문제가 아니다. 어느 정도는 중국의 현재 이미지와 매우 닮았다. 가난해서 초라했을 때는 묵묵히 일만 하던 사람이 어느 계기로 돈을 벌어들여 부유해지자 제 본래 모습을 드러내는 경우 말이다. 중국이라는 국가가 꼭 그렇다. 제 장점은 감추며 단점을 보완하자는 도광양회(韜光養晦)를 버리고 어느 때부터는 "뭔가 이뤄보겠다"는 유소작위(有所作爲)로 입장을 선회한 중국이다. 이제는 그 수준마저도 넘어섰다. 요즘은 "까불면 가만두지 않겠다"는 식의 으름장이 먼저다. 급격하게 변한 중국의 국가 행태, 거리낌 없이 세계를 누비는 중국의 아줌마 그룹은 어딘가 닮은꼴이다.

중국의 웍과 책임 전가

중국인들은 자고로 먹는 것을 중시하는 사람들이다. 지금도 중국요리에 대한 자긍심이 대단하다. 지역적인 방대함, 다민족적인 구성, 지리(地理)와 인문의 다채로움 등으로 인해 중국요리는 대단히 풍성한 발전 양상을 보였다. 세계인 또한 중국의 음식문화에 대부분 찬사 일색이다. 음식 못지않게 중국인들한테 중요한 것이 그 특색 가득한 '웍(Wok)'이다.

둥그런 가마솥 같은 그 웍은 중국인이 있는 곳이라면 함께 있는 도구다. 강력한 불에 그 웍을 능숙하게 움직이는 모습은 중국요리의 한 상징처럼 여겨지기도 한다. 이 웍의 탄생이 본래 중국 땅에서 비롯했는지는 조금 의문이다. 오히려 중국 남부 지역까지 포함하는 동남아 일대가 그 원산이 아닐까 짐작케 하는 구석이 여럿 있다.

우선 이 '웍'은 본래 중국 최남단에 해당하는 광둥(廣東)의 발음이다. 광둥에서 이를 지칭하는 '가마'를 한자로 확(鑊)이라 적고 '웍'으로 발음한다. 이 연유로만 보자면 이 웍의 출발점이 적어도 중국 최남단의 광둥, 그리고 그와 문화적이며 인문적인 연대가 강한 동남아 일부 지역이 아닐까 하는 생각을 하게 만든다. 이 웍의 중국어 표기는 궈(鍋)다. 베이징을 중심으로 하는 표준어인 푸퉁화

(普通話) 표기 기준으로 그렇다는 얘기다. 발음은 '워'과는 사뭇 다른 '궈'다.

이 워이 요즘 현대 중국인의 일상 회화와 시사적인 글에서 다시 유행을 타고 있다. 물론 표기와 발음은 표준 중국어의 틀을 따랐다. 우선 한자세계에서 일상적으로 쓰는 말이 있다. '내 잘못을 남에게 돌리는 일'이다. 이런 경우 흔히 전가(轉嫁)라는 단어를 사용한다. 화근(禍根)을 남에게 슬쩍 돌려 자신은 그로부터 물러나는 행위는 가화(嫁禍)다. 잘 드러나지 않게 남을 해친다는 점에서 모두 음해(陰害)다.

중국의 요즘 인터넷이나 중국어 권역의 매체 등에서 이런 행위를 지칭하며 쓰는 유행어가 있다. 엉뚱하게도 음식을 조리할 때 쓰는 팬, 즉 중국의 워이 등장한다. 표준어에서 사용하는 이 '워'의 한자 표기는 위에서 설명한 대로 '과(鍋)'다. 이 글자는 '잘못'을 뜻하는 과(過)와 발음이 같다. 따라서 '팬을 등에 지다'는 뜻의 배과(背鍋)라고 적으면 '잘못을 뒤집어쓰다'와 같아진다. 특히 '아주 억울하게 뒤집어쓰는 잘못'을 지칭할 때는 흑과(黑鍋)라고 쓴다. 그 잘못을 남에게 돌리는 일은 '던지다'라는 새김의 글자를 더해 '솔과(甩鍋)'라고 적는다. 본래는 중국요리의 기법(技法) 중 하나였으나 이제는 중국 네티즌들이 '책임 떠넘기기'의 의미로 적는다.

중국의 전통적 사유세계는 '나아감과 물러섬', 진퇴(進退)를 함께 잘 다룬다. 특히 물러날 때의 노련함이 돋보인다. 내려가는 계단, '하대계(下臺階)'를 찾아내는 작업도 그중 하나다. 관리들이 퇴근하거나 자리를 물릴 때 두드리는 북, '퇴당고(退堂鼓)'도 마찬가지다. 이제는 다 불리한 상황에서 적절한 핑계를 찾아 뒤로 빠지는 일을 가리키는 말로도 쓴다. '금선탈각(金蟬脫殼)'이라는 성어도 전통 싸움의 방법이다. 본래 매미가 허물을 벗고 성충(成蟲)으로 변하는 과정을 얘기한다. 속뜻은 위기로부터 조용히 벗어나 싸움 자체를 혼전(混戰)으로 이끄는 방도다. '삼십육계(三十六計)'의 계책 중 하나다.

2019년에도 중국은 노련했다. 당시 중국은 "코로나19의 발원지가 중국이 아닐 수 있다"는 발언을 거듭 표명하면서 책임론을 희석하는 방법을 사용했다. 뚜렷한 근거는 내놓지 않으면서 말이다. 결국 명확한 증거를 제시할 수 없었던 서방 세계의 추궁은 실패하고 말았다. 내려가는 계단, 물러날 때의 북소리, 이어 '금선탈각'의 혼전에도 밝은 중국이 '웍'까지 자유자재로 다루면서 코로나19에 대한 책임 규명 없이 국면을 전환한 것이다. 이런 방면의 중국 실력은 아주 우수하다. 그 문화적 토양이 대단히 두텁기 때문이다.

중국의 최대 성씨(姓氏)

14억 인구의 중국에는 성씨(姓氏)가 참 많다. 앞머리를 차지하는 성으로는 이(李), 왕(王), 장(張), 유(劉), 진(陳)이다. 그다음은 양(楊), 조(趙), 황(黃), 주(周), 오(吳)의 순이다. 이들 상위 10개 성씨의 전체 인구는 5억 5,000만 명이다. 제법 알려져 있는 내용이다. 그러나 중국인도 살아생전에는 좀체 마주치기 힘든 성씨가 여럿 있다. '없다'라는 뜻의 무(無), '죽다'라는 새김의 사(死), '짐승'의 축(畜), 사람의 성별인 남(男), 수컷 생식기 고(睾), 머리카락 없는 '민머리' 독발(禿髮)씨 등이다.

최근 중국 인터넷 세계에서 으뜸으로 꼽히는 성은 조(趙)다. 네티즌들은 흔히 '조씨 일가[趙家人]'로 적는다. 유래는 중국 현대 문호 루쉰(魯迅)의 '아Q정전(阿Q正傳)'이다. 이 소설에서 모자라고, 게으르며, 남과의 다툼에서 져도 '정신적 승리'만 내세우는 주인공 아Q를 누군가가 야단친다. 동네 명망가 조씨(趙氏) 집안 어른이다. 미천한 신분이면서도 제 집안 식구로 몸을 섞으려는 아Q에게 그는 "네가 감히 조

중국 현대문학의 문호로
추앙받는 루쉰(魯迅).

씨 일가 행세를 해!"라며 몰아세운다. 2015년 한 칼럼 필자가 이를 인용하면서 '조가인(趙家人)'이라는 말이 유행을 탔다.

이후 이 '조가인'이라는 지칭은 인터넷을 통해 중국 사회 전역에 급격하게 퍼졌다. 개혁·개방과 함께 벌어진 관료의 부패, 지나치다 싶을 정도로 커진 빈부격차 등이 그 원인이라고 볼 수 있다. 열심히 부정을 저지르고, 부패를 일삼는 집권 공산당의 고위층 간부와 숱한 관료들에 대한 불평과 불만이 이런 호칭을 찾아 분출구를 이루는지 모른다.

네티즌들은 우선 축재에 혈안인 공산당 원로 그룹의 후대인 태자당(太子黨)과 고위 간부 자식들을 비꼬는 데 이 말을 쓴다. 공산당 후광을 업은 기업인, 연예인, 부자, 각급 기관 간부 등도 모두 대상이다. 아예 중화인민공화국을 조국(趙國), 집권 공산당은 조가(趙家)로 적기도 한다. 그 호칭은 이후로도 계속 만연하는 추세였다. 집권 공산당의 최고 지도자인 총서기(總書記)는 조왕(趙王)이나 조태야(趙太爺), 인민해방군은 공산당의 군대라는 점을 들어 조가군(趙家軍)이나 조가가정(趙家家丁), 공안과 경찰은 노예 노릇을 한다고 해서 조가가복(趙家家僕)으로 표현하는 식이다. 이런 대중의 야유와 힐난이 왜 나오는지를 알게 했던 장면이 하나 있다.

2023년 급히 타계한 리커창(李克強) 총리는 2020년 5월 전국인민대표대회(全人大) 폐막 직전 열린 내외신 기자회견에서 매우 충격적인 발언을 했다. 그는 당시 내외신 기자들 앞에서 중국의 '실제 상황'을 과감하게 거론했다. "중국 인구 6억 명의 한 달 수입은 1,000위안(약 18만 원)에 미치지 못한다"라는 내용이었다. 아울러 추가적으로 3억 4,000만 명의 월수입이 2,000위안(약 36만 원) 이하라는 점도 공개했다.

중국 총리의 천명으로 이런 '솔직한' 통계가 밝혀지는 것은 처음이다. 권위 있는 중국 당국자의 입에서 이런 발언이 나오는 일도 거의 없다. 중국이 미국에 이어 자신이 세계 2강이라고 뻐기는 자부심의 실체, 기록적인 경제 성장률에 가려진 참담한 빈부격차, 공산당 일부 특권층의 지독한 부패, 중국의 구조적인 취약성 등이 이 발언으로 한꺼번에 세계 대중의 시선에 드러나고 말았던 것이다.

공산당원이 1억 명에 육박하는 점을 감안하면, 사회적 의미에서 중국 최대 성은 단연 '조씨'다. 이 호칭은 독선(獨善)과 탐욕(貪欲)으로 깊은 부패의 늪에 빠져든 중국 지도층에게 민심이 보내는 거센 비판이다. 타계한 리커창 총리의 발언은 중국이 이제까지 교묘하게 가렸던 휘장을 일거에 날려버린 '폭탄 발언'이었던 셈이다. 국호는 인민공화국(人民共和國)으로 걸었지만, 집권 공산당은 '조씨 집안' 행세를 하며 너무 멀리 걸어온 듯하다.

중국인의 문(門) 앞 풍경

글자 수가 많은 시를 장시(長詩)라고 한다. 당송(唐宋) 시대에 들어 중국의 시가(詩歌) 문학은 절정이라고 해도 좋을 성황(盛況)을 맞는다. 정말 슈퍼스타라고 해도 좋을 만큼의 천재적 시인들이 이 시기에 등장한다. 단지 조금 구별을 두자면, 당(唐)에서는 틀이 엄격한 시(詩)가 풍성하게 발전하고, 송(宋)에서는 그보다는 조금 자유로운 형식의 사(詞)가 전성기를 맞는다.

그럼에도 시와 사로 대변하는 중국 시가 문학의 정점은 바로 이 시기에 있음을 부정하는 사람은 거의 없다. 그 가운데 편폭이 긴 장편의 시로 가장 이름을 떨친 사람은 바로 당나라 시인 백거이(白居易)다. 당 현종(玄宗)과 양귀비(楊貴妃)의 슬픈 사랑을 노래한 '장한가(長恨歌)'와 함께 대표적인 장편 시로 꼽히는 작품이 바로 '비파행(琵琶行)'이다.

그가 이 '비파행'을 지었던 때는 816년 가을이다. 그는 당시 권력투쟁에 밀려 지금 장시(江西)의 외딴 지역으로 좌천당했다. 그러나 그해 가을에 친구가 백거이를 찾아왔다. 수도 장안에서 잘나가던 벼슬아치가 좌천당해 미관말직의 지방 관리로 생활하던 시절이었다. 따라서 백거이는 그 친구의 방문이 매우 반가웠을 것이다. 친

중국인의 집 문은 늘 높고 견고한 담으로 둘러싸여 있다. 강남 명소 우전(烏鎭)의 한 민간 주택 대문이다.

구가 떠나는 날 강가에 배웅코자 나간 백거이가 "술 한잔은 꼭 하자"며 기어코 술자리를 만든 뒤 벌어진 일이다.

우연히 강가에서 들은 비파 소리, 백거이가 급히 청한 연주자, 퇴기(退妓)로 쓸쓸한 삶을 살아가던 비파 여인의 이야기가 교직(交織)하며 616자(字)의 멋진 장편 서사시가 만들어진다. 이 작품에는 멋진 시구가 넘친다. 나중에 중국의 성어, 내지는 대표적인 미사여구(美辭麗句)로 쓰이는 구절이 참 많다. 나이 든 기생이 제 신세를 한탄하며 "사람 찾지 않아 문 앞이 쓸쓸해졌다(門前冷落車馬稀)"고 한 표현도 그 하나다. 그로부터 문전냉락(門前冷落)은 중국인들이 즐겨 쓰는 성어로 발전했다.

중국인들이 생각하는 집의 '문'은 조금 특별하다. 권세(權勢)의 유무(有無), 출세(出世)의 여부를 가늠하는 중요한 잣대로 곧잘 쓰인다. '비파행'의 연주자였던 퇴기가 자신의 처지를 '문 앞의 쓸쓸함'에 견준 것은 그런 중국인의 대문 정서를 극명하게 드러낸 사례에 해당한다. 관련 있는 성어가 몇 개 있다. 우선 성어 문전성시(門前成市)가 그렇다. 우리도 잘 쓰는 말이다. 찾는 사람이 아주 많아 문 앞이 장터처럼 소란하다는 뜻이다. 거수마룡(車水馬龍)도 익숙하다. 사람들의 수레와 말이 문 앞에 물처럼 이어지고, 용처럼 길게 늘어선다는 얘기다.

시쳇말로 '잘나가는 사람'의 집 앞 풍경이다. 그 반대의 경우는 백거이의 시에 등장한 성어다. 문정냉락(門庭冷落)으로도 쓴다. 오는 사람이 전혀 없으면 사람의 동정에 매우 민감한 참새까지 날아들어 뛰놀기 마련이다. 그렇다면 그물을 놔서 녀석들을 잡아들일 수도 있다. 그렇듯, 문 앞에 참새까지 날아와 사냥까지 노린다면 문가라작(門可羅雀)이다. 문 앞의 이런 풍경들을 두고 여러 해석이 가능하다.

잘나가는 사람에게 몰리는 뜨거운 시선, 그렇지 못한 사람에게 꽂히는 냉담한 눈길이 문을 두고 고스란히 펼쳐지는 경우를 가리킨다. 사람이 지닌 권력과 재산에 따라 그를 대하는 다른 이들의 태도가 뜨거움과 차가움 사이를 급히 오가는, 이른바 염량세태(炎涼

世態)가 빚어내는 모습을 말한다. 그러나 달리 보자면 사람들의 일반적인 정서와 변치 않는 세상의 흐름이기도 하다. 그 맥락에서 이를 '인정세고(人情世故)'라고 적는다.

찾는 이가 많아 늘 시끌벅적했던 중국의 문 앞은 2024년을 넘어서며 이제는 한기(寒氣)가 감돌 정도로 한산하고 스산하다. 코로나 19 이후 중국의 경기가 줄곧 하강세를 보였던 점이 큰 원인이었고, 집권 공산당의 강력한 민간기업 규제 정책, 개혁·개방을 접고 보수적으로 급격히 회귀하는 정책 흐름 전체가 영향을 미쳤다. '염량세태'라는 말을 만들어낸 중국이 이제 세계인들로부터 꼭 그런 대접을 받고 있다.

현대 중국인의 민생고(民生苦) 셋

2000년대 들어 도시의 중국인에게 유행했던 '세 마리 뱀' 이야기가 있다. 현대 중국 사회의 면모를 들여다보는 데 꽤 유용한 내용이다. 세 마리 뱀은 검은 뱀인 흑사(黑蛇), 하얀 뱀 백사(白蛇), 안경을 걸친 듯한 안경사(眼鏡蛇)다. 안경사는 흔히 코브라라고 하는 뱀을 가리키는 이름이기도 하다. 이 세 마리의 뱀은 도시의 중국인을 괴롭히는 존재다.

검은 뱀은 제복을 입은 공무원이다. 경찰을 비롯해 철거 및 단속을 집행하는 도시 관리 공무원[城管]이다. 이들은 거리에서 상업 행위 등을 하는 일반인에게 가장 무서운 존재다. 상점이나 노점에 대한 단속권이 있어 마구잡이 철거를 감행하는 일로도 유명한 사람들이다. 도시의 안전을 책임진다는 공안(公安)과 일반 경찰, 세무서 관원 등도 검은색 계통의 제복을 입어 다 이 범주에 들어간다. 민간인들로부터 '상납'을 받는 공무직 수행자들이다.

하얀 뱀은 흰 가운을 걸친 의사나 간호사다. 입원, 진료, 수술 등을 할 때 '촌지'를 밝혔던 의료 종사자들을 일컫는 말이었다. 실제 중국 병원 계통의 의료산업 종사자들은 환자들로부터 시도 때도 없이 '봉투'를 받아 챙기는 것으로 퍽 유명하다. 마지막 '안경사'는 실제 눈 주위의 무늬가 안경을 낀 듯한 코브라에게 붙었던 이름이지만, 여기서는 중국의 각급 학교 선생님을 가리킨다. 안경이 곧 선생을 상징하는 물건으로 여겨졌던 것이다. 의료 종사자들처럼 지독하게 촌지를 챙겼던 모양이다.

요즘 중국 민생을 괴롭히는 세 주제가 있다. 이를 보통은 '세 개의 큰 산[三座大山]'이라고 부른다. 본래는 사회주의 건국 직후 청산 대상이었던 '제국주의(帝國主義)', '봉건주의(封建主義)', '관료자본주의(官僚資本主義)' 등 셋을 가리켰다. 그 뒤로는 꼭 해결해야 할 큰 사안을 가리킬 때 이 표현 방식이 자주 등장해 일종의 성

명절을 맞아 귀향하는 베이징의 농민공(農民工).
중국 경제발전의 큰 주역이지만 늘 차별에 시달리기도 하는 계층이다. (사진 제공: 조용철)

어처럼 굳어졌다. 2000년대에 진입해서는 중국 민간에게 시급한 과제를 꼽을 때도 이 말이 쓰였다.

요즘 중국인들이 넘어야 할 '세 개의 큰 산'은 의료(醫療)와 주택(住宅), 교육(敎育)이다. 서민으로서 안간힘을 쓰고 해결해야 할 사안으로 꼽힌다. 너무 높은 의료비용, 언감생심인 도시 주택 구입, 2세 교육에 들어가는 엄청난 돈 등을 가리킨다. 모두 다 중요한 민생 영역이지만 2020년이 넘어서도 상황은 마찬가지다. 의료비용이 낮춰졌다는 소식은 아예 없다. 부동산은 2024년 현재 파멸의 위기에 직면해 있다. 그나마 대출을 받아 집을 사들였던 이들도 부동산 폭락으로 개인적인 파산을 걱정하고 있다. 교육비용 또한 의료비용에 견줘 낮아진 적이 없다.

중국인들은 길을 가는 행위와 행로(行路)의 과정을 인생과 연결 짓는 경우가 많다. 평지(平地)를 가다가 어려움에 봉착하는 때를 험한 산길로 설명한다. 가기 힘든 산길 기구(崎嶇), 좁고 좁아 옴짝달싹할 수 없는 길 애로(隘路)가 있다. 방향을 놓치기 쉬운 길은 기로(岐路), 앞과 뒤가 막힌 곤경은 진퇴양난(進退兩難)이다. 그런 험한 길에 뱀까지 들끓으면 큰일이다. 중국만의 얘기는 아닐 테다. 그러나 이런 지경에 빠지는 서민이 적을수록 바람직한 사회다.

3

감정의 정치학

검열된 마음, 불안의 구조

—

사람들의 얼굴에는 감정이 드러나지 않는다. 아니, 감정은 여전히 존재하지만, 드러나지 않도록 훈련되어 왔다. 걱정, 우환, 예의, 복종 — 이 모든 것은 감정이라기보다 감정의 조절에 가깝다. 자기 검열은 단지 언어의 문제가 아니라 감정의 문제이며, 불안은 개인의 심리가 아니라 사회의 통제 방식이다. 감정이 통제되고 있다는 사실, 그것이야말로 지금의 중국을 이해하는 가장 정확한 경로일지 모른다.

'늑대' 꿈

중국에서 늑대라는 동물이 건네는 이미지는 결코 밝지 않다. 가축을 사냥하는 대표적인 동물이었던 늑대는 농경이나 유목 전통을 지닌 사회에서는 대부분 혐오 대상이다. 오랜 농경 전통을 지닌 중국에서도 그 점은 마찬가지다. 우선 이런 늑대가 등장하는 대표적인 우화가 하나 있다. 옛 중원 인근의 한 나라에서였다.

글 읽는 사내가 어느 날 중산(中山)이라는 곳을 향했다. 문인(文人)에 해당하는 인물이지만, 세상 물정에는 어두운 사내였던 모양이다. 길을 가다가 그는 늑대 한 마리와 마주쳤다. 마침 그 늑대는 사냥꾼에 쫓기고 있었던 모양이다. 늑대는 "자루에 숨겨달라"며 사내에게 간절하게 애걸했다. 마음 약한 사내는 자루에 늑대를 담아 몸을 숨겨줬다. 이윽고 닥친 사냥꾼에게도 시치미를 떼고 늑대의 소재를 알리지 않았다. 그러나 사냥꾼이 지나간 뒤 늑대는 입장을 돌변해 사내의 목숨을 노린다.

이 우화의 결말은 비극적이지는 않다. 사내는 목숨을 살려준 늑대에게 거꾸로 겁박을 당하는 처지에 놓여 어쩔 줄을 모르지만, 길을 가던 노인이 나타나면서 위기를 모면한다. 사내를 잡아먹겠다는 늑대, 억울함을 호소하는 사내의 이야기를 다 듣고 난 노인은

맹렬한 중국 애국주의를 담아 흥행에 크게 성공했던 영화 '전랑(戰狼) 2'의 포스터.

"아무래도 당초 상황으로 돌아가서 판단을 내려보자"며 사내와 늑대에게 방금 전의 상황을 연출해 보라고 주문한다. 그로써 늑대는 자루에 다시 들어가고, 사내는 그 자루의 주머니를 움켜쥔다. 노인은 늑대를 자루에 가둔 뒤 사내로 하여금 칼로 찌르게 해서 상황을 해피엔딩으로 이끈다.

전통의 맥락에서 중국인들이 늑대를 바라보는 시각이 담긴 우화다. 이른바 '중산랑(中山狼)'이라는 유명 우화다. 어려움에서 구해 줬더니 은혜는 아랑곳하지 않고 거꾸로 은혜를 베푼 사람에게 해코지를 가하는 사례다. 이 우화에서 등장하는 여러 캐릭터는 각자의 상징성이 있다. 그러나 '늑대'의 캐릭터가 가장 뚜렷하다. 은혜를 원수로 갚는 사악함의 상징이다. 늑대를 지칭하는 중국 언어들도 결코 곱지 않다. 탐욕스러운 사람을 지칭하는 시랑(豺狼) 등이 대표적이다. 승냥이와 이리를 함께 가리키는 우리말 쓰임새에서도 이 단어가 지닌 속뜻은 매우 불량하기 짝이 없는 편이다.

앞뒤 다리가 각기 짧은 늑대 종류 둘이 만나 하나를 이루는 전설상의 짐승은 낭패(狼狽)다. 이 말 쓰임새도 역시 좋지 않다. 나쁜 두 존재, 또는 세력이 힘을 합쳐 사악한 짓을 하는 경우에 쓰는 말이다. 또는 길에서 그런 불길한 동물과 마주치는 운 나쁜 상황을 일컫는다. "낭패 봤다"라고 표현한다. 늑대가 몸을 틀었던 자리의 모습은 나뭇가지들이 엉켜 어지럽다. 그를 일컫는 말이 낭자(狼藉)다. "유혈(流血)이 낭자하다" 등으로 역시 용례가 개운치 않다.

따라서 '늑대 성품(狼性)'으로 적으면 욕심 많고, 사나운 사람을 일컫는다. 그러나 어느 시점에선가 중국은 이를 찬양하기 시작했다. 2004년 나온 소설 '늑대 토템(狼圖騰: Wolf Totem)'이 그 계기다. 농경문화에서 오래 쌓인 중국인의 '순한 양의 성품(羊性)' 문화를 늑대의 그것으로 개조해야 외국의 침략을 더 이상 받지 않는다는 메시지를 담았다.

그로부터 중국의 '늑대 성품'은 그야말로 봇물이 터졌다. 5G의 선두주자로 세계 정상을 꿈꿨던 화웨이(華爲)가 기업 이념을 그로써 무장했다. 얼마 전에는 무협 활극에 가까워 '중국판 람보'라는 평을 받았던 극단적 애국 영화도 '싸움 늑대(戰狼)'라는 제목을 달고 등장해 큰 인기를 모았다. 그러나 '세계를 앞서가는 늑대(頭狼)'이고자 했던 중국의 처지는 코로나19 등의 사태로 세계의 외면을 받는 '외로운 늑대(孤狼)'의 입장으로 전락했다. 함축적이고 유연해 장점이 많았던 중국의 전통을 굳이 왜 늑대라는 이미지로 치환했을까. 요즘 중국의 문제를 엿볼 수 있는 부분이다.

가을에도 전쟁을 떠올렸던 중국인

가을을 가리키는
한자 추(秋)의 초기 글자꼴.

북반구의 가을은 목가적이다. 푸르렀던 식생이 빨강, 노랑, 갈색으로 변하면서 맑고 높은 하늘이 펼쳐지기 때문이다. 만산홍엽(滿山紅葉)의 경치에 흠뻑 젖었다가 바람에 흩날리는 추풍낙엽(秋風落葉)을 바라보며 감상(感傷)에도 빠져든다.

계절의 변화에서 시간의 덧없는 흐름을 떠올리는 정조(情調)는 한반도와 중국이 크게 다르지 않다. 그러나 중국의 대지에는 특별한 감성이 하나 덧붙여진다. 전쟁에 뒤따르는 조바심이다. 이상하리만치 중국의 가을은 이 전쟁과 제법 관련이 있다.

우선 천고마비(天高馬肥) 성어를 보는 시각차가 뚜렷하다. 우리는 이 성어 뒤에 하나를 더한다. 등화가친(燈火可親)이다. 맑고 높은 가을 하늘에 말도 살을 찌우니, 등불을 가까이해서 책 읽으라는 권유다. 이 둘은 앞과 뒤로 이어지면서 쓰일 적이 많았다. 특히 어른들이 아이들의 학습을 장려할 때 쓰던 말이다.

그러나 이 성어를 만들어 낸 중국의 원전은 전혀 엉뚱한 뜻을 가리킨다. 바로 전쟁이다. 북방의 드넓은 초원에서 여름의 풀을 잔뜩 먹어 살을 찌운 말이 넘어온다는 얘기다. 북방 유목 제족(諸族)의 침략을 지칭한다. 중국 북단에 있는 하천들은 가을이 무르익으면 바로 얼어붙는다. 커다란 하천 수면이 얼어붙으면 왕성하게 여름철 풀을 뜯어 먹어 튼튼해진 말이 유목 침략자를 등에 업고 건너온다는 얘기다. 그러니까, 이 성어는 무시무시한 전쟁의 시작을 알리는 말이었다.

원전에서는 추고마비(秋高馬肥)로 적었다. 시기는 북송(北宋) 때다. 북방의 금(金)나라가 곧 쳐들어올지 모르니 전쟁에 대비하자는 대신 이강(李綱, 1083~1140)의 간언에서 나왔다. 개별적인 하나의 사안에 불과하다고 여길지 모르지만, 중국 북방에 있던 유목 민족들의 중국 침략은 대개 가을에 펼쳐질 때가 많았다. 따라서 '천고마비'는 그 숱한 유목의 침략전쟁을 극명한 징후로 드러내는 좋은 성어로 자리를 잡았다고 이해해야 한다.

그렇듯 오래전부터 중국 북방은 침략의 근원이었다. 특히 수확의 계절인 가을에 북방의 침략이 잦아져 당(唐)대에 이르러서는 가을철 전쟁에 대비한 '방추(防秋)' 제도를 마련하기 시작했다. 변방 지역 남쪽에서 병력을 모집해 전쟁 발발 가능성이 있는 국경지대에 배치하는 일이었다. 이 방추 제도는 당나라 이후 명(明)대까지 이어졌다고 한다. 명대 이후 중국을 석권한 만주족 청(淸)대에 이르러 북방 유목 제족의 위험성이 사라지면서 이 제도는 더 이상 펼쳐지지 않았을 뿐이다.

아울러 중국 민간에서는 추후산장(秋後算帳)이라는 성어도 일찌감치 자리를 잡았다. 이 성어에서 나오는 '추'는 단순한 가을이 아니다. 여기서는 한 해 동안 키워 온 곡식을 거둬들이는 행위, 즉 추수(秋收)를 지칭한다. 그 가을걷이 뒤에 제대로 장부[帳]를 따져 보자는[算] 얘기다. 단순하게 이해관계를 정리하는 차원에서 한 걸음 더 나아가 오래 벼르던 복수나 보복에도 나서겠다는 뜻이다. 역시 가을을 그 시기로 선택했다는 점이 눈길을 끈다.

줄곧 전쟁으로 다져진 중국 문명의 특징을 살필 수 있는 대목들이다. 옆에서 수천 년을 함께 살아온 이웃임에도 우리는 중국인의 이런 싸움과 그 대응의 방략(方略)에 둔감하다. 가을이 오면 자신의 장부에서 이해득실을 먼저 따지고, 때로는 그동안 벼르고 별렀던 대상을 찾아 핏빛 복수를 예고하는 중국이다. 호롱불에 심지를 돋워 불을 켠 뒤 "아, 이제 말도 살쪘으니 책이나 읽을까"라며 독서를 우선 떠올리는 한반도의 인문(人文)과는 달라도 퍽 다르다. 우리는 '천고마비'라는 성어에 등장하는 말(馬)이 도대체 어디서 나타난 말인지도 전혀 헤아려 본 적이 없지 않은가.

걱정과 근심의 우환의식(憂患意識)

달걀 쌓기, 살얼음 딛기는 한자어로 각각 누란(累卵)과 이빙(履氷)이다. 이는 누란지위(累卵之危), 여리박빙(如履薄氷)의 준말이다. 많은 사람들이 아는 성어다. 달걀을 쌓는 것도 어렵지만, 쌓는다 해도 아주 위험한 경우다. 조그만 충격이 닥치더라도 높게 쌓은 달걀은 아주 쉽게 무너져 깨져버릴 수 있기 때문이다. 얇은 살얼음판도 매우 위험하다. 그곳을 밟는 사람들에게는 더욱 그렇다. 얼음이 깨져 물에 빠져들 수 있기 때문이다. 이렇듯 두 성어는 아주 위험한 경우를 일컫는다. 한자어에는 이처럼 위기와 그 대응에 관한 표현이 매우 풍성하다.

우선 유방(劉邦)에 쫓긴 항우(項羽)가 막다른 지경에 몰린 경우를 사면초가(四面楚歌)라고 한다는 점은 우리에게도 퍽 친근하다. 어느덧 동서남북의 적진이 자신을 둘러싼 경우다. 헤치고 나아갈 방도가 사라진 극히 위험한 상황을 가리키는 말이다. 고립무원(孤立無援)도 그렇다. 적대적인 환경에 홀로 서 있어서 아군으로부터 아무런 지원을 받을 수 없는 상황이다. 깊은 골짜기에 갇혀 나아가지도 물러서지도 못하는 진퇴유곡(進退維谷)의 처지다. 잘못 건드리면 그대로 터져버리는 상황을 가리키는 말은 일촉즉발(一觸卽發)이다.

이렇게 험악해서 자칫 생명을 잃을 수도 있는 상황을 표현하는 말이 많다. 옛 중국 문인들은 아예 그런 말들을 놀이 삼아 지어본 적이 있었던 듯하다. 달리 말하자면, '위어(危語) 짓기 놀이'였다. 가장 위험한 상황에 놓인 경우를 문자로 표현해 보는 작업이었다. 여러 아이디어가 나왔다고 한다. 이를테면 '백 살 늙은이가 마른 나뭇가지 끝에 매달리기', '우물 위 도르래에 아기 놔두기' 등 희한한 표현이 나왔다. 그러나 압권은 '장님이 야밤에 눈먼 말 타고 깊은 물 옆 거닐기'였다. 이 문자 놀음에서 당당히 1등을 차지한 표현이란다. 그 성어는 '맹인할마(盲人瞎馬)'다. 그 뒤에 '야반림지(夜半臨池)'가 다시 붙기도 한다.

전쟁과 재난을 수도 없이 겪어야 했던 중국인들이 체득한 '위험 요소 미리 감지하기'의 한 단면이다. 그래서 왕조의 통치에 참여했던 중국 역대 문인과 관료들은 늘 걱정과 근심으로 지새는 경우가 많았다. 중국인들 스스로는 그를 '우환의식(憂患意識)'으로 적는다. 가장 대표적 성어가 거안사위(居安思危)다. '평상시에도 위기를 생각하라'는 주문이다.

이 말은 다시 거론할 기회가 많겠지만, 우리에게도 매우 친근한 성어의 유래이기도 하다. 1970년대 대한민국의 안보 상황에 닥친 위기를 거론하면서 자주 썼던 '유비무환(有備無患)' 말이다. 이 말의 전체 맥락은 이렇다.

"평상시에도 위기를 생각하라(居安思危)"

"생각하면 채비가 있을지니(思則有備)"

"대비하면 환란이 없을 것이다(有備無患)."

이 세 마디가 함께 이어진 것이 '좌전(左傳)'이라는 책의 원문이다. 춘추시대의 책이니 중국에는 이렇듯 일찌감치 앞에 닥칠지 모를 위기를 가늠해 보려는 지적인 전통이 풍부했다.

우한(武漢)에서 번진 코로나19로 많은 국가가 중국에 등을 돌렸다. 바이러스로 세계화 흐름도 주춤해지면서 그에 편승해 호황을 누렸던 중국의 상황은 그 이후 급격히 나빠졌다. 이에 따라 중국 공산당은 취업, 민생, 자국 기업 보호, 식량 및 자원, 산업 공급망 안전, 기층 조직의 원활한 운용 등 '여섯 가지 확보[六保]'를 새 틀로 제시하면서 대비에 나섰다. 그 이후로도 경제의 내순환(內循環), 조림지를 농경지로 되돌리기, 산업의 신질생산력(新質生產力) 등 위기에 대응하려는 채비에 힘을 기울이고 있다. 경제 환경의 안정과 유지에만 주력했던 느슨한 흐름을 위기에 본격 대응키 위한 적극적 방어 전략으로 크게 전환한 셈이다. '우환의식'의 전통에서 우러나는 중국식 위기 감지와 대응 능력이다. 그러나 애초부터 겸손하고 낮은 자세로 처신했다면 부르지 않았을 수도 있을 위기다. 과도하게 드러낸 자신감과 오만은 중국이 제대로 반성하며 성찰해야 할 대목이다.

과장의 기법에 묶인 자의식

점잖고 드라이한 표현은 한자세계에서 맥을 못 춘다. 간장과 식초 등 '조미료'를 듬뿍 뿌려야 할 때가 많다. 우선 미인을 형용하는 표현을 살펴보자. "한 번 돌아보면 성이 무너지고, 두 번 돌아보면 나라가 무너진다"는 표현이 있다. 한자로는 "일고경인성(一顧傾人城), 재고경인국(再顧傾人國)"이다.

한(漢) 무제(武帝)가 총애했던 이부인(李夫人)의 미모를 표현한 말이다. 한나라 최고의 국력 확장기를 연 무제는 측근 악사(樂師)로부터 한 여인을 소개받는다. 그 여인은 악사의 여동생이었다고 한다. 여인의 미모가 아주 빼어났던 모양이다. 위의 표현은 그 자태를 묘사한 말이다. 우리도 자주 사용하는 성어 '경국지색(傾國之色)'의 유래다.

미모가 출중한 여인의 아름다움 정도가 숱한 사람들이 머무는 타운을 무너뜨리고, 한 번 더 바라보면 나라까지 기울게 만든다고 하니 적당한 과장이랄 수가 없는 수준이다. 일반 시문(詩文)에서도 이런 과장은 거리낌 없이 등장한다. 우선, 과장의 기법이 타의 추종을 불허했던 당(唐)나라 시인 이백(李白)의 사례를 보자.

그는 언젠가 지금의 장시(江西)에 있는 유명한 여산(廬山)을 찾

저장(浙江) 주지(諸曁)에 있는 중국 4대 미녀 중의 서시(西施) 상.

아간 적이 있다. 그곳의 멋진 폭포를 바라보면서 이백은 이런 시구를 남긴다. "마구 흘러 곧장 아래로 삼천 척 내려오니, 마치 은하가 우주에서 쏟아지는 듯(飛流直下三千尺, 疑是銀河落九天)." 장쾌(壯快)해서 멋지고 또 멋지다고 느끼게 하는 구절이다. 불과 몇 백 미터 길이의 폭포를 바라보며 하늘 저 멀리, 까마득한 우주로부터 은하가 쏟아지는 것 같다는 표현은 지나치지만 멋진 과장이다.

이백은 그런 영역에서는 천재라고 해도 좋을 시인이다. 머리에 자라난 자신의 흰머리를 거울에 비춰보며 "백발삼천장(白髮三千丈)"이라고 했다. 지금 단위로 환산하면 그의 머리에 난 흰 머리털의 길이는 3㎞다. 그는 또 "아침에 검었던 머리카락이 저녁에 이르니 흰 눈으로 변했다(朝如靑絲暮成雪)"라고도 읊었다.

어디 이백뿐이랴. 하루 못 본 그리운 님을 생각하는 사람의 마음은 3년을 지내는 듯 길었던 모양이다. "일일불견여삼추(一日不見如三秋)"라는 표현이 일찍이 등장한다. 시름이 얼마나 큰지 아느냐고 자문한 남당(南唐)의 망국(亡國) 황제 이욱(李煜)은 포로로 잡혀온 자신의 신세를 한탄하며 "마치 동쪽으로 흐르는 온 강의 봄물(恰似一江春水向東流)"이라는 말로 자신의 심경을 묘사한다. 문학적으로 인구에 늘 회자하는 명구다. 자신의 설움을 봄날 큰 강 가득 풀려 흘러가는 강물에 비유했다.

중국 문학의 백미인 옛 시가(詩歌)에 자주 등장하는 과장(誇張)의 기법이다. 표의문자(表意文字) 체계인 한자 특유의 부풀리는 성향, 즉 선염(渲染) 특성 때문에 그렇다. 상형(象形)이 토대인 한자의 시각적인 특성도 그에 한 몫 한다는 것이 전문가들의 분석이다. 이런 한자 체계를 언어의 근간으로 삼는 현대 중국도 예외가 아니다.

최근 중국에서는 세 종류의 문체가 유행한다고 한다. 궤구체(跪求體), 곡운체(哭暈體), 혁뇨체(嚇尿體)다. 대외적으로 자국의 힘을 뽐내는 과정에서 등장한 문체라는 설명이다. 특히 2010년대 들어 국제사회에서 자국의 국력 신장을 노골적으로 드러내는 중국 외교 당국의 오만한 '싸움 늑대(戰狼)' 기질과 흐름을 함께 하고 있다. 그 내용은 이렇다. 상대를 혼 좀 내줬더니 "무릎 꿇고[跪] 빌더라[求]", "울면서[哭] 졸도했다[暈]", "놀라서[嚇] 오줌 지렸다[尿]" 등이다.

급격히 상승한 국력을 자랑스럽게 여기는 일반 중국인들이 즐겨 쓰는 문체라는 설명이다. 주로 대외관계에서 상대를 누르는 힘을 과시할 때 썼다고 한다. 이러다 보면 당국의 언행과 행위를 곧이곧대로 믿고 따르는 수준 낮은 중국인들이 세뇌(洗腦)당하기 십상이겠다. 그나마 다행스럽게도 관영 인민일보 등에서 "쓸데없는 과시[浮誇] 표현을 자제하자"는 경고음을 냈다. 그러나 과장에 묶이는 자의식의 흐름마저 누를 수 있을까. 중국이 세계 대다수 나라의 건전한 이웃으로 성장할지 의문이다.

기우(杞憂), 땅에만 묶였던 시선

기원전 7세기에 태어난 탈레스는 밤하늘의 별을 헤아리며 걷다가 웅덩이에 빠졌다. 이웃의 누군가에게 꾸중을 들었다. "발밑의 땅도 알지 못하면서 하늘만 쳐다보냐?"라는 힐난이었다. 그래도 그는 꿋꿋하게 하늘과 별을 관찰했다. 만물의 근원을 살핀 '서양 철학의 아버지'는 그렇게 탄생했다.

중국에도 일찌감치 하늘을 무척 궁금하게 여겼던 주체가 있었다. 기(杞)라는 춘추전국시대 작은 나라 사람들이었다. 그들은 하늘이 무너지지 않을까 걱정했다. 잠도 못 이루고, 밥도 먹지 못할 정도였다. 급기야 한 사람은 현자를 찾아가 품고 있던 걱정을 털어놓았다. "공기로 이뤄진 하늘은 결코 무너지지 않는다"는 말을 듣고서야 겨우 시름을 거뒀다는 얘기가 있다. 이른바 '쓸데없는 걱정'의 대명사 기우(杞憂)가 탄생하는 장면이다.

중국인은 땅에 삶의 많은 것을 걸어왔다. 일찌감치 농경의 문명을 피웠던 큰 땅, 대륙의 적자(嫡子)다운 면모다. 그래서 하늘을 묻는 사람에게는 '기우'의 고사처럼 핀잔이 쏟아지기 마련이었다. 따라서 별을 헤아리다 웅덩이에 빠졌던 탈레스가 나올 문화적 토양은 없다.

하늘을 살폈던 중국의 천문학은 사실 대단하다. 정밀한 관측이 서양의 천문학을 오히려 능가한다. 그럼에도 중국의 천문은 황제(皇帝)의 시간표, 나아가 땅을 다스리는 기준으로만 작용했다. 한때 높은 수준으로 이뤄졌을 법한 하늘 관측이 결국 땅의 권력에 묶여 주저앉고 말았던 형국이다.

'기우'라는 전고가 탄생한 '기'라는 나라도 중국 문명사에서는 흔적도 없이 사라진 지 아주 오래다. 그들은 쓸데없는 걱정으로 일관하다가 아무런 존재감을 키우지 못한 사람들 취급을 받는다. 느닷없이 날아드는 운석(隕石), 지구의 멸망을 불러올 수도 있는 혜성(彗星)과의 충돌, 지구보다 더 큰 천체(天體)의 존재, 지구가 모래

서북부 란저우(蘭州)에 있는 황허(黃河) 모친상(母親像) (사진 제공: 조용철)

한 톨에도 못 미칠 은하(銀河)의 크기…. 아마도 그 '기나라 사람들의 걱정'을 존중했다면 중국 문명사는 어느덧 땅을 넘어 무한한 우주로 일찌감치 나아갔을지도 모를 일이다.

그러나 중국은 그런 '기우'를 단칼에 잘라 버리고 지난 수천 년 동안 땅을 향한 집착을 키우고 또 키워왔다. 그래서 중국 문명을 토양으로 자라난 사람들은 '평면과 실용'에는 제법 강한 면모를 보인다. 하지만 하늘을 향하는 '입체와 추상'에는 둔감하며 서툴다. 중국인이 지향하는 가치는 그래서 대개 현세적이다. 황금, 행복, 장수, 출세 등이 큰 줄거리를 이룬다. 예나 지금이나 그 점에서는 큰 변화가 없다고 보인다.

개혁·개방 뒤의 왕성한 경제발전을 이룬 중국의 저력은 분명 놀랍다. 견고한 현실적 가치관이 그 토대이지 싶다. 이제 서양문명에서 키우고 보듬던 지식과 기술을 바탕으로 우주를 향한 행보에도 나선다. 일부 선진적인 기술까지 개발해 국제무대에서의 위상도 제법 높다. 그러나 자국의 영향력을 허공으로 확대하는 수준이다. 진리의 끝까지 닿아보려는 궁극적인 탐구(探究)와는 거리가 있다. 흙먼지인 황사에 자주 가렸기 때문일까. 중국의 '하늘'은 늘 맑지 않았다.

기형(畸形)을 사랑한 중국

요즘은 사라진 형벌이지만 궁형(宮刑)이라고 적었던 중국의 옛 형벌은 매우 가혹했다. 별칭이 '잠실(蠶室)'이기도 했던 이 궁형은 남성의 생식기를 잘라내는 처형(處刑) 방식의 하나다. 서울 잠실 주민들에게는 달갑게 들릴 수 없겠으나 궁형을 잠실로 불렀던 것에는 다 이유가 있다. 생식기를 잘린 남성에게는 세균 감염이 치명적이었다. 그래서 누에 종자를 키우던 고온의 밀실인 '잠실'이 필요했고, 급기야 이 말은 거세(去勢)의 다른 이름으로 자리를 잡았다고 한다.

왕궁에서 일하기 위해 생식기를 일부러 없앤 뒤 실제 궁에 들어가 임금이나 그 주변을 모시는 사람을 우리는 내시(內侍)라고 부른다. 그러나 중국에서는 내시라는 말보다는 태감(太監)이라는 명칭을 더 잘 쓴다. 이들의 발자취는 중국 역사에서 매우 뚜렷하다. 지금으로부터 3000여 년 전인 은(殷)나라 때 관련 기록이 우선 등장한다. 이들은 면면히 이어진 중국 왕조사에서 종종 강력한 권력 집단으로 활약했다.

역시 요즘은 아예 사라진 습속이기는 하지만 여성의 전족(纏足) 또한 중국의 오랜 역사에 길고 넓게 드리웠던 그늘이다. 이 전족은

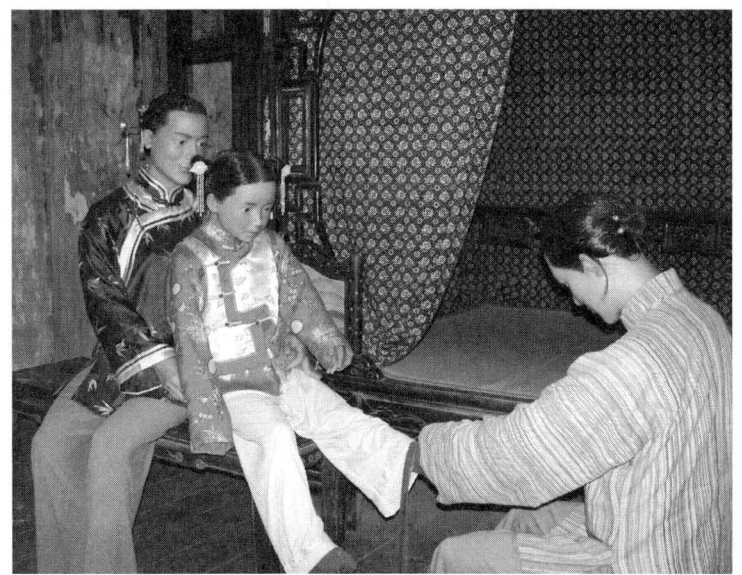
저장(浙江) 우전(烏鎭)의 민속 전시관 속 여성 전족(纏足)을 보여주는 모형.

어린 여성의 발을 헝겊으로 칭칭 동여매 일정한 크기로 묶어두는 일이다. 여성의 발은 이 동여맨 헝겊으로 인해 아주 작아진다. 그 쪼그라든 여성의 발에는 '세 치 금쪽같은 연꽃(三寸金蓮)'이라는 형용이 붙기도 했다. 1000년 이상 유행했던 중국의 어엿한 전통이다.

전족을 한 여성들은 한 걸음에 세 번 몸이 흔들리는(一步三搖) 자태를 지녔고, 중국 남성들은 그 모습을 집요하게 즐겼다. 남성의 손바닥 위에 올라설 수 있을 만큼의 작은 발을 지닌 여성이 인기를 얻었다고 하니 기이한 일이 아닐 수 없다. 남성들에게 즐거움을 주기 위해 오랜 기간 묶은 발로 뒤뚱거리며 걸어 다녔을 수많은 중국 여성의 눈물을 헤아리게 하는 대목이다.

이상한 생김새의 금붕어는 요즘 관상용으로 인기가 높다. 얼굴에 잔뜩 혹을 얹은 오란다, 다채로운 색을 지닌 켈리코, 눈이 튀어나온 툭눈이, 눈이 위로 향한 정천안(頂天眼) 등 종류가 다양하다. 머리 쪽에 혹을 돌출시켜 사자 모습을 한 금붕어도 있다. 이런 금붕어의 원산지는 북송(北宋) 때의 중국이다. 관상용(觀賞用)으로 이런 기이한 모습의 금붕어를 만들기 위해 중국인들은 1000년 전부터 금붕어의 비늘을 뜯고 또 뜯으며 무수한 실험을 반복해 오늘날의 어엿한 '성과'를 만들어낼 수 있었다.

내시와 전족, 그리고 기이한 모양새의 금붕어는 천연의 상태에 집요한 변형과 조작을 가해 만들어진 기형(畸形)의 문화 현상들이다. 그런데도 중국의 관념 세계는 자연과 사람의 관계를 '천인합일(天人合一)'로 말한다. 사람은 자연에 순응하면서 조화를 꾀해야 한다는 주장이다. 자연과 사람이 혼연일체를 이룬다는 '물아양망(物我兩忘)'도 있다. 그러나 겉만 그렇다. 속은 변형과 조작에 더 중점을 두는 흐름이다. 겉에 내세우는 '장식'과 속을 이루는 '내용'이 큰 차이를 드러낸다. 중국의 현상을 바라볼 때 종종 착시(錯視)가 생기는 이유이기도 하다. 이제 그 착시를 거둘 때다.

노예근성 키웠던 중국 지식사회

신하를 가리키는 글자 신(臣)의 초기 글자꼴. 잡혀 온 전쟁 포로의 눈매를 가리켰다고 한다.

어느 누구도 자유롭게 제 생각과 견해를 밝히는 백가쟁명(百家爭鳴), 모든 꽃이 일제히 피어나는 화려함의 백화제방(百花齊放)이 함께 이어지던 시절이 있었다. 지금으로부터 2300년 전의 중국에서다. 자유롭고 활발했던 지적 전통을 드러냈던 시기다. 그러나 춘추전국(BC 770~BC 221) 때 화려하게 피어올랐던 중국의 지식 전통은 금세 시들어 버린다.

진시황(秦始皇)의 분서갱유(焚書坑儒)가 있었고, 오로지 유가 사상만을 으뜸으로 치는 한무제(漢武帝)의 독존유술(獨尊儒術)이 있었다. '분서갱유'는 진시황이 제 통치에 비판적이었던 당시의 유교 지식인과 그 책을 땅에 파묻고 불로 태웠다는 사건에서 나온 말이다. '독존유술'은 오로지 유교 사상만을 신봉하고 다른 유파의 사상은 금지했던 행위에서 나온 말이다. 둘은 모두 나와 다른 남을 배제한다는 맥락에서 펼친, 사상의 금고(禁錮)에 해당하는 사건이었다.

중국의 지식 전통은 그 뒤로 지금까지 아주 오랜 침체기를 거친다. 춘추전국 시대에 자유를 누렸던 중국의 선비[士]들은 이후 군주에게 전략을 만들어 바치는 책사(策士)로 내려앉는다. 그마저도 잇지 못해 작은 꾀를 바치는 모사(謀士)로 다시 곧 전락하고 말았다.

글자를 잘못 써 황제의 노여움을 사 목숨을 잃는 문자옥(文字獄)에 빠지거나, 심지어는 본인 외에 수많은 친족이 죽임을 당하는 연좌(連坐)의 어두운 그늘 속을 걸어야 했다. 그래서 한(漢)나라 이후 2000년 넘는 중국의 왕조사에서 중국 지식인이 키운 것은 그저 노예근성이라는 지적이 자주 나오고 있다.

1949년 사회주의 중국이 들어선 뒤에도 사정은 마찬가지였다. 1957년 비공산주의 계통의 지식인을 대거 숙청한 '반우(反右) 운동'이 벌어졌고, 1960년대의 문화대혁명 때는 숱한 지식인들이 다시 참혹한 시련에 직면해야 했다.

이른바 '슈퍼 차이나' 열풍을 일으킨 중국 후안강(胡鞍鋼)이라는 교수의 몰락이 화제인 적이 있었다. 이미 중국의 종합적인 국력이 많은 영역에서 미국을 앞질렀다고 주장한 사람이다. 옛 황제의 권력을 대신한 오늘날의 중국 공산당 입맛에 딱 들어맞는 노예근성의 아부였다.

요즘 이런 중국 지식인들이 줄곧 등장한다. 집권 공산당, 또는 정부의 전폭적인 지원을 받는 어용(御用)학자 그룹이다. 이들은 공산당의 이데올로기, 정부의 정책적 지향 등에서 한 걸음 더 나아가 공산당과 정부가 내세우는 정책 근간에 대한 선전대 역할을 충실히

하는 사람들이다. 전제주의적인 토대 위에서 집권당과 정부의 나 팔수 역할을 수행하고 있다. 학자로서의 진리 탐구와는 거리가 멀 수밖에 없다. 그럼에도 막강한 지원을 발판 삼아 국제적으로 명망 을 얻는 경우가 많다.

중국에 '가대공(假大空)'이라는 신조어가 있다. 거짓(假), 허풍 (大), 헛소리(空)를 합친 말이다. 좋은 지식 전통을 키우지 못하면서 나타나는 사회적 현상이다. 후안강을 비롯한 중국 어용 학자군의 수준이 딱 그 정도에 불과하다. 높은 경제 성장으로 국제무대에서 점차 힘을 드러내는 중국의 국가 위상 때문에 잠시 이들도 명망을 얻는 것에 불과할 뿐 학자 본분에 맞는 실력은 없는 사람들이다. 이런 중국의 유명 어용학자들이 한국에 올 때마다 그들을 세계적 지식인으로 대우하며 호들갑을 떨었던 우리의 지식수준도 이 기회에 함께 살펴볼 일이다.•

•
후안강 교수는 1953년생, 중국과학원 및 칭화(清華)대학 국가정세 연구센터 주임 등을 역임한 학자다. 2017년 "중국의 종합적인 국력은 이미 미국을 넘어섰다"는 등의 글을 발표하는 등 과도한 중국 중심주의의 체제 선전에 주력하다가 2018년 칭화대학 동창회로부터 제명 요청을 받기도 했다.

돌림병이 걱정인 땅

소설 '서유기(西遊記)'의 주인공 손오공(孫悟空)은 말썽 많았던 원숭이였다. 옥황상제(玉皇上帝)가 있는 천궁(天宮)에서 큰 소란을 벌이기도 했으나 결국 자리 하나를 얻었다. 필마온(弼馬溫)이라는 직함이었다. 소설에 등장하는 손오공의 이 새 직함은 그냥 넘길 수도 있지만, 하늘에 올라가 소란을 부린 이 원숭이에게 왜 그런 직함을 부여했을까 하는 의구심도 자아냈다.

그 유래를 푸는 설명이 흥미롭다. 옛 중국에서 매우 귀중했던 말에게 돌림병이 들면 치명적이었다고 한다. 이를 방지하기 위해 마구간에는 늘 원숭이를 함께 길렀다는 것이다. 원숭이의 오줌이 말의 돌림병 예방에 효력이 있다는 속설 때문이다. 실제 이는 속설 차원을 넘어, 과학적으로도 어느 정도 근거를 지닌 처방이라는 설명도 있다.

이 점으로 보면 손오공이 천궁의 마구간에서 자리를 얻었다는 소설의 설정은 자연스럽다. 따라서 천궁에서 손오공이 얻었다는 '필마온'이라는 직함은 '말 돌림병을 피하다[避馬瘟]'는 표현을 같은 음, 다른 뜻으로 적은 형태라고 설명한다. 대체로 수긍을 얻는 해설이다.

과거 돌림병은 광범위한 인명과 물적 피해를 낳았다. 우리말에

전염병 확산 시기, 마스크를 착용한 채 이동하는 중국 사람들.
코로나19 팬데믹의 초기 상황을 보여주는 모습이다.

도 '염병(染病)'이라는 표현으로 자주 등장한다. 누군가를 저주할 때 자주 쓴다. 흔히 역병(疫病)이나 역질(疫疾)이라고도 적는다. 병원체가 인체에 침입해 사람으로부터 사람에게 전해지는 병이다.

중국에서는 온역(瘟疫)이라는 표기가 일반적이다. 자연재해가 휩쓸고 간 뒤 위생 환경이 좋지 않은 곳에서 창궐(猖獗)했던 기록이 퍽 많다. 시역(時疫), 여역(癘疫)으로도 부르고 대개 열을 수반해서 온역(溫疫)이라고도 적었다.

중국은 가뭄과 홍수 등 재난이 많았던 땅이다. 그 뒤에 몰아닥치는 돌림병도 흔했다. 요즘도 마찬가지다. 2003년 중증급성호흡기증후

군(SARS)이 위세를 떨친 적이 있었고, 최근에는 돼지에게만 전염되는 아프리카돼지열병(ASF·豬瘟)이 서민들의 식탁을 곧잘 위협한다.

이제는 쥐가 옮겨 대단한 인명 피해를 낼 수 있는 서역(鼠疫)이 말썽을 빚을 듯하다. 14세기 유럽을 공포의 도가니로 몰았던 일명 '페스트'다. 베이징(北京)에서 몇 차례 발병 사례가 알려져 홍콩 사태와 경기 하강 등으로 가뜩이나 어수선한 중국 분위기가 더 뒤숭숭하다.•

•
이 글을 조선일보 차이나별곡 코너에 소개한 시점은 2019년 11월 22일이다. 이 무렵, 좀 더 정확하게 말하자면 같은 해 12월 중국 우한(武漢)에서 '코로나바이러스감염증-19(약칭 코로나19)'가 발생해 세계 전역으로 번지기 시작했다. 이듬해 1월 이후 바이러스는 중국 전역으로 확산했고, 이어 발생 3개월 만에 전 세계 모든 국가로 번졌다. 2023년 5월 5일 세계보건기구(WHO)는 코로나19의 '국제적 보건 비상사태(PHEIC)' 해제를 선언함으로써 공식적인 코로나19의 진정 국면을 알렸으나, 바이러스는 현재까지도 국지적으로 발생과 소멸을 이어가고 있다. '국제적 보건 비상사태' 해제 시점까지의 통계에 따르면 바이러스 발생 후 3년 4개월 간 세계 인구 6억 8,700만 명이 감염되었고, 이 가운데 690만 명이 사망한 것으로 나타났다. 그러나 통계에 잡히지 않은 사망자 수는 모두 2,000만 명에 이를 것으로 추정하고 있다.

면면한 밀고(密告)의 전통

자유롭고 제한이 덜했던 시절이 이른바 중국의 개혁·개방 연대다. 외국의 투자를 한껏 끌어들여 제조업을 발전시키면서, 대외적으로는 왕성한 수출을 꾸려가야 했던 까닭에 중국으로서는 외국인의 중국 내 활동을 제한하기가 어려웠다. 물론, 국가 안전에 관한 제한은 나름대로 매우 엄격했지만, 그 외의 경제와 상업적 활동에서 외국인들은 매우 폭넓은 자유를 누렸다. 그러나 2010년대를 넘어서면서 개혁·개방 기운의 일부 철회 조짐이 짙어지며 중국에서 외국인들이 누리는 자유는 매우 심한 제한을 받기 시작했다.

이 무렵에 외국인이 많이 살고, 외국 대사관이 밀집한 베이징의 차오양(朝陽)구에서는 언행에 각별히 신경 써야 했다. 1㎢의 면적에 평균 277명의 '감시자'들이 활동하고 있었기 때문이다. 새로운 감시자는 아니었으나, 그때까지 느슨했던 감시의 눈길을 이들이 크게 강화하고 나섰기 때문이다. 이들은 대개 은밀한 시선으로 낯선 이를 지켜보다가 경찰에 통보한다.

이들의 별칭은 '차오양 군중(群衆)'이다. 정부로부터 급여에 해당하는 수고비를 일정하게 받기도 한다. 마약을 복용하거나 매음을 한 연예인 검거에 공을 세워 유명해지기도 했다. 그러니까, 내

한 시골 마을에서 벌어진 행사에 구경 나온 현지 주민들 모습이다.

외국인을 막론하고 중국 사회에 해악을 끼치는 존재들을 감시하면서 정부의 치안 유지에 적극 협력하는 사람들이다. 굳이 더 좁혀 말하자면 이들은 정부의 통제와 감시에 적극 호응하는 '밀고자(密告者)'들이다.

중국 정부는 이들을 효율적으로 관리하며 운용한다. 이제는 그들을 다루는 정부의 '버전'도 새로워졌다. 2017년에는 정식으로 정부가 애플리케이션을 만들어 13만 명의 '밀고자'들을 모으기도 했다. 중국 네티즌들은 "미국 CIA, 영국 MI6, 이스라엘 모사드 등과 더불어 세계 5대 정보 기구"라는 평을 내놓기도 했다. 정부 예산으로 군중을 대규모로 적극 동원하는 셈이니 그런 자부심을 지닐 만도 하겠다.

중국 최고 지도부 집단 거주지 중난하이(中南海)가 있는 시청(西城)구의 아줌마들도 맹위를 떨치고 있다. 별명은 '시청 다마(西城大媽)'다. '다마'라는 말은 결혼한 일정 연령 이상의 여성들을 지칭하는 중국어다. 우리식으로 번역하자면 '아줌마'가 꼭 안성맞춤이다. 이들 중년 이상의 여성들은 팔에 완장을 차고 거리를 오간다. 역시 낯설고 수상한 사람을 지켜보다 고발하는 일에 앞장선다. 최근 통계로는 종사자가 대략 10만 명이다. 공산당과 정부에 저항하는 외부 사람들이 지역에서 활동할 때 어김없이 따라붙어 암약(暗躍)한다.

'밀고'라는 행위는 중국에서 그 전통이 아주 면면하다. 큰 의리를 지키기 위해서는 부모 형제도 필요 없다는 '대의멸친(大義滅親)'이라는 아주 오랜 성어는 사실 그런 밀고를 가족 구성원에게까지 침투시킨 옛 왕조의 구호다. 명(明) 때에 설치했던 동창(東廠)과 서창(西廠)이라는 정탐 및 사찰 기관이 밀고를 주도했던 대표적 사례에 해당한다.

중국 공산당은 2010년대 들어서면서 '펑차오 경험(楓橋經驗)'을 새삼 장려한다. 1950년대 말 수많은 아사자를 낳았던 '대약진운동(大躍進運動)' 때 저장(浙江) 펑차오 주민들이 자체적인 감시와 밀고로 당시의 불안을 잠재웠던 일이다. 그 때의 경험을 오늘에 되살려 현대 중국의 안정과 번영에 이바지하라면서 이 말은 주요 당정(黨政) 회의 때마다 단골 메뉴에 오르고 있는 형편이다.

일당전제(一黨專制)를 강조하는 공산당과 민간이 잘 어우러지는 모양새다. 안정과 번영을 가장 우선시하는 중국사회의 집단적 심리가 근간이다. 거기에 민주와 자유라는 가치체계가 먹히지 않으리라는 점은 불을 보듯 뻔하다. 중국의 역사에 늘 이어졌던 밀고의 전통이 오늘날에도 면면히 흐른다. "담에는 틈, 벽에는 귀가 있다(墻有縫, 壁有耳)"는 중국 속언이 긴 여운을 남기는 시절이다.

성(城)을 바라보는 중국인의 정서

이 책에서 자주 다룰 주제 중의 하나가 '중국인과 성(城)'이다. 세계 인류 문명 발전사에서 늘 등장하는 게 이 '성'이다. 인류의 삶이 거친 환경과 낯선 사람에 대한 도전과 응전으로 점철했으니 그런 모질고 질긴 다툼과 싸움 속에서 '성'은 반드시 필요했던 건축이다. 그러나 성에 대한 중국인의 의존은 매우 심하고 견고하다.

우선 그런 '성'이 중국인의 어떤 마음 경계에 존재하는지 알아볼 필요가 있다. 예로부터 중국인들이 쌓았던 성의 안쪽에는 정사를 논의하는 조정(朝廷)이 있었다. 황제, 또는 백성을 지배하는 통치 권력이 머무는 곳이다. 그 조정의 주변에는 일반인 동네인 여염(閭閻)이 있었다. 그로부터 동심원을 그리며 성채의 밖으로 퍼져나가는 그림인데, 성벽이 그 바깥으로 이어지는 곳을 교(郊)라고 불렀다. 따라서 성 주변은 교외(郊外)다. 우리도 그런 기준으로 도시 바깥을 교외로 부른다.

그로부터 더 멀리 떨어진 곳은 야(野)다. 때로는 비(鄙)로도 적었다. 둘을 합치면 야비(野鄙)다. 우리도 잘 쓰는 "야비하다"라는 단어는 이로부터 유래했다. 퍽 나쁜 뜻으로 사용하는 말이어서, 성 안쪽과 성 바깥을 가르는 차별적인 시선이 대단히 모질었음을 미뤄

명대 만리장성의 동쪽 끝이어서 '천하제일관(天下第一關)'으로 부르는 산해관(山海關).

짐작케 하는 대목이다. 문명이 머무는 성 안쪽, 문명이 외면하는 성 바깥의 구도다. 요즘도 도시 외곽에 사는 중국인은 자신의 경우를 '성외(城外)'라고 부른다. 도시인은 제 처지를 '성리(城裏)'라고 한다. 성의 안과 밖을 집요하게 구별하는 시선이다.

중국 도시의 성은 거의 없어졌다. 있어도 일부를 유적지로 만들어 조그맣게 보존하는 수준이다. 1949년 중국의 건국과 함께 벌어진 현상이다. 그러나 요즘도 여전히 도시에 적(籍)을 두었느냐는 호구(戶口)의 유무(有無)로 까다로운 차별이 벌어진다. 이를테면, 호구는 중국의 현대판 '성벽'이다. 이 호구제도는 견고한 성벽처럼 작용해 외부에서 도시로 진입하려는 농촌 인구를 엄격하게 제한하고 있다.

중국 현대 소설의 백미(白眉)로 꼽히는 작품이 있다. 첸중수(錢鍾書)라는 문인이 1947년 낸 '위성(圍城)'이다. 명문가 출신의 남성이 파란 많은 애정 행각을 벌이며 살아가는 이야기가 큰 줄거리다. 유럽으로 유학까지 다녀왔던 명문가 출신의 젊은 지식인이 중국의 문명을 사색하는 과정과 내용을 담기도 했다. 뛰어난 문체로 당시 시대상을 세밀하게 반영해 현대 소설의 최고봉으로 꼽힌다. 여기에 등장하는 유명한 말이 있다. "성에 갇힌 사람은 밖으로 나가길 바라지만, 바깥쪽 사람들은 안에 들어오고 싶어 한다"는 내용이다.

이 소설이 뛰어난 이유의 하나는 성벽에 오래 깃든 중국인의 경계(境界) 심리를 문화적 흐름으로 잘 묘사했기 때문이다. 성 안에 사는 사람의 일탈(逸脫), 밖에 있는 사람들의 안주(安住) 심리의 엇갈림이다. 중국인들은 오늘도 '성'을 중심으로 살아간다. 일탈은 그저 생각에 그칠 때가 많다. 대개는 그 테두리가 주는 안정감에 만족한다. 성으로의 진입을 꿈꾸는 사람도 여전히 많다. 안정을 내세웠던 왕조적 통치(統治)가 늘 잘 먹혔던 중국의 오랜 문화적 근간이다.

중국의 '착하게 살자'

중국의 사회 통제와 그 시스템이 매우 정교해지고 있다. 기술적인 면에서 중국의 통제력을 회의적으로 바라보기도 했던 서방 세계가 깜짝 놀랄 정도로 중국의 통제와 감시 능력은 정보통신(IT) 기술의 혁신적인 발전에 맞춰 날로 고도화하고 있다. 우선, 서방 언론들이 '디지털 레닌주의'로 표현한 중국의 사회공공신용체계(社會公共信用體系)가 신속하게 자리를 잡아가고 있다. 이는 빅데이터와 인공지능(AI) 등으로 면밀한 감시망을 구성해 사회를 더 효율적으로 관리할 수 있다는 중국 집권 공산당의 믿음에서 비롯했다.

각 주요 도시별로 현지의 상징물을 앞세운 새 '도덕 지표'도 속속 만들어지고 있다. 쑤저우(蘇州)는 '계수나무꽃 점수(桂花分)', 항저우(杭州)는 '첸장 점수(錢江分)', 푸저우(福州)는 '백로 점수(白鷺分)' 등이다. 이는 모두 개인의 준법성을 점수로 따지는 시스템이다. 교통과 쓰레기 분리수거 등의 준법 여부, 개인의 채무 불이행, 정부의 방침에 저항하는 행위 등을 체크한다. 당국이 권장하는 항목을 실천에 옮기면 좋은 점수를 얻어 혜택을 누린다.

2018년 통계로는 중국인 9억 9,000만 명, 2,591만 개의 기업이 모두 감시 범위에 들었다. 지난해에는 이로 인해 550만 명이 기차표를 끊지 못하는 '체벌'을 받았고, 각종 세금을 포탈한 128명은 아예 중국에서 쫓겨났다. 중국을 여행하는 외국인도 도로를 무단으로 건너다가 자신의 얼굴이 건너편 빌딩의 대형 화면에 떠오르는 것을 보고 기겁을 했다는 경험담도 이제는 옛이야기에 불과하다. 갈수록 첨단 감시와 통제 시스템이 중국 전역을 촘촘한 거미줄처럼 감아서 조이고 있다는 느낌이 든다.

중국 집권 당국의 의도는 일단 성공을 향해 나아가고 있는 듯하다. 첨단 디지털 기술로 사회의 신용 및 모든 관리 체계를 강화하는 점에서는 매우 유용하다. 그러나 정치적 통제가 더욱 강해질 경

항저우(杭州) 유명 관광지 시후(西湖)에 비가 내리는 모습이다.

우 중국의 문화적인 토대는 역풍을 맞을 각오도 해야 한다. 이렇듯 통제와 감시가 기승을 부릴 경우 중국의 일반인들은 무기력해지기 십상이다. 집권 공산당과 정부의 모든 정책이나 의사 결정에 순응만 하는 백성, 즉 순민(順民)을 양산하는 꼴이기 때문이다.

아울러 정부의 이런 작위적인 '착하게 살자' 식 지침은 변질(變質) 가능성이 매우 높다. 예를 들어, 정부가 권장하는 헌혈(獻血) 등을 통해 높은 도덕 점수를 얻으려는 민간의 '구매 심리'가 끼어들어 진정한 도덕성을 키울 수 없다는 비판이 나오는 식이다. 이는 목숨 걸고 진실과 믿음을 지키고자 했던 중국의 옛 '성신(誠信)'이라는 전통적 도덕률과도 아무런 관련이 없다는 지적이다.

마침 미국의 유명 잡지 '사이언스(Science)'가 은행, 극장 등에 연락처가 적혀 있는 돈 지갑을 떨어뜨려 두고 벌인 정직성 실험에서 중국은 조사 대상 40개 국가 중 꼴찌를 기록했다. 요즘은 해외여행에 나선 중국인들이 세계 각국의 음식점, 길거리, 쇼핑몰, 호텔 등에서 추태를 벌이다 현지 언론에 대서특필되는 일도 잦아지고 있다. 통제와 감시가 목적인 작위적인 도덕의식 고양(高揚)으로 생겨난 허위의식의 부작용이다. 중국 당국의 통제와 감시가 정교해질수록 중국인의 정신적 면모는 더욱 피폐해지니, 큰 아이러니가 아닐 수 없다.

중국의 구름 기상도

드넓은 중국 땅을 지나가는 구름은 그 땅의 크기 이상으로 다양할 것이다. 우리 한반도 상공을 지나가는 구름 또한 여러 색깔과 모양일 것이다. 그런 구름에는 다채로운 한자(漢字) 명칭이 뒤따랐다. 우선 흰 구름 백운(白雲), 높은 하늘의 구름 청운(青雲), 색색의 구름 채운(彩雲)은 어감이 좋다. 낭만적 감성을 자아낸다. 그러나 사람이 빚어내는 분위기가 심상치 않을 때 중국인이 입에 올렸던 구름도 많다.

우선 풍운(風雲)이다. 한국은 물론이고 일본에서도 자주 사용하는 단어다. 바람과 함께 닥치는 구름을 가리킨다. 이 경우, 보통은 먹구름이 제격이다. 거센 바람과 함께 험악하게 모여드는 구름이다. 그 시커먼 구름은 흑운(黑雲)이라고 하거나, 까마귀 색과 같다고 해서 오운(烏雲)으로도 부른다. 우리는 흔히 한자를 사용하지 않은 채 먹구름이라고 한다.

그래서 '풍운'이라는 단어는 거대한 기운, 아니면 그로써 생겨날지 모를 대단한 변화를 예고한다. 바람이 불고 구름이 들끓는다는 의미의 중국 표현은 풍기운용(風起雲湧)이다. 바람이 일고 구름이 솟아오르는 기상(氣象)이다. 무언가 험악한 상황의 도래를 암시하

비행기 창문을 통해 내려다본 중국 상공의 구름 모습이다.

는 말이다. 일본은 아예 이 단어 뒤에 '사내', '젊은이' 등의 뜻을 지 닌 한자를 더해 '풍운아(風雲兒)'라는 말을 만들었다. 변화 가득한 세상에서 두각을 나타내며 무언가를 이끌고 나아갈 젊은 영웅, 인재, 엘리트 등을 지칭하는 단어다.

평화로운 날씨에서 바람이 불기 시작하고 구름이 모여들면 이는 기상적인 변화의 조짐에 해당한다. 그래서 바람에 실린 구름이 내 앞으로 모여들면 뭔가 어수선한 분위기를 자아낸다. 운집(雲集)은 이것을 형용하는 단어다. 좀 더 분위기가 나빠지면 전쟁으로도 이어진다. 그래서 전쟁을 구름과 함께 병렬해 전운(戰雲)으로도 부른다.

운무(雲霧)는 단순한 기상을 가리키기도 하지만 뭔가에 가려져 잘 모습을 드러내지 않는 국면을 말할 수도 있다. 햇볕이 쨍쨍하고 바람도 약한 날의 기상과는 아주 다른 상황을 가리킨다. 상황이 아주 모호하다가 나쁘게 번질 수 있는 때다. 우리도 잘 쓰는 오리무중(五里霧中)의 경우다. 이 성어는 더 나아가 눈이 가려져 헤매는 상황인 미혹(迷惑), 곤혹(困惑), 인지(認知) 부족 등을 가리킨다.

2018년과 2019년 홍콩을 덮었던 검은 구름과 안개는 오래 걷히지 않았다. 홍콩을 중국 내륙에 못지않은 통제와 간섭으로 끌어들이려 하는 중국에 반발해 반중(反中)의 목소리가 더 높아졌다. 이어 중국과 해협을 사이에 둔 대만의 분위기도 그 이후 지금까지 심상치 않은 국면으로 상승하고 있다. 홍콩은 그나마 중국이 강경하게 국가 안전법의 틀을 적용하면서 잠잠해졌으나 대만의 상황은 그렇지 않다.

집권 공산당이 공공연하게 대만에 대한 무력 침공 가능성을 시사하고, 아울러 시도 때도 없이 대만 주변에서 군사 훈련을 자행하고 있기 때문이다. 홍콩에 오래 머물렀던 검은 구름과 안개는 이제 대만해협으로 몰려들고 있는 상황이다. 이른바 전쟁의 구름이라고 하는 '전운'이 어느덧 비좁은 이 해협을 두껍게 짓누르고 있는 형국이다. 이제 그 짙은 구름을 실어 나른 바람이 이 해협에 가득 닥쳐 격랑과 거센 풍파가 일고 있는 그림이다.

초(楚)나라 땅의 고초(苦楚)

2019년, 신종 코로나바이러스의 발생지가 세계의 주목을 받은 적이 있다. 첫 발생지인 우한(武漢)은 중국 교통망, 특히 철도의 전체 모습을 보면 정확히 중심에 해당한다. 북에서 남으로, 남에서 북으로, 동에서 서로, 서에서 동으로 움직이는 철도망을 보면 우한은 딱 그 '배꼽'에 해당한다. 중국 전역 어디로든 물류 등을 잘 옮길 수 있는 요지 중의 요지에 해당한다.

그 땅이 지닌 교통적 가치만 따지면 그렇다는 얘기다. 먼 옛날, 중국이 본격적인 통일 국면에 접어들기 전의 관점에서 보면 우한은 퍽 특이한 곳이기도 하다. 이 우한이 속한 그 주변의 후베이(湖北)는 본래 전통의 중국과는 사뭇 달랐던 초(楚)나라 땅이었다고 할 수 있다. 그래서 춘추시대 북부 중원(中原) 사람들은 이곳 사람을 남녘의 오랑캐, 남만(南蠻)으로 치부했던 적이 있다.

우한과 그를 안고 있는 후베이 지역의 다른 지칭은 형초(荊楚)다. 장강의 흐름이 모여드는 전략적 요충지여서 '삼국지(三國志)'의 큰 무대로 각광을 받았던 '형주(荊州)'의 앞 글자를 강조한 이름이다. 그러나 글자의 새김으로 따지면 이 '형초'라는 이름은 썩 좋지 않다. 글자 둘 모두 사람을 때리는 형구(刑具)인 '가시나무'를 가리켰기 때문이다. 우리말 쓰임새도 아주 많은 고초(苦楚), 통초(痛楚), 간초(艱楚) 등이 다 이 글자를 바탕으로 하고 있다. '아픔', '고생', '시련' 등을 가리킨다.

고대 중국 남방 문학을 대표했던 '초사(楚辭)'.

따라서 이곳 사람들도 대개는 멸시에 시달렸다. 요즘도 초수(楚囚)라고 적으면 '죄인'이라는 뜻이다. 북방 사람들이 남쪽에서 잡혀온 포로를 일컫다가 생겨났다. 남관(南冠)으로 적으면 '이상한 모자를 쓴 초나라 사람'인데, 의미는 역시 같다. '초(楚)'의 관련 단어에는 좋은 표현도 있다. 초초(楚楚), 청초(淸楚) 등이다. 가시나무의 맑은 모양새에서 비롯한 형용사다. 아울러 중국의 초기 남방 문학을 대표했던 굴원(屈原)의 '초사(楚辭)'는 지역의 큰 자랑거리다. 호수와 늪이 발달해 '구름과 꿈의 습지'라는 뜻의 운몽택(雲夢澤)이라는 아름다운 이름도 전해진다.

그러나 2019년 코로나19가 발생하면서 어두운 구름이 다시 이곳을 덮었다. 당국이 도시와 성(省) 자체를 모두 봉쇄해 많은 사람이 죽어가면서 지역 전체가 공포의 도가니에 빠졌다. 이들이 겪은 '고초'가 아주 클 수밖에 없었다.

마침 이곳에는 우리에게 익숙한 지명이 적잖다. 강릉(江陵)이 있고, 한강(漢江)이 있으며 한양(漢陽)도 있다. 지역적으로 중국을 자세하게 나눠 이해해야 할 때 이 지역은 북에 견준 남방 문화의 대표적 집산지 중 하나여서 꽤 중요하다. 코로나19로 심한 고초를 겪었지만 이곳은 교통 측면에서 매우 큰 요지여서 중국 집권 공산당의 전략적 투자가 잘 이뤄지는 곳이다. 첨단 과학 기술 산업이 중국 전역에서 거의 으뜸에 이를 만큼 발전이 눈부신 곳이다.

그럼에도 코로나19의 확산을 막으려는 공산당의 강력한 의지로 인해 당시 코로나19 초기 발생 때는 이곳이 아비규환(阿鼻叫喚)의 생지옥처럼 변했던 점을 상기할 필요가 있다. 국가 안정을 위한 공산당의 노력은 모든 전략적 가치를 상회한다. 어떠한 희생도 눈 깜짝하지 않고 집행한다는 점을 잘 보여주는 곳이 2019년 코로나19 발생 당시의 바로 이 우한이다. 이는 국가 안정과 집권의 영구성을 함께 걸어 놓은 공산당의 의지가 그만큼 단호하다는 점을 눈여겨봐야 한다.

총명함과 지혜

중국인은 바람머리 앞에 잘 나서지 않는다. 앞에 닥치는 바람이 무엇을 품고 있느냐는 의구심 때문이다. 바람을 위기의 요소로 읽어서 그럴 것이다. 그래서 잘난 척하며 앞에 나서는 사람의 행위를 출풍두(出風頭)라고 적어 극히 경계한다.

중국인의 언어에는 '회색(灰色)의 영역'이 발달했다. "좋다"거나 "나쁘다"를 함부로 입에 올리지 않는다. "좋으냐, 싫으냐?"를 물을 때면 대개 "그럭저럭…괜찮아" 정도의 뜻인 '하이싱(還行)'이라는 표현으로 얼버무린다. 가부(可否), 호불호(好不好), 시비(是非) 사이에서 사태를 더 따져보고 대응한다는 맥락이다.

모두 중국인 처세(處世)의 가장 큰 맥락인 중용(中庸)의 흐름이다. 극단으로 향하지 않고 중간에서 제 자리를 잘 지키려는 몸가짐 말이다. 아울러 사세(事勢)와 시세(時勢)를 살펴 자신의 이해(利害)를 더 따지겠다는 모략(謀略)이라는 정신세계의 표현이다.

1978년 개혁·개방 직후 중국 대외 정책의 근간을 이뤘던 도광양회(韜光養晦)가 그런 맥락이다. 자신의 장점[光]은 감추고[韜] 단점[晦]을 보완[養]하자는 뜻이다. 묵묵히 경제발전을 이뤄 국력을 키우겠다는 자세다. 그로써 중국은 국제사회 모두가 놀랄 만큼의 국

중국 중앙텔레비전(CCTV)이 제작해
큰 반향을 불렀던
'대국굴기(大國崛起)'의 포스터.

력 신장에 성공했다. 덩샤오핑의 바람대로 세계적인 제조업 실력을 닦았고, 부족하던 국방력과 과학 기술 등을 크게 키웠다.

그러나 지난 10여 년 동안의 궤적은 많이 다르다. '도광양회'가 '뭔가를 이루자'는 맥락의 유소작위(有所作爲)로 바뀌더니 대국으로 일어서겠다는 대국굴기(大國崛起)로 변신했다. 급기야는 '대단하다, 우리나라[厲害了, 我的國]'로까지 발전했다.

우리 나름대로 뭔가를 이루겠다는 '유소작위'는 개혁과 개방으로 키운 나름의 국력에 맞춰 자신이 해야 할 것은 하겠다는 의지의 표현이다. 그럼에도 '도광양회'에 비해서는 몇 걸음 더 내디딘 자신감의 표출이다. 그 뒤에 다시 이제는 '대국굴기'를 곧장 외치니 어안이 벙벙할 뿐이다. 급기야 '대단하다, 우리나라' 대목에 이르면 더욱 기가 막힐 뿐이다.

제 나름의 겸손함과 근면함으로 성장을 구가했던 중국이다. 그 겸손과 근면의 밑바닥에는 사실 중국의 오랜 심리적 병폐인 중화주의(中華主義)가 숨어 있었던 모양이다. 어느 정도 국력을 키웠다고 자신하는 마당에 숨김없이 쏟아져 나오는 위의 슬로건과 구호를 보면 더 그렇다. 하염없이 초라한 척하던 사내가 감추고 있던 오만과 야욕의 속내를 한꺼번에 펼쳐 보인 모습이다.

가타부타하지 않으면서 극단으로 좀체 향하지 않는 모습을 보였던 중국인의 처세 지침인 '중용'을 이제는 다시 생각할 때다. 아울러 제 힘을 드러내지 않으면서 은근하게 국력을 키워왔던 '도광양회' 식 '모략'의 전통도 거듭 살펴야 할 시점이다. 이 중용과 모략의 전통은 나름대로 지구촌의 경계감을 크게 자극하지 않으면서 중국이 제 총체적인 국력을 키우는 데는 매우 효율적이었을지도 모르겠다.

아울러 중용이나 모략은 참혹했던 삶의 현장에서 키운 나름의 생존 철학일지는 모르나, 남의 시선을 흐트러뜨리는 기만(欺瞞)으로 흘렀다는 점에서 잔꾀로밖에 볼 수 없다. 그것이 잔꾀의 수준을 넘어 지혜(智慧)의 반열에 오르려면 마음의 바탕이 우선 바르게 서야 한다. 그 전제를 해결하지 않는 한 중국인들의 중용과 모략은 권모(權謀)나 술수(術數)로 흐르기 십상이다. 그래서 스스로 생산한 한 속담에 중국은 눈길을 둬야 한다. "총명함은 오히려 총명함 때문에 그르친다(聰明反被聰明誤)"는 속언 말이다. 한국에서는 그 '총명'을 '잔머리'라는 말로 곧잘 바꿔 부른다.

커튼으로 가린 중국인 생각

중국인은 늘 가리는 데 능하다. 두터운 성벽을 쌓아 자신의 몸체를 가리고, 남의 눈길마저 가리는 일은 매우 흔했다. 도처에 쌓았던 옛 성과 집을 두른 견고한 담장 등이 다 그렇다. 그런 딱딱한 건축물만이 있는 것도 아니다. 제 마음을 활짝 열어 남을 흔쾌히 받아들이지도 않는다. 오랜 시간의 감별(鑑別)과 인지(認知)를 거쳐야만 비로소 제 마음의 빗장을 풀어 놓는다.

중국인이 쌓은 성벽을 넘고, 다시 집에 둘러친 담장을 또 넘어 그 집안에 발길을 들이는 데 성공하더라도 또 하나 남는 가림 장치가 있다. 바로 병풍 또는 장막이다. 이번에는 중국인의 그 장막 이야기다. 아래위로 오르내리는 커튼은 보통 막(幕)이라고 적는다. 좌우로 여닫는 것은 유(帷)다. 이는 옛 중국의 구별이다. 담으로 집, 나아가 국가 경계까지 두르는 중국의 '가림과 숨김' 문화에서 이런 커튼은 최종으로 자신을 가리는 장치다.

상하(上下), 좌우(左右)로 여닫는 구별 없이 중국 커튼의 대명사는 그래도 '막'이 우선이다. 옛 구별법에서는 나름 엄격했지만, 이제는 '유'의 쓰임이 줄어들고 '막'의 쓰임이 많아졌다는 얘기다. 우선 입막지빈(入幕之賓)이라는 성어가 있다. 옛 일화에서 나왔는데,

집의 가장 안쪽에 들이는 손님이라는 뜻으로 잘 쓴다. 그러나 속뜻은 가장 내밀한 사람, 그래서 기밀(機密)까지 공유하는 인물을 일컫는다.

한편으로는 책사(策士)를 가리키기도 한다. 크게는 사느냐 죽느냐의 생사존망(生死存亡), 가깝게는 출세해서 누릴 수 있느냐의 부귀영달(富貴榮達)을 함께 논의하는 대상이 책사다. 따라서 권력 등을 지향하는 사람에게 이 책사는 가장 깊숙이 쳐놓은 커튼 뒤로 들일 수 있는 존재. 예로부터 중국은 이런 책사와 모사(謀士), 나아가 그들이 구성하고 집행하는 책략과 모략을 중시하는 전통이 강하다.

막료(幕僚)는 그런 인물들을 부르는 별칭이다. 막우(幕友), 막빈(幕賓) 등도 같다. 입말로는 사야(師爺)를 많이 쓴다. 동쪽에 선 주인이 서쪽으로 맞이하는 귀한 손님이라는 뜻에서 '스승'의 새김을 지닌 서석(西席)으로도 칭한다. 이들은 장구한 중국의 왕조 역사에서 결코 빼놓을 수 없는 그룹이다. 이들의 손에 왕조의 흥망(興亡)이 걸리고, 성쇠(盛衰)가 판가름 난 적이 한두 번이 아니었기 때문이다. 각 왕조의 제왕(帝王) 옆에는 대개 이들 책사 그룹이 활동했던 기록이 아주 풍성하다.

이들의 기능을 총칭하는 말은 막도(幕道)다. 참모로서 지녀야 하는 실력과 품격 등을 다룬다. 학문의 반열에 올리면 막학(幕學)이다. 막무(幕務), 막사(幕事)로도 부른다. 요즘 말로 옮기자면 비서

학(祕書學)이자 참모학(參謀學)이다. 중국 역사에서 이들의 자취가 아주 뚜렷한 만큼 현대 중국인들 역시 이들의 다양한 기록을 잘 보존하고 학술 연구에도 열중한다.

5년 전 중국에서 번졌던 코로나19 사태 발생 직후 중국은 강력한 통제력으로 곧 안정세를 취한 적이 있다. 그에 비해 미국과 유럽은 거꾸로 확산 추세를 보였다. 당시 중국은 그 점을 기화로 삼아 자국의 대외 선전을 부쩍 강화했다. 전염병 발생국에서 세계의 구원자로 순간적인 이미지 탈바꿈을 시도했던 것이다. 그 점은 중국의 오랜 모략(謀略) 전통 때문이다. 수많은 '책사'들을 동원해 구성하는 전략의 바탕이다.

그러나 커튼 안쪽의 공교(工巧)한 책략도 마음 바탕이 옳지 않으면 그냥 잔꾀에 불과하다. 전염병 발생과 은폐의 무거운 책임을 통감하고 중국이 진정으로 남을 위해 이바지할 마음이 있기는 있었던 것일까. 그 병세가 이제 완전히 꺾였으나 세계인들은 아직도 이 점을 더 심각하게 지켜보고 있다.

태평(太平) 콤플렉스

불이 났을 때, 혹은 그처럼 위급한 상황이 벌어졌을 때 뛰어나가야 할 문이 있다. 우리는 흔히 '비상구(非常口: Exit)'라고 적는다. 사람이 살고 죽는 고비가 이 문으로 어떻게 빠져나가느냐에 달렸으니 아주 중요한 장치에 해당한다. 이런 비상구를 바라보는 중국인의 심성은 한때 퍽이나 한가로워 보인 적이 있다.

홍콩과 대만은 물론이고, 중국 남부 지역에서 흔하게 이 비상구를 '태평문(太平門)'이라고 적었기 때문이다. 그러나 어느 계기가 있었는지 분명치 않으나, 이 중국의 '태평문'은 안전문(安全門)이나 긴급출구(緊急出口)로 변했다. 바뀐 이유를 명확하게 설명하는 내용이 있는지 여기저기를 찾아봤지만 아쉽게도 없다.

중국어가 널리 쓰이는 홍콩과 대만, 중국 등 이른바 중국어권의 본래 '비상구' 명칭인 '태평문'의 작명 의도는 위급한 상황에 처한 사람에게 온전함[太平]을 부여하자는 뜻에 있었을 것이다. 그러나 '태평문'이라는 단어 자체가 주는 느낌과 곡절은 그리 간단하지 않다. 우선 목숨이 다해 저세상으로 떠나는 사람의 시신이 잠시 머무는 안치실을 중국인들은 태평간(太平間)이라고 적는다.

이 태평문과 태평간은 뚜렷한 공통점이 있다. 둘 다 한 곳에서 다른 한 곳으로 나아가는 통과의례(通過儀禮)를 상정하고 있다는 점이다. 위급한 상황에서 평안한 곳으로 나아가고, 이승에서 저승으로 옮겨가는 통과의 절차다. 그 과정에서 사람이 제 안녕을 염원하는 점도 같다.

중국인들은 예나 지금이나 문신(門神)을 받드는 습속을 충실히 따르는 편이다. 그들은 자신이 살고 있는 집의 문 옆에 작은 감실(龕室)을 만들어 출입을 관장하는 신을 모신다. 먼 곳으로 떠나는 사람, 평온과 행복을 바라는 사람은 문을 나서고 들어설 때 이 문신에게 향을 올리고 예를 바친다. 그 문신에 바라는 염원은 보통 '태평출입(太平出入)'으로 적는다.

중국 민간에 오래 전해 내려오는 말이 있다. "태평 시절의 개로 살지언정, 난세의 사람으로는 살고 싶지 않다(寧爲太平狗, 不作亂世人)"는 말이다. 전란과 재난에 늘 시달려 온 중국인 특유의 비원(悲願)이자 안정을 향한 강박적인 열망이다. 중국의 역사 현상 가운데 가장 두드러지는 점은 난세(亂世)를 벗어나 태평세(太平世)에 이르고자 품었던 일반 중국인들의 희망과 집착이다.

비상구를 '태평문'이라는 이름으로 적고, 집의 가족이 이승에서 저승으로 떠날 때 잠시 머무는 공간을 '태평간'이라 부르는 것은 주술적(呪術的) 비장감까지 느끼게 하는 대목이다. 아무튼 우리는 이런 사례로부터 '태평'을 향한 중국인의 집착이 어느 정도인지를 미

뭐 짐작해 볼 수 있다. 지독한 애착이라는 점에서 이는 어쩌면 중국인의 문화적이면서 집단적인 콤플렉스라고도 할 수 있다.

'태평'이라는 단어는 세상의 커다란 평안함 정도로 이해하면 어떨까. 생명과 안전, 재산을 위협하는 아무런 요소가 등장하지 않아 평화롭고 안정적인 환경이 줄곧 이어지는 상태다. 그것을 요즘 잘 쓰는 말로 환치하자면 곧 '안정'과 '번영', 그리고 더 나아가 '행복'이랄 수 있다. 요즘 중국에서 비상구를 지칭했던 '태평문'이라는 명칭은 사라졌다. 기복과 주술의 음울한 색채 때문이겠지만, 그 전승은 끊이지 않는다. "안정은 모든 것을 압도한다(穩定壓倒一切)"고 한 덩샤오핑(鄧小平)과 '안정유지(維穩)'를 통치의 핵심 근간으로 내세우는 현재의 중국 공산당 모두 이런 '태평 콤플렉스'의 충실한 계승자다.

4

경계의 시선

세계를 바라보는 이중적 자의식

중국은 바깥을 의식하면서도, 바깥을 믿지 않는다. 세계는 경쟁의 대상이자 흉내의 근거이며, 동시에 통제의 타자다. 미국은 언제나 위협으로 읽히고, 홍콩은 실험의 장으로 소비된다. 타자를 대하는 방식은 곧 자기를 규정하는 방식이기도 하다. 세계와의 거리는 공간의 문제가 아니라, 시선의 차이다. 경계를 통해 타자를 바라보는 이 이중적 시선이야말로 '중국'이라는 정체성의 불협화음을 만들어 낸다.

6·25 전쟁의 중공군
주변국과의 관계

70여 년 전 이 땅에서 미국과 중국이 직접 힘 대결을 벌인 적이 있다. 바로 6·25 전쟁이다. 중국은 300만 명 이상의 병력을 파견했고, 미군은 순차적으로 180만 정도의 병력이 상륙했다. 싸움의 큰 흐름은 이랬다. 중공군이 참전한 1950년 10월 하순부터 12월 크리스마스 전까지의 초반전에서는 미군이 밀렸다. 중공군은 상대를 속이는 기만(欺瞞)이 특징이었다. 우회(迂回)와 매복(埋伏), 틈을 뚫고 진입해 벌이는 포위(包圍)가 주조를 이뤘다.

미군은 이에 크게 당황했다. 정면보다는 측면, 낮보다는 밤을 이용해 피리를 불거나 꽹과리를 치며 다가오는 낯선 군대와 전법에 애를 먹었다. 급기야 압록강과 두만강까지 진출해 전쟁을 끝내려던 마음을 접고 서울까지 다시 내줘야 했다. 우리에게는 가슴이 아팠던 '1·4 후퇴'다. 중공군은 그렇듯 6·25 전쟁 개입 초반에는 당시 세계 최강에 해당했던 미군을 상대로 매우 뛰어난 전술을 구사하며 잘 싸운 부대였다.

그렇듯 압도적인 병력으로 물밀듯이 다가와 피리와 꽹과리를 불며 이상한 전투를 벌였던 중공군에게 우리는 보편적으로 몇 가지

6.25전쟁에 참전해 유엔군과 격렬하게 전투를 벌였던 중공군.

오해를 품고 있다. 사람 수의 장점을 내세운 인해전술(人海戰術)의 원시적인 부대였고, 병력 일부는 심지어 소총조차 없어 나무 막대기를 손에 쥐고 덤벼들었다는 '전설' 같은 내용이다. 이는 사실과 분명히 다르다. 충분한 보급과 화력은 없었으나 개인화기와 정교한 전술로 무장했던 중공군이다. 게다가 상대를 속이는 기만이 가장 뚜렷한 특징이었다. 아울러 우회와 매복으로 국군과 유엔군을 무력화시키는 빼어난 전술도 선보였다.

그러나 중공군이 참전한 뒤 벌어진 전투의 초반전까지만 그랬다. 이어 동부 전선 개마고원에서 벌어진 '장진호 전투'는 미군의

악전고투로 유명하지만, 실제는 중공군에게 훨씬 더 가혹한 결과로 나왔다. 1개 미 해병사단과 5~6배가 넘는 중공군의 싸움이었다.

중공군은 장진호 전투에서 병력의 절반 이상이 죽거나 동상에 걸려 더 이상 기동할 수 없는 상황에 빠진다. 급기야 중공군 총사령관 펑더화이(彭德懷)는 1951년 1월 4일 서울을 점령한 직후에 '이 싸움에서 우리는 미군을 절대 이기지 못한다'는 판단을 내리고 만다.

약 70년 전 이 땅에서 미군과 중공군은 직접 맞붙어 싸웠다. 두 나라 군대에는 유일무이한 경험이다. 초반에 각종 기만과 변칙을 동원한 중공군이 우세를 보였지만, 그 뒤로는 중공군이 힘의 절대적인 열세를 느끼는 과정의 연속이었다. 이제는 힘을 좀 더 쌓은 중공군, 그를 긴장감으로 바라보는 미국의 대립이 세계적인 화제다. 미국이 방심하고 있는 틈을 타 국력을 높이 쌓은 중국과, 이를 견제해서 꺾으려는 미국의 기세가 다시 부딪히고 있는 요즘이다.

'수호전(水滸傳)' 양산박과 홍콩

문화적 함의로 칠 때 중국인들이 함부로 오를 수 없는 산(山)이 있다. 양산(梁山)이라는 곳이다. 지금의 산둥(山東) 서남쪽에 어엿한 행정구역 명칭으로 남아 있다. 소설 '수호전(水滸傳)'의 무대인 양산박(梁山泊)으로 우리에게 더 잘 알려졌다.

소설 내용처럼 이곳에 오른 108명의 두령은 관(官)에 쫓긴 경우가 대부분이다. 강도와 살인 등 중범죄를 저질렀지만, 대부분은 행정적인 수탈과 압박을 피해 살던 곳을 떠난 이들이다. 이들의 사정을 전하는 성어가 있다. "어쩔 수 없이 양산에 올랐다(逼上梁山)"는 말이다.

이 성어는 중국에서 아주 잘 쓰이는 말이다. 나름대로 살아가려고 안간힘을 기울이다 끝내는 누군가의 압박과 수탈, 박해 등에 쫓겨 어쩔 수 없이 산에 오른다는 뜻이다. 그들이 오르려는 산은 '수호전'에서 말하는 '양산'이지만, 그 함의는 '저항을 시작하다'는 의미를 담고 있다. 특히 왕조의 수탈을 견디지 못하고 저항에 나서는 민초(民草)들을 지칭하는 경우가 많다.

따라서 이 말을 쓰는 상황은 백성이 일으키는 민란(民亂)을 가리킬 때가 많다. 권력을 앞세워 가혹하게 나오는 관(官), 그에 처절하

자유와 인권을 갈망했지만 결국 중국의 구속력에 묶이고 만 홍콩의 번화가 센트럴 모습.

게 맞서는 민(民)의 구도다. 왕조가 흥망(興亡)을 거듭할 때 그 바탕에는 대개 민란인 경우가 흔했다. 왕조의 교체가 아주 빈번했던 중국에서는 산에 오르는 백성, 뒤엎어지는 왕조의 권력은 다반사처럼 펼쳐졌던 익숙한 풍경이다. 권력에 쫓긴 이들을 표현하는 말들이 그래서 꼭 나쁘지만은 않다. '숲속의 좋은 사내들[綠林好漢]'이라거나, '부자를 털어 가난한 이를 돕는 사람[殺富濟貧]'이라는 식이다. 어느 정도의 긍정과 공감이 들어 있는 표현이다.

그러나 황제의 권력이 절대적인 중국에서 반기(反旗)를 드는 일은 쉽지 않다. 왕조 권력 또한 이들을 궁지에 몰다가 결국은 끌어안는 자세를 취한다. 이른바 초안(招安)이다. 안무(按撫)라고도 하고,

귀순(歸順) 또는 귀의(歸依)와 귀부(歸附)로도 부른다. 소설 '수호전'의 대미(大尾)도 그렇다. 108명 두령이 이끄는 양산박의 성원이 북송(北宋) 황제의 발밑으로 들어가 말 잘 듣는 순민(順民)으로 자리를 되찾는다는 식의 마무리다. 그러나 왕조의 품으로 들어간 '양산의 호걸'들이 여생을 어떻게 맞았는지는 궁금해지는 대목이다.

2018년 이후 홍콩이 줄기차게 공산당의 '황제 권력'에 맞서고 있다. 중국 당국도 양보의 기미가 전혀 없다. 해피엔딩은 아주 어려워 보인다. 공산당은 황제 권력에 충성해야 한다는 옛 충군(忠君)의 가치를 내세우며 통제와 복종이라는 틀을 부쩍 강화하며 홍콩을 다뤘다. 그러나 자유와 민주를 지키려는 홍콩인들은 마치 당장에라도 '산'에 오를 것처럼 강력한 시위로 맞섰다. 전 세계가 관심 있게 지켜보던 사안이었다. 그러나 그때 홍콩에는 사람들이 오를 '산'이 없거나 아주 적었던 모양이다. 산에 올라야 자신을 가릴 수 있는 은폐와 엄폐가 가능한 법인데, 그렇게 자유와 민주를 갈망했던 홍콩인들을 가려줄 '산'이 당시 홍콩에는 턱없이 부족했던 듯하다. 잘 알려졌다시피 홍콩은 그때의 시위를 정점으로 급격히 중국의 통제와 간섭을 수용하는 쪽으로 향했다. 공산당은 여전히 강력하고, 그들이 지닌 '황제의 권력'은 아직 굳건한 모양이다.

가로세로와 중화주의(中華主義)

느닷없이 재물이 들어오면 횡재(橫財), 제멋대로 사납게 굴면 횡포(橫暴), 남의 재물을 슬쩍 챙기면 횡령(橫領), 별안간 불행이 닥치면 횡액(橫厄), 좋지 않은 일이 마구 번지면 횡행(橫行), 별안간 목숨을 잃으면 횡사(橫死)다. 끝의 단어는 성어로도 쓴다. 제 명을 다 하지 못하고 죽는 경우 말이다. 즉 비명횡사(非命橫死)다.

위에 열거한 한자 단어들에는 공통점이 하나 있다. 모두 '횡(橫)'이라는 글자가 들어 있다는 점이다. 아울러 위의 단어들 대부분은 그 어감이 썩 좋지 않다. 대개는 '불법', '비정상', '무질서'의 흐름이라는 점도 마찬가지다. 한마디로 정리하자면 새김이 모두 부정적인 단어다.

'횡'이라는 글자의 본래 뜻은 '가로'다. 또 그런 형태로 걸쳐 있는 상태의 무엇을 지칭한다. 그 본래의 뜻만 따지자면 그렇듯 나쁘게 대우할 수 없는 글자다. 그런데도 이 글자는 한자세계에서 늘 불길함, 불행, 불법, 비리, 비행 등의 의미 맥락에 닿고 있다. 아무래도 석연치 않은 글자 풀이이자, 그 관련 조어 행렬이다. 이는 한자세계가 표방하는 질서와 어긋나서 그렇다.

한자세계는 가로세로를 종횡(縱橫)으로 적는다. 세로인 종(縱)이

2008년 베이징 올림픽이 치러진 공원.
길바닥 가운데 보이는 선이 전통적인 축선을 올림픽 공원까지 이어 표시한 흔적이다.

먼저다. 세로는 상하(上下)와 귀천(貴賤)을 가르는 기준이다. 방위로 따지면 남북을 잇는 선이다. 횡(橫)은 그 반대다. 아래위의 상하 관계를 무시하는 횡적인 질서를 표방한다. 높고 낮음의 위계보다는 서로 평등하게 이어지는 가로의 질서를 표방한다.

　옛 중국 왕조의 운영자와 조력자들은 남북의 종축(縱軸)을 가장 중시했다. 황제는 북쪽에 앉아 남쪽의 신하를 내려다보는 좌북면남(坐北面南)이 마땅하다고 봤다. 위계를 중시하는 '세로'의 관념이다. 베이징(北京) 자금성(紫禁城)을 비롯한 옛 중국 왕조의 궁성이 다 그렇다. 이는 중국만의 사례가 아니다. 한자세계에 널리 동참했던 한국과 일본 등이 다 그렇다. 옛 조선왕조의 도성인 경복궁 등도 모두 이런 예제(禮制)를 따라 지어졌다.

　1949년 건국한 중화인민공화국은 공산당 체제다. 국제연대를 표방했던 초기에는 옛 왕조의 남북 종축 질서를 부정했다. 대신 평등과 연대를 내세우며 베이징 동서(東西)의 횡축(橫軸)인 창안다제(長安大街)를 강조했다. 그러나 어느덧 강성해진 중국 집권 공산당은 2008년 옛 왕조의 남북 축선 북쪽 끝을 12㎞ 연장한 곳에 주(主) 경기장을 세워 베이징 올림픽을 치렀다. 2018년 2월에는 시청률이 가장 높은 중앙텔레비전(CCTV) 설날 프로그램에서 옛 황제만이 행했던 태산(泰山)의 봉선(封禪) 제례를 방영해 큰 화제를 부르기도 했다.

　한자세계가 지닌 종적인 질서, 그 테두리를 감쌌던 자국 중심의 중화주의 복원인지를 살피게끔 하는 대목이다. 중국은 어느덧 국력이 강해지면서 제가 천하의 중심이라는 전통적 중화주의 관념을 되살리고 있다. 지금의 자국 영토는 그 땅에서 벌어진 모든 역사를 품는다면서 고구려 역사를 자신의 역사로 끌어들인 '동북공정'이 불과 얼마 전의 일이다. 이제 노골적으로 '중심'과 '주변'의 차별적 시선, 그에 덧붙여 패권적 욕망도 드러내고 있다. 깊은 경계감으로 지켜봐야 할 중국의 동향이다.

광둥과 홍콩의 인문(人文)

중국은 북부에서 남녘으로 향할 때 우선 장강(長江)을 넘어서면 환경이 크게 바뀐다. 이른바 "귤이 탱자로 변한다"고 했던 회수(淮水) 남쪽의 더 큰 환경적 경계에 해당한다. 그러나 더 남쪽으로 갈 경우에 그런 변화는 더욱 심해진다. 중국 남부에서도 끄트머리에 해당하는 광둥(廣東)은 생태와 환경이 더욱 새로워지는 그런 땅이다. 북쪽에서 이곳에 진입하려면 우선 우링(五嶺)이라는 험준한 산지(山地)를 남쪽으로 넘어야 한다. 그래서 이곳을 달리 영남(嶺南)이라고 적는다. 이 지역의 인문(人文)적 특색을 이루는 키워드는 일탈과 자유, 그리고 변혁이다.

1970년대 말에 들어서며 중국 당국이 개혁·개방을 펼치자 세계의 이목이 급격하게 몰렸던 지역 또한 이 광둥이다. 이 지역 사람들이 아주 강력한 개방성과 개혁 성향으로 거침없는 경제발전을 주도해 나갔기 때문이다. 그러나 이 광둥의 인문에는 독특한 반항심이 있다. '황제'의 권력이 늘 머무는 수도 베이징(北京)의 지시와 명령에 고분고분 따르는 기질이 아니었다. 그래서 고심에 고심을 거쳐 내놓은 베이징 중앙정부의 '정책(政策)'은 늘 이곳의 '대책(對策)'이라는 맞바람으로 흔들렸다.

"위에서 정책을 내놓으면 아래에서는 대책을 마련한다(上有政策, 下有對策)"는 말이 가장 유행했던 곳이 광둥이다. 정부의 말에 묵묵히 따르지 않고 제 상황을 봐가면서 편의에 따라 자체적으로 움직인다는 말이다. 정부 당국의 정책에 조그만 틈이라도 벌어져 있으면 이 광둥 사람들은 그 맹점을 집

중국 근대기에 변법자강(變法自疆)으로 혁신을 이끌었던 지식인 강유위(康有爲).

요하고 신속하게 파고들어 나름대로 대응하는 데 매우 능했다. 그만큼 광둥은 '중앙'으로부터 거리상으로 멀고, 심리적으로는 자유로운 '지방'이다.

그래서 일탈을 꿈꾸는 인물도 많았다. 우선 중국 2000년 통일 왕조 역사를 뒤엎은 신해혁명(辛亥革命)의 주역 쑨원(孫文)이 이곳 출신이다. 장구했던 왕조의 명맥을 단숨에 끊어버린 혁명의 풍운아다. 청(淸)나라 말기에 대규모 전쟁의 피바람을 일으킨 민란, '태평천국(太平天國) 운동'의 시발점도 광둥이다. 홍수전(洪秀全) 등 태평천국 운동 지도부 인물 대부분은 광둥에서 태어났거나 자랐다. 1898년에 청나라가 마지막으로 시도했던 개혁은 보통 '변법유신(變法維新)'으로 부른다. 입헌군주(立憲君主) 제도 등을 도입하고자 했던 막바지 혁신의 몸부림이었다. 이를 주도했던 강유위(康有爲)와 양계초(梁啓超)도 모두 광둥이 고향이다.

2018년을 전후해서 이 광둥 지역 남쪽 끝에 있는 홍콩이 참 시끄러웠다. 영국으로부터 식민지 홍콩을 돌려받을 때 "홍콩의 자유스러운 제도는 50년간 변함없을 것"이라는 중국 공산당의 약속이 더 이상 지켜지지 않으려는 조짐 때문이었다. 중국은 이곳에 국가안전법 등을 적용해 홍콩을 중국 본토와 똑같은 통제 시스템으로 끌어들이는 데 성공했다. 2018년 벌어진 홍콩의 대규모 시위는 이에 저항하는 마지막 몸부림이었다. 홍콩은 2024년 현재 중국 공산당의 의도대로 매우 조용해졌다. 홍콩인들은 어느덧 말 잘 듣고 지시와 명령에 고분고분 따르는 중국의 순민(順民)이 됐다. 대신 화려하며 박력이 넘쳤던 광둥의 저항적이며 낭만적인 기질은 죄다 사라지고 말았다. 중국엔 무엇이 득(得)이고, 또한 무엇이 실(失)일까.

길

심사가 답답한 시인 한 사람이 있다. 그는 매우 애국적이었고, 정의를 구현하려는 데 관심이 많았던 인물이다. 자신이 속했던 왕조는 당시 여진(女眞)의 금(金)에 밀려 나라 절반을 내주고 남쪽으로 쫓겨와있던 상태였다. 누구보다 울분이 많았던 사람 중 하나였던 시인은 벼슬자리마저 잃었다. 여진의 금나라에 강경한 항쟁을 주장하다 밉보였던 듯하다. 그러던 어느 날이었다. 제 고향인 지금의 사오싱(紹興)에서 나날을 보내다가 산골을 향해 걸음을 옮겼다고 한다. 그러나 길을 잘못 들었는지 산이 첩첩하고, 물길이 막다른 곳에 도착한다. 그 시인은 남송(南宋)의 육유(陸游)다.

그는 산이 첩첩하고 물길로 길이 막힌 상황을 이렇게 읊었다. "산중수복의무로(山重水複疑無路)"다. 산과 물[山水]이 줄곧 이어져[重複] 더 이상 길이 없어 보인다는 뜻이다. 그러나 다른 판본도 있다. "산궁수진의무로(山窮水盡疑無路)"다. 어느 구절이 더 나은지는 알아서 판단할 일이다. 둘 다 조금의 풀이 차이는 있을지 몰라도, 산길이나 물길이 모두 막혀 답답하고 암울한 상황을 일컫는다는 점에서는 같다. 모두 더 이상 나아가기 힘든 상태, 궁지에 몰린 경우다. 다니기 힘든 길인 험로(險路)에 갇힌 사람의 형편이다.

저장(浙江) 사오싱(紹興)에 있는 남송 시인 육유(陸游)의 기념관 앞 조형물.

인생의 길에서는 이런 지경에 닿는 경우가 적지 않다. 어려운 길을 피하려는 심리는 그래서 사람마다 다 강하다. 주로 산길이 그 대상이다. 바위 등이 많아 다니기 힘든 길은 기구(崎嶇)다. 험준(險峻)도 마찬가지다. 험산준령(險山峻嶺)도 발길을 막는다. 낭떠러지인 현애(懸崖)에서는 한숨부터 나온다. 절벽(絶壁) 앞에 서도 그렇다.

옴짝달싹하기도 힘든 좁고 위험한 길은 애로(隘路)다. 우리는 흔히 "애로가 있어?"라고 물을 때 이 말을 쓰지만, 그 말뜻 자체는 이렇듯 좁아지는 길이다. 좁아지는 길이 더 좁아져 정말 오고 가기가 더 힘든 경우 우리는 "애로에 빠졌다"는 표현을 쓸 수가 있다. 전쟁을 수행하는 군사(軍事)의 영역에서는 가장 피하는 길이다. 깊은 골짜기에 들어서면 나아가지도, 물러서지도 못한다. 진퇴유곡(進退維谷), 진퇴양난(進退兩難)이 그 셈이다.

길을 잘못 들어 큰 위험에 봉착하는 상황이 많았던 것이 중국인들의 삶이었던가. 길에 관한 중국인의 심사는 참 복잡하다. 그래서 중국의 인문은 우선 다니기 쉬운 길에 집착한다. 평평(平平), 평로(平路), 평탄(平坦), 평전(平展), 탄탄(坦坦), 대도(大道), 대로(大路) 등 단어들이 그 맥락이다. 좋은 길에 관한 간절한 바람이 담겨있다.

강구(康衢)라고 하면 넓고 평탄한 길의 이름이다. 이 다니기 쉬운 길에 은은한 달빛이 비치는 경치를 강구연월(康衢煙月)이라고 적어 태평성세를 지칭한다. 전쟁과 재난 등이 없어 고요하고 평화로운 상황을 가리킨다. 충격(衝擊)은 별로 평화롭지는 않은 말이지만, 앞 글자 충(衝) 역시 성벽(城壁)을 허무는 데 동원하는 거대한 전차(戰車)를 가리킨다. 그래서 요충(要衝)이라고 하면 그런 큰 전차가 다닐 수 있는 큰길을 지칭한다.

그렇듯 좋은 길을 향한 중국인들의 열망은 크다. 그러나 중국이 이제 걷는 길이 그리 평탄치만은 않다. 중국이 안팎으로 시련이다. 우선 2020년 이후 코로나19의 발생과 확산이라는 과정을 두고 벌어졌던 책임의 문제가 있다. 국제사회의 신망이 걸린 사안이었다.

그 이후로는 경제마저 활력을 잃은 채 기울고 있다. 게다가 미국과의 전면적 마찰이 기다리고 있다. 몸은 첩첩산중(疊疊山中)인데 어느덧 서산에 해가 지는 형국이다.

산과 물에 발길이 막힌 시인 육유의 눈에 문득 들어온 정경이 있다. "버드나무 그늘 아래 핀 꽃, 그리고 마을 하나(柳暗花明又一村)." 궁색한 지경에서 발견하는 새로운 출로(出路)를 의미한다. 어려운 상황에 빠진 중국에 과연 그런 새 길이 나타날까. 모두가 지켜보는 상황이다.

동류(東流)

북송(北宋, 960~1127) 때의 문인 소식(蘇軾)이 삼국(三國, 220~280) 시절의 적벽(赤壁)을 회고한 문구가 있다. 시작이 이렇다.

"큰 강이 동쪽으로 흘러, 물결이 천고의 영웅을 다 휩쓸고 지나갔다(大江東去, 浪淘盡, 千古風流人物)."

중국의 대부분 하천은 동쪽으로 흐른다. 서쪽이 높고 동쪽이 낮은 지세(地勢) 때문이다. 이른바 서고동저(西高東低)의 지형이다. 가장 서쪽에는 매우 높은 고원, 다음 단계는 산지(山地)가 이어지다가 동쪽으로 진입하면서 드넓은 평원(平原)을 보인다.

세 단계의 사다리꼴 지형이 중국 땅의 특성이다. 따라서 물은 동류(東流)하기 마련이다. 가장 대표적인 남쪽의 장강(長江)과 북쪽의 황하(黃河)를 비롯해 대개의 하천 흐름이 그렇다. 따라서 '동류'라는 단어에는 중국인의 각별한 심사(心思)가 맺힌다.

"동쪽 물 흐름에 떠나보내다"라는 의미의 '부동류(付東流)', '부저동류(付諸東流)'라는 성어가 대표적이다. 시간과 세월, 덧없는 인생, 성공과 좌절, 영광과 오욕(汚辱) 등이 어쩔 수 없는 큰 흐름에 실려 사라짐을 체념하며 받아들인다. 잃어 없어지는 망실(亡失), 잊어 없애는 망실(忘失)의 정서다.

문학의 영역에서 자주 등장하는 표현이다. 한 번 떠나가면 돌아오지 않는 물이다. 그저 덧없이 흘러가는 강물의 모습이 마치 한 번 지나가면 되돌릴 수 없는 인생에 견주기 안성맞춤이다. 거대한 땅에 몸을 붙이고 살아야 했던 역사 속 중국인들은 여느 땅의 사람 못지않게 수많은 애환을 겪어야 했을 것이다. 그러나 중국이라는 땅은 평안함보다는 소란스러움이 훨씬 더 많았다.

우리 한반도와는 달리 왕조의 흥망(興亡)이 빈번한 사이클을 보였고, 그에 따른 권력의 부침(浮沈)이 쉴 새 없이 이어졌던 땅이 곧 지금의 중국이다. 그 모든 과정은 사실 전란(戰亂)을 수반하는 경우가 많았고, 그에 따른 생사이별(生死離別)의 아픔이 혹독했을 듯하다. 그런 대륙 민초들의 삶이 동쪽으로 흐르는 강에 모든 슬픔을 던져버린 뒤 잊고자 하는 깊은 망실(忘失)의 정서를 키웠을 것이다.

여기 한 주인공이 있다. 중국 문학사에서 보기 드문 작가적 정체성을 지닌 사람이다. 그 몸이 생전에는 황제였으니 독특하며 대단히 희귀한 작가였던 셈이다. 그는 남당(南唐)의 후주(後主)라고 불렸던 이욱(李煜, 937~978)이다. 혼란한 시기의 남쪽 한 구역을 차지한 황제로서 그는 문학적인 재능이 천재에 가까운 사람이었다.

남당(南唐) 후주(後主) 이욱(李煜)의 초상. 천재적인 문인으로도 알려져 있다.

그러나 정사(政事)에는 어두워 결국 북쪽에서 발흥했던 북송(北宋)에 포로로 잡히고 말았다. 그는 북송에 끌려와 포로로 생활하면서 주옥과 같은 작품들을 남긴다. 나라를 잃은 망국의 군주로서 지닌 회한, 시름, 아픔을 담은 명작 중의 명작이다.

봄바람이 불어오는 방향으로 고개를 돌리다가, 달빛 속에 떠오른 고국의 자취를 차마 보지 못하겠다며 한탄한다. 이윽고 자신이 거닐던 궁전의 정경을 추억하다가 마침내 이렇게 묻는다. "슬픔이란 것이 얼마나 큰지 그대는 아느냐"고 말이다. 그 자문(自問)에 이어 그는 다시 자답(自答)한다. "마치 온 강의 봄물이 동으로 흘러 지나는 듯(恰似一江春水向東流)"이다. 강물 흐름의 표현 중에 그의 이 구절은 중국 문학사 중의 압권(壓卷)으로 꼽힌다.

사설이 길었다. 그렇듯 제왕이나 서민이나 중국에서는 동류하는 하천을 바라보며 제 시름과 설움, 우려와 초조, 번민과 분노 등을 던져버린다. 그러나 최근 몇 년간 중국의 하천 흐름이 문제다. 너무 많이 내린 비 때문에 강물이 넘쳐 중부와 남부 등 중국 곳곳이 어지럽게 횡류(橫流)하는 물로 난리다. 동쪽으로 계속 흘러 바다로 빠져나가야 할 물이 사람 사는 곳을 삼키니 평범한 중국인들의 눈물과 한숨, 고단함만 나날이 깊어진다.

바둑과 체스로 읽는 미·중의 분쟁

'메이드 인 차이나'의 오랜 명품 중 하나는 바둑이다. 어쩌면 수천 년 중국 문명사에서 가장 뚜렷한 중국만의 특징을 드러내는 명품 중 최고 명품이랄 수 있다. 이 바둑은 19개의 씨줄과 날줄이 얽히고설키는 판에서 싸움의 승(勝)과 패(敗)를 다루는 게임이다. 그 자체가 승부를 가르는 전쟁 게임에 해당한다. 이 바둑은 적어도 2500년 전에 지금의 중국 땅에서 출현했다고 보인다.

바둑이 드러내는 가장 큰 특징이 복잡한 싸움 방식이다. 백병전(白兵戰)처럼 직접 달라붙어 혈전을 벌이는 게임이 아니다. 공간을 먼저 차지하는 포석, 상대를 부지불식간에 무력화하는 포위를 통해 국면을 이끌어 승부를 가린다. 바둑에서는 '세(勢)'라고 하는 추상적 개념이 등장한다. 이는 맞붙어 힘을 직접 겨루는 '전술'과는 거리가 멀다. 상대가 눈치 채지 못하는 영역을 먼저 차지하려는 '전략'이다. 그래서 바둑은 인류가 만들어낸 가장 고차원의 게임이라는 찬사를 받기도 한다.

그에 비해 서양의 체스는 직접적이다. 등급에 따라 나뉜 각 구성 요소가 제 역할을 수행하며 상대와 직접 맞붙어 승부를 가린다. 전략 개념보다는 전술 개념에 훨씬 가까운 전쟁 게임이다. 이 체스가

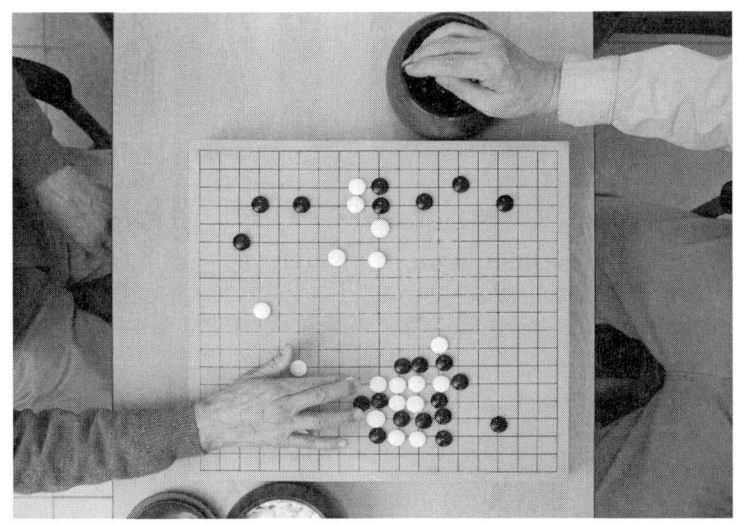
3000여 년 전 중국 땅에서 등장한 바둑. 현대 중국인의 큰 오락이기도 하다.

먼저 발생해 점차 동진(東進)하면서 결국은 중국의 장기라는 게임에도 이어졌다는 추정이 있다. 따라서 장기는 서양의 체스와 비슷한 게임 형식을 지닌다. 체스와 장기는 직접적으로 맞붙는 싸움 형식을 취하지만, 중국 특유의 발명품인 바둑은 그보다는 훨씬 복잡한 게임 형식을 지니고 있다는 것이다.

바둑은 지식(知識)을 바탕으로 한다. 오랜 경험으로 쌓인 지식이 전체 판을 읽고 수를 둘 때 큰 역할을 한다. 그에 비해 체스는 실질적인 싸움을 장려한다. 살아 움직이는 상황에 바로 대응하는 기지(機智)가 우선이다. 아무튼 바둑은 좀 더 신중한 지식 축적과 멀리 내다보는 식견의 중요성, 그것을 총합하는 전략적 마인드가 더 중요하다.

'일대일로(一帶一路)', '제조업 2025' 등 중장기 전략으로 무장한 채 떠올랐던 중국의 '바둑' 식 전략과 기존 질서를 유지하려는 미국의 '체스' 식 싸움법이 부딪히고 있다. 중국과 미국의 갈등과 반목은 여러 요인으로 불거져 이제는 타협이 불가능한 국면으로 진행하고 있지만, 그 싸움 방식만 보자면 확연히 '바둑 vs 체스'의 형국이다. 어쨌든 두 나라는 무역 분쟁을 넘어 군사, 외교, 과학 기술 영역에서 큰 파열음을 낼 전망이다.

전략에 치중하는 중국 싸움법은 보일 듯 보이지 않는 구름 속의 '용(龍)' 이미지다. 그에 비해 대규모 무력시위인 'Elephant walk'라는 자국 공군 용어에서 드러나듯 미국은 '코끼리' 그림이다. 복잡하고 간접적인 중국의 바둑식 싸움법에 비해 미국은 견고한 힘을 바탕으로 보다 직접적인 싸움 방식을 선보일 태세다. 경쟁의 최종 승부는 아직 가늠하기 힘들다. 단지, '중화민족의 위대한 부흥'이라는 구호를 내걸고 집요한 자민족 중심주의의 행보를 해 온 중국은 지구촌 전체의 경계감을 높여 적(敵)을 양산했다. 문명 간 대결일 수도 있는 경쟁 흐름에서 중국의 스텝이 먼저 꼬였다.

바람 피하는 항구, HongKong

"별들이 소곤대는 홍콩의 밤거리…"로 시작하는 우리 예전 가요가 있다. 1954년에 나온 '홍콩(香港) 아가씨'다. 이국의 정취가 물씬 풍기는 홍콩을 그렸다. 중국의 권역임은 분명하되, 오랜 기간 영국의 식민지에 속했던 홍콩은 세계 여러 나라 사람에게 퍽 긍정적인 이미지로 받아들여졌던 곳이다. 영국 식민지 정책으로 인해 홍콩이 퍽 자유로운 세계적 금융센터로도 성장했기 때문이다. 사회주의 '죽(竹)의 장막'에 갇혀 폐쇄성이 심했던 중국의 일반인들에게 그 홍콩의 역사·문화적 지칭은 '바람 피하는 항구'다. 중국인들은 피풍당(避風塘)으로 적는다.

그곳은 한동안 중국 대륙에서 빠져나온 이민자들의 도피처였다. 국민당과 공산당의 내전, 중국 건국 뒤의 대약진운동과 문화대혁명 등 극심한 혼란기에 대륙에서 탈출한 사람들이 모여든 사회였다. 따라서 중국 현대사에 번졌던 여러 얼룩을 고스란히 느낄 수 있는 곳이다.

초기 중국으로부터 홍콩에 넘어온 이민자들의 삶은 보통 바다를 떠나기 힘들었다. 면적이 좁아 거주 공간을 제대로 마련하기 어려웠던 홍콩의 현지 사정 때문이었다. 그들 이민자는 형편이 여의치 않아 방파제 안의 선상(船上)에서 살아야 했던 경우가 많았다. 그런 배들이 모여 이룬 독특한 정경(情景)을 '피풍당'으로 불렀다. 지금도 홍콩을 상징하는 요리에는 이 이름이 붙는다. 아예 요리를 넘어 홍콩을 지칭하는 상징어로 자리를 잡기도 했다.

'바람 피하는 항구'의 이미지로 홍콩은 지금까지 독특한 위상을 이어왔다. 150여 년에 걸친 영국 통치하의 식민지 사람으로 적잖은 설움도 간직했지만, 개방적 분위기와 자유로운 환경이 중국 대륙에 비해서는 단연 돋보였다. 그런 홍콩은 공산당이 드리운 '죽(竹)의 장막' 너머로 신선한 자유의 공기를 불어넣는 곳이기도 했다. 따라서

세계적인 야경으로 유명했던 홍콩의 중심지 전경.

홍콩은 중국 대륙의 사람들에게는 독특한 매력을 뿜어내는 지역이었다.

1997년 주권이 중국으로 넘어간 뒤에도 홍콩의 자유는 줄곧 이어졌다. 이전까지의 제도를 50년 동안 보장한다는 중국의 '일국양제(一國兩制)'라는 전향적 약속 때문이었다. 당시 대륙의 통치자였던 덩샤오핑(鄧小平)의 이 약속은 오래 이어지지 못했다. 특히 2018년 무렵에는 범죄인을 중국에 넘겨야 한다는 법 조항 때문에 크게 출렁였다. 대륙에 불리한 발언은 입에 올리기조차 어렵게 만드는 내용이라서 홍콩인들의 반발이 심했다.*

홍콩 시민들의 반발이 심해 공산당은 우선 한 걸음 물러섰다. 법안 심의를 무기한 연기했다. 그러나 대륙에서 불어오는 바람은 홍콩에 남아있는 자유의 숨결을 마냥 그대로 놔두지는 않을 듯하다. '피풍당'에 몰려들었던 배들은 더 튼튼한 제방을 쌓아 거센 바람에 맞설까, 아니면 그곳을 떠날까. 홍콩이 이래저래 세계적인 관심사로 떠올랐다.

●

중국에 적용하는 국가 안전에 관한 엄격한 법규를 홍콩에도 함께 적용하는 방안이 검토되면서 홍콩 사람들의 격렬한 반대 시위가 2010년대 말부터 크게 번졌다. 그러나 2020년 '홍콩 지역 국가 안전법'이 결국 중국의 전국인민대표대회(全人大, 우리 의회 격)에서 압도적으로 가결됐다. 이로써 홍콩은 특별한 지위를 상실하면서 그저 '중국의 일부 지역'으로 전락했다.

변통(變通)

요란한 분장을 한 무대의 주인공이 등장해 쉴 새 없이 얼굴에 덮인 가면을 바꾸는 중국 민간 곡예가 있다. 몇 겹인지 짐작조차하기 어려운 헝겊 가면을 얼굴에 붙이고 나와 눈 깜짝할 사이에 그 헝겊 가면을 바꾸는 민간 기예(技藝) '변검(變臉)'이다. 그 가면을 바꾸는 방법이 아주 오묘해 '국가 기밀'이라는 우스갯소리도 나돈 적이 있다. 서남부인 쓰촨(四川)에서 생겨나 지금은 중국의 민간 서커스에서 빼놓을 수 없는 공연 아이템으로 자리를 잡았다.

중국 4대 기서(奇書) '서유기(西遊記)'의 대표 캐릭터 손오공(孫悟空)이 늘 외치는 구호가 있다. "변(變)!"이다. 현장법사를 따라 서역으로 부처님 말씀인 불경(佛經)을 구하러 나선 손오공은 도중에 수많은 난적인 요괴(妖怪)들과 늘 마주친다. 그럴 때마다 손오공은 상대 요괴를 압도할 만한 동물로 변신하기 위해 위와 같은 둔갑술(遁甲術) 구호를 외친다. 상황에 따라 자신을 적절하게 변화시킨다는 이 관념은 사실 소설의 핵심 키워드로 꼽을 만하다.

중국 민간에는 닥쳐오는 변화에 먼저 대응해야 한다는 강박이 전통적인 사유처럼 자리를 잡고 있다. 그래서 "바람을 보고 키를 놀린다(見風使舵)", "때에 맞춰 적절하게 대응한다(臨機應變)",

선전(深圳)에 세워진 중국 개혁·개방의 총설계사 덩샤오핑(鄧小平)의 동상 (사진 제공: 조용철)

"상황을 보고 일을 처리한다(見機行事)", "몸 잰 뒤 옷감 자른다(量體裁衣)", "기회에 맞춰 이익을 취한다(投機取巧)" 등의 성어가 즐비하다.

중국의 고전(古典)도 이 점을 무수히 강조한다. '주역(周易)'은 "사람이나 현상이 곤궁한 지경에 들었을 때 변화를 불러야 하고, 그래야만 오래 이어갈 수 있다"는 취지의 말을 전하고 있다. "궁즉변, 변즉통, 통즉구(窮則變, 變則通, 通則久)"다. 모종의 상황에서

4장 경계의 시선: 세계를 바라보는 이중적 자의식

더 적극적인 변화를 꾀하는 변통(變通)의 사고방식이 나온 토대다.

1970년대 말 개혁·개방 이후 중국 남부 지역에서 유행했던 "위에서 정책을 내놓으면 아래에서는 대책을 내놓는다(上有政策, 下有對策)"는 말 또한 이러한 융통성 넘치는 대응 방식의 흐름에 닿아 있다. 중앙정부에서 문제의 소지가 큰 정책 흐름을 바꿀 때, 아래에서는 그것을 교묘히 피해 갈 대책 궁리에 골몰했다는 얘기다.

원칙에만 매달리지 않고 상황을 유연하게 이끌기 위해서는 이런 변통의 사고가 필요할지도 모른다. 그러나 중국에는 그런 사유와 행위가 아주 넘쳐나서 문제다. "임기응변의 사고 때문에 사람들이 '원만해서 두루 통하는(圓通)' 지경을 넘어 '둥글둥글해서 교활(圓滑)'해져 문제"라는 중국 문화평론가의 지적이 눈길을 끈다.

2018년 한국의 고고도 미사일 방어체계(THAAD)를 문제 삼아 초강력 경제제재를 벌였다가 미국의 통상 압력이 거세지자, 한국에 협력과 연대, 공동 대응 등을 제안했던 당시 중국의 얼굴이 변검의 기예처럼 현란했다. 2024년 미국의 대중 압력이 거세지자 한국인 일반 여행객들에게 '무(無)비자 입국'의 유화적 카드를 신속하게 꺼내든 중국이 또 그렇다. 헤아릴 수 없을 만큼 많은 헝겊 가면을 쓰고 상황에 맞춰 얼굴을 바꾸는 중국이다. 중국의 진짜 얼굴을 늘 잘 살펴야 한다.

복잡한 싸움법의 한계

건괵(巾幗)이라는 낯선 단어가 있다. 본래는 중국 선진(先秦) 시기에 일반적으로 사용했던 모자 등 머리에 쓰는 수식(首飾)이었다. 그러나 한(漢) 이후에는 여성들이 머리에 두르는 모자와 장식물을 지칭했다.

앞의 건(巾)은 일반적으로 머리에 두르는 두건(頭巾) 정도로 이해하면 좋다. 다른 한편으로는 수건(手巾)으로 봐도 좋다. 우리가 일상에서 거의 매일 사용하는 이 수건은 세수한 뒤에 얼굴이나 손, 몸을 닦는 용도다. 그러나 머리를 치장하기 위해 이마를 중심으로 해서 두르는 것이 두건이다.

예로부터 여성들은 남성들에 비해 치장의 수요가 많았다. "선비는 자신을 알아주는 사람을 위해 죽고, 여성은 자신을 좋아하는 사람을 위해 꾸민다(士爲知己者死, 女爲悅己者容)"라는 말이 일찍감치 나돌았듯이 말이다. 어찌 보면 여성을 폄하하는 말일 수도 있으나, 아름다움을 추구하는 여성의 기본적인 성향을 지적하는 말이기도 하다.

남성보다 길게 기르는 여성의 머리카락은 남녀의 차이를 드러내는 또 하나의 성징(性徵)일 듯하다. 따라서 여성의 머리 부분 치장도

'삼국연의'에서 제갈량(諸葛亮)과 다퉜던 사마의(司馬懿)의 초상.

예로부터 줄곧 발달해왔다. 그런 여성의 머리 미용에 쓰였던 도구가 곧 위에서 언급한 '건괵'이다. 뒷글자 괵(幗)은 '귁'으로도 읽는다. 본래 뜻 자체가 여성의 머리에 오르는 모자를 가리켰다. 이 여성 머리 장식이 동양의 영원한 고전(古典)으로 받들어지는 '삼국연의'의 무대에 느닷없이 등장한다.

유비(劉備)가 죽은 뒤 그의 충직한 재상인 제갈량(諸葛亮)은 여러 차례 북벌(北伐)에 나섰다. 그를 맞이하는 위(魏)나라의 최고 지휘관은 사마의(司馬懿)였다. 그러나 사마의는 서남쪽의 지금 쓰촨(四川)에서 험난한 준령을 북상해 진군한 제갈량 군대의 문제점을 간파했다. 바로 길어진 수송선으로 인해 생기는 후방 보급로 문제였다. 그래서 사마의는 제갈량의 도전을 아예 무시하며 싸움에 나서지 않았다.

그를 싸움터에 끌어들이기 위해 제갈량이 사마의에게 보낸 물건이 바로 '건괵'이다. 이 단어의 용례는 우리에게 흔치 않으나 중국에서는 퍽 많다. 남성을 여러 면모에서 압도하는 여성, 특히 스포츠 등 특정 분야에서 큰 업적을 쌓은 '여장부'에게 곧잘 붙이는 단어다. 제갈량이 사마의에게 건괵을 보낸 이유는 자명하다. '여성처럼 도전을 피하지 말고 어서 나와 싸움 한 번 붙어보자'는 뜻이다. 상대 장수를 싸움에 끌어들이는 방법이다. 바다처럼 넓은 중국의 모략(謀略) 세계에서는 이를 '격장(激將) 방법'이라고 부른다.

상대를 말이나 행위로 자극해 싸움판에 끌어들이는 방법이다. 이에 휘말리는 상대방은 곧잘 제 감정을 추스르기 어려워 상대가 유도하는 대로 끌려 들어가 패전을 맞이하기 십상이다. 제갈량은 여성이 머리에 두르는 '건괵'을 사마의에게 보내 "네가 사내대장부라면 여성처럼 숨지 말고 당당히 앞으로 나와 싸움에 응해야 한다"는 메시지를 보낸 셈이고, 생각이 많고 의심이 많아 행동에 신중한 사마의는 제갈량의 계략에 넘어가지 않았던 것이다.

2019년 말 발생한 코로나19가 세계로 번진 뒤인 2020년 4월의 형국이 마침 그랬다. 중국이 발병의 책임을 미국에 미루자, 트럼프 대통령까지 나서서 흥분하며 '격장'의 책략에 말렸다. 중국은 한 걸음 더 나아가 대만해협에 군사력을 전개하고, 값이 폭락한 석유를 매집했다. 바이러스 확산 초기에 대거 사들인 마스크를 이제는 거꾸로 해외에 선물하며 세계의 구원자 역할을 자임하기도 했다.

모략이라는 전통으로 복잡한 싸움법을 구사하는 중국의 특기다. 그로써 조금은 위기를 넘기는 듯한 중국이었으나 실제로는 더 큰 고립 국면을 불렀다. 조금도 책임을 지지 않으려는 중국을 바라보며 국제사회 전체가 중국에 대한 분노와 혐오를 더욱 키웠기 때문이다. 그로써 중국은 동서남북 모두에 적을 만든 형국, '사면수적(四面樹敵)'의 덫에 빠져들고 말았다. 세계적인 국가로의 도약은 이제 중국이 도저히 품을 수 없는 꿈이다.

성벽(城壁)과 교량(橋梁)

중국이 쌓은 담, 만리장성(萬里長城)은 세계적으로 가장 유명하다. 영어로는 Great Wall이라고도 추켜세운다. 중국 공식 발표는 다소 헷갈린다. 명나라 때 북방 몽골 등을 경계해 쌓은 담은 보통 6,600 ㎞ 정도로 알려져 있었다. 그러나 2000년대 넘어서면서 어느덧 이 담이 8,800㎞를 넘어섰다가, 다시 또 22,000㎞ 정도로 늘어난다. 중국의 만리장성은 본래 고무줄로 만들었던 것일까. 나중에 속사정을 살펴보니 명대에 쌓아 올린 담 주변의 성벽이라는 성벽을 모두 그 '만리장성'에 집어넣은 뒤 계산한 결과라고 한다.

그러나 중국의 담은 지금의 이 '만리장성'에 국한하지 않는다. 이들은 춘추전국시대 이래로 줄곧 외부의 침략을 막으려는 의도로 장벽을 쌓아 왔다. 춘추전국시대 이후인 진시황(秦始皇) 이래 역대 대부분 왕조는 담을 쌓고, 수축하는 과정을 끝없이 되풀이했다. 그러나 이는 왕조의 장벽에 불과하다.

각 마을은 마을대로 담을 쌓고, 개인은 자신이 쌓을 수 있는 집 외부에 가능한 한 성벽과도 같은 담을 곧잘 올린다. 그런 중국인의 담은 무수하다. 왕조는 왕조의 외벽을 쌓고, 마을은 마을의 장벽을 쌓으며, 개인은 개인의 담을 올리는 모습이다. 그런 외벽, 장벽, 담

명대 만리장성의 동쪽 끝인 산해관(山海關)의 장성 성벽 모습이다.

장, 담은 사람들이 외부 위협으로부터 안전을 확보하려 쌓는 장치다. 따라서 그런 성벽(城壁)은 '전쟁 의식'의 소산이다. 그런 담을 올리는 작업은 축성(築城)이다.

신석기 시대 이후 청(淸) 이전까지 중국은 길고 굳센 담을 쌓고 또 쌓았다. 청나라 때에 이르러서 중국의 장구한 담쌓기 작업을 중단한 이유는 그 영역 북방에 더 이상 왕조를 위협할 만한 세력이 사라졌기 때문이다. 아울러 각종 무기 체계와 전쟁 수행 방식에서 장벽이 주는 효용성이 급격하게 줄어들었기 때문일 수 있다. 아무튼 중국에서는 아주 오랜 시간에 걸쳐 성벽이 들어섰고, 그 점은 이제 문화의 맥락으로 자리를 잡았다.

언어의 흔적에서도 이 점은 두드러진다. 위기가 올 때마다 예나 지금의 중국은 늘 "여럿의 뜻으로 성을 쌓자(衆志成城)"는 구호를 외친다. 아주 튼튼한 장벽을 세우려는 갈망은 '구리와 쇠로 만든 담(銅牆鐵壁)'이라는 성어도 낳았다. 견고한 성벽 앞에 펄펄 끓는 물이 흐르는 해자(垓子)까지 있으면 더 좋다. 금성탕지(金城湯池)다. 높아서 기어오르기 힘든 성벽에 깊어서 건너기 힘든 해자까지 갖추면 고성심지(高城深池)다.

그런 담[堵]을 쌓아야 탈 없이[安] 살 수 있다는 것일까. 옛 한자 단어 '안도(安堵)'라는 말도 그 맥락이다. 단어의 요즘 뜻은 "마음을 놓다"이다. 그러나 본래는 '담 안에서 편하게 살다'의 의미다.

2000여 년 전의 '사기(史記)'에 등장한다. 일찌감치 숙성한 담을 향한 열망이다. 어디서든 담을 쌓지 않으면 불안한 중국인들의 의식 갈래를 살필 수 있다. 그런 담쌓기는 물론 중국의 전유물이 아니다. 늘 전쟁을 피할 수 없었던 인류 보편의 행위다.

이제 지구촌의 담이 곳곳에 또 들어선다. 미·중의 마찰, 코로나19로 인해 엉클어진 세계화의 행보 때문이다. 이제는 "지혜로운 이는 다리[橋梁]를 놓고, 어리석은 자는 담을 쌓는다"는 아프리카 속담을 생각해 볼 때다. 미국의 경제제재를 두고 중국이 많이 인용하는 말이지만, 사실은 전통적 '축성의 사고'로 갈등을 양산해 온 중국이 먼저 되새겨야 할 말이다.

유연함을 잃어가는 중국 외교

합종연횡(合縱連橫)은 매우 익숙한 성어다. 세로로, 가로로 연대해 자신을 위협하는 상대에게 맞서는 전략의 하나다. 진(秦)이 중국 전역을 통일하기 전인 전국시대(戰國時代) 말에 혼란 상황을 정리하려는 고도의 외교 전략으로 선을 보였다. 유리한 방향으로 왕성하게 협력을 이끌어내 자신의 힘을 강화한다는 차원의 방침이라 요즘도 자주 쓰는 개념이자 성어다. 원교근공(遠交近攻)도 그렇다. 가까이 있는 상대와는 자주 다툼을 벌이기 마련이다. 그보다는 먼 곳에 있는 쪽과 협력 관계를 맺어 가까운 상대를 이기려는 책략이다. 역시 요즘도 흔하게 운용하는 전략의 하나다.

아주 오래전부터 이렇듯 신중하게 생각하고 따지는 버릇이 있었던 곳이 중국이다. 우리는 흔히 그런 사고 패턴을 중국인이 만들어낸 '심모원려(深謀遠慮)'라는 성어로 곧잘 표현한다. 깊이 생각하며 멀리 바라보자는 취지에서 나오는 전략들이다. 현대 중국 또한 그런 전통을 이어받아 유연한 시야로 멀리 내다보는 장점을 갖췄다. 그래서 "대국(大國) 외교의 강점이 있다"는 평을 들어왔다. 줄 건 주고, 받을 건 받으며 주변과 느슨하게 교류하는 옛 기미(羈縻) 방식 또한 그 노력의 산물이다.

외교를 논쟁적으로 이끌어 왔던
중국 외교부장 왕이(王毅).

개혁·개방 이후 중국은 독립자주(獨立自主)와 평화(平和)라는 원칙으로 외교의 틀을 구성했다. 쉽게 말하자면 낮은 자세의 외교였다. 제가 지닌 장점을 내세우기보다는 주변의 여러 국제 환경과 충돌하지 않는 범주에서 벌이는 외교였다. 얼마 전까지 중국이 유지해 온 외교 전략의 근간은 전통적인 개념으로 보면 도광양회(韜光養晦)다. 제가 지닌 장점의 예리한 빛을 감추고[韜光], 자신의 약점을 잘 보완하자[養晦]는 흐름이었다. 실용적이었던 덩샤오핑(鄧小平)이 내세웠던 큰 지침이었다. 그러나 강성해지기 시작하면서 중국이 외교의 틀을 확 바꿨다.

'떨쳐 일어나 뭔가 이루자'는 뜻의 '분발유위(奮發有爲)'와 '무엇인가를 이루겠다'는 뜻의 '유소작위(有所作爲)' 방침을 공공연히 내걸더니 이제는 사납기 짝이 없는 행위도 거침없이 선보인다. 인권의 가치를 묻는 외국 기자에게 "중국에 가보기는 했느냐"라면서 호통 치는 외교부장, 연일 세계를 향해 독설을 쏟아내는 대변인까지 모두 그렇다. 중국의 국내 일부 지식인, 해외로 거처를 옮긴 비판적인 중국 지식인 모두 나서서 중국 외교의 이런 어리석음을 지적하고 있다.

2019년 말 우한(武漢)에서 번진 코로나19를 두고서는 "미국 군인이 중국에 퍼뜨렸을 수 있다"고 근거는 생략한 채 글을 올린 중국 외교부 대변인이 화제였다. 해외에 주재 중인 중국 외교관들은 아예 현지 언론에 자주 등장해 중국의 국가 이익을 맹렬하게 내세우는 '전투 요원'으로 변신했다. 급기야 중국 주재 서방 기자 추방에까지 앞장서는 외교부를 일부 중국인은 아예 '전투부(戰鬪部)', '대외관계파괴부(對外關係破壞部)'로 부르자는 주장도 한다.

중국인들 스스로가 "개가 사나우면 사람 발길 끊겨 술집의 술이 쉰다(狗猛酒酸)"고 하지 않는가. 그럼에도 중국집 앞 골목에 너무 사나운 '견공(犬公)'들이 득실거리고 있다. 그 중국집의 술이 이제는 쉬다 못해 상해버려 그 술 마시려는 세계의 손님 발길이 아주 끊기다시피 했다. 대국 외교를 자랑하던 중국 외교의 아주 심각한 퇴행(退行)이자 퇴보(退步)가 아닐 수 없다. 세계인들이 중국의 이미지를 얻는 가장 큰 창구가 외교부다. 그럼에도 싸움에만 골몰하는 공격적인 외교부 탓에 전통의 중국이 지닌 장중(莊重)했던 이미지는 곤두박질치고 있다.

장강(長江)의 앞 물결과 뒷물결

우리는 곧잘 조국의 영토를 강산(江山)이라는 말로 쓰기도 한다. '삼천리금수강산(三千里錦繡江山)'이 좋은 예다. 이 말은 국토 전체를 지배하는 권력을 가리킬 때도 있다. 때로는 산하(山河)라는 단어도 쓴다. 국토의 예찬에도 종종 쓰이지만, 외부의 침입을 받아 나라를 잃었거나 또는 그 운명에 처했을 때도 곧잘 사용하는 말들이다.

중국에서는 타강산(打江山)이라고 적으면 '국가 권력을 손에 넣다'라는 뜻이다. 현대 중국에 견줘 보면 마오쩌둥(毛澤東)과 덩샤오핑(鄧小平)을 비롯한 '혁명 원로'들의 역할을 지칭하는 말이다. 장제스(蔣介石)의 국민당 정부와 끈질긴 싸움을 벌여 지금의 공산당이 중국 대륙을 차지한 일화는 매우 유명하다. 국민당과 공산당의 싸움, 이른바 '국공내전(國共內戰)'이다.

당시 혈투에 나섰던 이들이 붉은 공산주의 이념으로 사회주의 중국을 건국한 1세대다. 따라서 보통은 이들을 '홍일(紅一)'로 줄여 적는다. 이들과 혈연으로 이어져 다음 세대를 형성한 사람들은 '홍이(紅二)'로 부른다. 붉은 이념으로 이어진 혁명 1, 2세대를 지칭하는 말이다. 이들은 나라를 직접 세웠다는 자부심이 매우 강하다. 특히

중국의 경제 수도로 일컬어지는 상하이(上海).

혁명 1세대는 자신이 이룩한 건국의 업적에 대한 자부와 배타적 욕망이 매우 강한 사람들이다. 그들의 훈육(訓育)을 거쳐 성장한 2세대 또한 나라와 당에 대한 점유 욕망이 1세대에 버금갈 정도로 강하다.

마오쩌둥과 함께 혁명을 이끈 1세대인 시중쉰(習仲勳) 또한 공산당 안팎에서 존경을 받는 인물이다. 그의 아들로서 2012년 공산당 최고 권력자인 총서기 자리에 올라 지금껏 중국 전역을 통치하고 있는 사람이 바로 시진핑(習近平)이다. 시진핑에 앞서 권력 정상에 올랐던 장쩌민(江澤民)도 모두 혁명 1세대의 후대다. 2세대는 권력을 차지하기 위해 모진 싸움에 나섰던 앞 세대에 비해 누릴 게 훨씬 더 많다.

이러한 경우를 일컫는 말이 '좌강산(坐江山)'이다. 창업(創業) 1세대의 권력을 이어받아 다시 통치 권력을 차지하고 즐기는[坐] 세대라는 뜻에서다. 이들에게는 보통 권귀(權貴)라는 표현도 따른다. 권력과 함께 높은 지위를 누려서다. 일반 중국인에 비해 권력을 지닌 사람의 아들과 후손으로 태어나 누구보다 귀한 대접을 받는다는 맥락의 유행어다.

사회주의 중국 건국에 이어 개혁·개방의 대전환까지 이끌어낸 1세대에 비해 현재 중국을 지배하는 '홍이(紅二) 세대' 권력은 어딘가 모르게 앞 세대에 비해 떨어진다는 평가도 받는다. 부모 세대가 지닌 혁명의 열정과 진지함은 결여한 대신 그들로부터 물려받은 권력과 지위, 더 나아가 거대한 부(富)까지 다 장악했다는 의심도 받고 있다.

아울러 지나친 자신감에 휩싸여 미국을 비롯한 서구사회의 경계감을 자극했다. 그 결과는 가파른 대립 국면이 부른 큰 위기 상황이다. 잘 나가던 경제는 비틀거리며 하강하는 추세고, 만연한 부패의 틀은 크게 나아지지 않았다. 2024년에 이르러서도 고위 관료의 잇단 부패와 낙마는 중국의 일상적인 뉴스 흐름에서 큰 자리를 차지하고 있다. "장강의 뒷물결이 앞 물결을 밀어낸다(長江後浪推前

浪)"는 중국 속언이 있다. 세대의 교체를 지칭한다. 그러나 장강에서 밀려 내려온 뒷물결이 앞 물결보다 늘 맑아 보이지 않아서 문제다. 공산당 지도부의 의사 결정과 위기 대처 능력을 의구심으로 바라보는 사람이 부쩍 늘고 있다.

중국의 지구전(持久戰) 전략

중국은 6·25 전쟁을 대개 '항미원조(抗美援朝)'라고 부른다. 미국에 대항해 북한을 지원한다는 뜻이다. 그러나 뒤에 구호 하나가 더 붙었다는 점을 아는 한국인은 적다. '보가위국(保家衛國)'으로 집과 나라를 지킨다는 뜻이다. 당시 전쟁에 뛰어든 중공군 병력은 240만 명 이상이다. 대략 잡아 300만 명이 참가했으리라는 추정이다.

그때의 전쟁에서 이들 중공군은 나름대로 전력을 효율적으로 집중해가면서 잘 싸웠다. 단순하게 몽둥이를 들고 인해전술(人海戰術)의 원시적인 전법만을 구사했던 군대는 아니었다. 이들 명칭 또한 눈여겨봐야 할 대목이다. 지금의 중화인민공화국이 보유한 정식 군대의 이름은 '인민해방군(人民解放軍)'이다. 집권 공산당의 직접적인 통제 아래에 있으면서 중국이라는 나라와 그곳의 국민을 지키는 군대다.

그러나 6·25 전쟁 당시 한반도 북부의 압록강과 두만강을 넘어 진격해 온 군대는 '인민해방군'이 아니라 '인민지원군(人民志願軍)'이다. 미국의 한반도 '침략'에 맞서고자 인민들이 자원해 참전했다고 그들 스스로 주장하는 군대다. 따라서 이들을 달리 '의용군(義勇軍)'이라고도 부른다. 정식 군대의 명령체계를 따라 참전한 공식 군대가 아니라, 자발적인 참여에 의한 '의롭고[義] 용맹한[勇] 민간인 부대'라는 뜻이다.

나중에 조사를 거쳐 이들 부대가 모두 중국 공산당과 정부의 명령계통을 따라 정식 참전한 '해방군' 부대라는 점이 백일하에 다 드러났지만, 중국은 지금까지도 "수많은 민간인이 자원해서 참전한 것"이라는 억지 주장을 굽히지 않는다. 그런 성격의 부대에 부여한 임무와 각성이 두 구호에 담겨 있다. "조선을 도와 미국에 대항하자"는 항미원조, "적의 침략에 집과 나라를 지키자"는 보가위국이었다.

물론 군대 건제(建制)는 해방군 그대로였고, 전력 추진과 보급 및 운송 등은 국가 차원에서 공식적으로 이뤄졌다. 미숫가루 등 중공군이 전쟁 당시 먹어야 할 식량, 혹독한 겨울 추위를 견뎌야 할 누비옷, 탄약을 비롯한 전투 물자 등 대대적인 전시 지원 품목이 국가적인 차원에서 급히 만들어져 한반도를 향했다. 그럼에도 대외적으로 명분을 그럴싸하게 내세우고자 이름을 거짓으로 포장했던 것이다.

중국을 건국했던 마오쩌둥(毛澤東)은 1938년 '지구전을 논함(論持久戰)'이라는 글을 발표했다. 일본의 침략, 소련의 야욕, 세계대전의 전운(戰雲) 앞에서 중국의 전략적 선택 등을 거론한 유명 글이다. 그러나 핵심은 역시 국민의 동원에 있었다. 다른 무엇보다 나라 밖의 적(敵)을 설정해 외부의 침입으로부터 나라를 지키기 위해

전 국가적 동원 체계가 필요하다는 점을 역설하는 내용이다.

당시 '지구전을 논함'이라는 글의 핵심은 단기간에 승부가 갈리는 싸움을 마다하고 저변을 일반 국민 전체로 넓혀 전쟁을 오래 끌어서 승리하겠다는 의도를 담고 있다. 마오쩌둥의 이 글은 2017년 말부터 중국인들 사이에 새삼 인기를 끌고 있다. 인민일보 등 관영 매체의 독려 덕분이다. 국민 다수의 희생을 무릅쓰면서 싸움에 나서려는 '인구 대국' 중국 특유의 전략이다. 집과 나라를 지키자는 '보가위국'의 구호로 중국이 새삼 무장하는 분위기다. 이를 통해 미·중 사이의 싸움이 장기화할 것임을 이미 내비치고 있다. 우리로서는 안으로만 감아드는 시선을 밖으로 확 돌려야 할 때다.

중국인, 화인(華人), 그리고 당인(唐人)

중국인을 지칭하는 말은 여럿이다. 우선은 한인(漢人)이다. 초기에 중국의 정체성을 형성했던 한(漢) 왕조의 신하와 백성들을 가리켰다. 현대 중국의 주류를 이룬 '한족(漢族)'이라는 호칭의 토대다. 이 명칭이 중국인을 말할 때 가장 보편적이다. 송(宋)을 물리치고 중국 대륙을 차지했던 몽골 민족의 원(元)나라 왕조는 당시 중국에 살던 사람들을 네 등급으로 분류했다. 첫째는 몽골족, 둘째는 몽골을 따라 서역 정벌에 나섰던 중앙아시아 색목인(色目人), 셋째가 중국 북부 지역에 살던 한인(漢人), 마지막 넷째가 장강(長江) 이남에 살던 남인(南人)이었다. 지금은 민족 분류에 쓰이는 한족(漢族)이란 개념이 이때 등장했다고 한다.

달리 화인(華人)이라는 이름도 있다. 주변의 여러 민족에 견줘 스스로를 더 우아하게 부르는 말이다. 자신을 세계의 중심, 주위 사람을 오랑캐로 치부하는 중화주의(中華主義)적 설정이다. 더 고풍스러운 표현은 '화하(華夏)민족'이다. 옛 중국 정통성의 한 갈래인 하(夏)를 덧붙였다. 중화인(中華人)이라고 적어도 마찬가지다. 이런 명칭은 중국의 자부심을 한껏 내세워 만든 것이다. 중국인 스스로 자신을 내세울 때 잘 쓰는 명칭들이다.

해외에 거주하는 중국인의 통칭은 화교(華僑)다. 화민(華民)으로도 적는다. 비즈니스에 종사하는 사람들을 일컬을 때는 화상(華商)이다. 출신 지역에 따르는 경우도 있다. 그러나 중국을 권역별로 나눠 보면 '한인'이나 '화인' 등과는 아주 색다른 이름들과 마주친다. 예를 들어 광둥(廣東) 출신은 월인(粤人), 푸젠(福建)의 출신 일부는 민인(閩人)이라고 하는 식의 지칭들이다. 지금 중국 자동차 번호판에 등장하는 각 성(省)별 간칭(簡稱)이 더 세밀한 중국인 호칭이다. 참고로 상하이(上海)는 호(滬), 허베이(河北)는 기(冀), 허난(河南)은 예(豫)라고 적는 식이다. 각 지역의 전통과 역사적 맥락을 강조한 지칭들이다.

브루스 리 주연의 유명 영화 '당산대형(唐山大兄)'의 포스터.

요즘은 쓰임새가 적지만 외국에서 잘 알려진 중국인의 호칭은 사실 당인(唐人)이다. 우리식으로 풀면 '당나라 사람'이다. 해외에 오래 거주해 고향을 찾을 기회가 적었던 중국인들의 정체성은 실제 이 '당나라'가 우선이다. 해외 중국인들이 모여 사는 곳인 차이나타운을 보통은 당인가(唐人街)라고 적었다. 이들 화교들이 추억을 떠올리며 자신의 고향을 부르던 이름은 당산(唐山)이다. 중국 전통 복장은 당장(唐裝)으로 적기도 한다.

해외에 나가 있는 중국인들은 개방성의 한 표상이다. 땅에 얽매이지 않고 바다로 나아가 일찌감치 새롭고 낯선 환경에 적응했기 때문이다. 더구나 중국 역대 왕조 중에서 가장 개방적이었던 당나라 국호를 제 정체성의 상징으로 간직하고 있다.

중국의 부상으로 인해 지구촌 여러 국가와 마찰이 빚어지고 있다. '중화'라는 명칭에 갇혀 자부심만을 내세울 때 나오는 현상이라고 봐야 좋을 듯하다. 그에 비해 '당인'은 어감이 낫다. 호칭에 담긴 개방성과 포용성 때문이다. 중국이 이제는 자기중심적인 중화주의 취향을 내려놓고, 남들이 자신을 좀 더 어감이 좋은 호칭으로 부르게끔 아이디어를 내야 할 때다.

중화(中華)에 못 미치는 중국

나라를 가리키는 글자 국(國)의 글자 초기 꼴.

'중국'은 본래 성벽으로 싸인 타운을 지칭했던 단어다. 처음에는 아예 국중(國中)으로 적었다. 자세히 들여다보면, 한자 국(國)에는 네모가 두 개 있다. 안의 네모는 작은 성(城), 밖의 네모는 더 큰 성인 곽(郭)이다. 조그만 성채가 있고, 그를 밖에서 감싸안은 꼴이다. 둘을 합쳐 우리는 성곽(城郭)이라는 표현으로 적는다.

성을 두 개나 두를 정도면 옛사람들의 생활 수준으로 볼 때 아주 큰 정치적 주체다. 따라서 '국중'은 주(周)나라 천자(天子)가 있는 도성이라는 뜻이다. 아울러 뜻이 더 번져 성곽을 두른 어떤 도시 등을 가리키는 명사로도 발전했다. 그 성곽 안에는 나라의 중심, 또는 그 지역에 일정한 행정력을 행사하는 주체가 자리를 잡기도 했다. 그런 성곽으로 둘러싸인 곳에서 발전해 결국 지금의 '중국'이라는 명칭이 나왔다. 나라 이름으로 자리를 잡은 계기는 분명치 않으나, 춘추시대에 중심을 형성했던 주나라로부터 정통성을 연역했던 후대 중국 통일왕조의 영향 때문이었으리라고 추정할 수 있다.

중국의 옛 명칭은 매우 다양하다. 북부 중국의 일부를 점유했던 주나라는 적현(赤縣)으로도 불렸다. 빨강[赤]을 숭상하는 전통 때문이다. 아울러 당시 행정적으로 통치 권역을 모두 아홉으로 나눴다고 해서 얻은 이름은 구주(九州)다. 지금의 일본 지역 명칭으로도 쓰이는 이 '구주'라는 말이 나온 유래다.

인도가 중국을 불렀던 호칭 중 하나는 치니(Chini)다. 중국 전역을 최초로 통일했던 진(秦)나라를 가리키면서 나온 이름이다. 여기서 유래한 명칭이 지나(支那)다. 일본은 지금도 중국을 곧잘 이 '지나'라는 이름으로 적는다. 중국은 이런 일본을 두고 "제국주의 침략을 벌일 때 썼던 용어"라며 크게 반발한다. 이 밖에도 캐세이(Cathay)라는 호칭도 있다. 거란(契丹)이 다스릴 당시의 중국 이름이다. 홍콩에 본거지를 둔 항공사 이름이 '캐세이 퍼시픽'이다.

화하(華夏)는 중국인들이 자랑스레 쓰는 표현이다. 화(華)는 본래 꽃을 가리켰으나 나중에 '아름다움', '훌륭함'의 의미를 더 얻었다. 그 뒤에다가 전설상의 왕조 하(夏)를 덧댔다. 보통은 문화적인 자부심을 드러낼 때 중국인이 많이 사용하는 명칭이다. 이런 맥락으로 적는 단어가 곧 중화(中華)다. 중국인들이 자신을 표현할 때 가장 많이 쓰는 호칭이다. 하지만 이 '중화'라는 표현에는 자기가 세상의 중심이고, 주변은 하찮은 오랑캐[夷]라는 관념이 들어있다. 중화주의(中華主義)의 화이(華夷) 관념이다. 지나친 자기중심적 논리다.

그럼에도 중화주의는 '가치적 지향'이 있었다. 보편적인 도덕 원리를 토대로 삼았다는 점이다. 현대의 중국은 그 점에서 조금 다르다. 자국의 이해가 핵심이다. '가치(value)'를 '이익(profit)'으로 대체한 느낌이다. 그래서 중국이 '중화'를 거론할 때면 퍽 어색하다. 요즘 중국에 위기감이 아주 높아졌다. 미국이 거세게 공격을 가하고 있기 때문이다. 군사와 외교, 첨단 기술, 무역, 인적 교류 등 모든 면에서 중국은 이제 미국의 압박과 견제에 직면해 있다. 중국의 대응이 궁금해진다.

진화(進化) vs 천연(天演)

서양 문물과 제도가 동아시아에 쏟아져 들어오기 시작한 근대기에 영어로 표기한 명칭과 개념들은 매우 낯설었음에도 우선은 한자(漢字)로 옮겨졌다. 동아시아를 충격에 빠뜨렸던 서양 문물과 제도의 장점들은 그런 번역의 과정을 거쳐 동아시아 사람들의 머릿속에 자리를 잡아갔다. 'evolution'이라는 영어도 마찬가지였다. 이 단어를 '진화(進化)'라고 옮기는 데 이의를 다는 사람은 이제 없다. 그러나 한자 문화권에서 이 단어를 번역하는 과정은 간단치 않았다. 그런 개념 자체가 없었던 까닭이다.

메이지(明治) 시대에 접어든 일본은 이 단어를 곧장 '진화'로 옮겼지만, 그와 비슷한 시기인 청말(淸末)의 중국은 '천연(天演)'이라고 번역했다. 토마스 헉슬리의 '진화와 윤리(Evolution and Ethics)'라는 책에 자신의 관점을 곁들여 '천연론(天演論)'으로 번역한 엄복(嚴復, 1854~1921)이 주인공이다. 엄복은 서구 문물과 제도를 한자로 옮기는 과정에서 매우 앞선 사람이었다. 그에 의해 중국에는 낯설거나 전혀

근대기에 서구 문물을 적극 중국에 끌어들인 학자 엄복(嚴復).

없었던 서양의 사유와 관념, 문물과 제도 등이 중국에 알려지기 시작한 면이 있다.

그는 토마스 헉슬리의 책을 번역하면서 생명체 사이의 경쟁을 '물경(物競)', 자연의 선택을 '천택(天擇)'으로 옮겼다. 그리고 다툼 끝에 살아남는 일을 최적자존(最適者存)으로 적었다. 우리식으로 풀자면 '가장 적응을 잘한 쪽이 살아남다'의 뜻이다. 생존경쟁(生存競爭), 자연도태(自然淘汰), 적자생존(適者生存) 등 일본이 옮겨 지금 우리도 자주 사용하는 말들의 초기 중국어 번역이다.

서구의 문명을 보는 경이와 충격, 그리고 우리도 각성하자는 차원의 사고가 배어 있는 역어들이다. 그러나 일본의 '진화'에 비해 중국의 '천연'은 위기의식을 조금 더 짙게 담고 있다는 평을 받는다. 두 역어(譯語)를 서로 비교해 볼 때 드러나는 점이다. 우선 '진화'는 능동적인 사고를 담았다. 경쟁을 통해 앞으로 나아갈 수 있다는 관념으로, 전반적인 서구화(西歐化)를 지향하려는 의지가 엿보이는 번역이다. 반면 '천연'은 자연의 선택을 중시하는 쪽이다. 이 단어는 하늘이나 자연의 뜻에 따라 뭔가가 벌어져 가는 경우를 일컫는다. '진화'에 비해 좀 더 수동적이며, 중국과 서양의 문명적 성과를 융합해야 한다는 입장이다.

엄복은 '천연론'에서 경쟁과 다툼을 통한 진화는 피할 수 없는 과정이지만, 국민의 윤리의식을 일깨워 단합을 이룬다면 부국강병

(富國强兵)을 실현할 수 있다는 주장을 펼쳤다. 서구의 문물과 제도를 받아들이되, 중국의 전통 요소들을 그에 가미해야 한다는 절충적인 입장이다. 개방에는 나서지만 선뜻 내키지 않는다는 입장이기도 하다.

그러나 엄복의 이 '천연론'은 현대 중국 지식계에 매우 큰 영향을 미쳤다. 아울러 그의 외부 문물과 제도에 대한 어중간한 입장은 지금까지도 이어지고 있다. 1978년 개혁·개방을 추진해 매우 커다란 성과를 이뤘지만 민주와 자유 등 서구의 가치체계에는 아직도 냉담한 현재 공산당의 지향도 공교롭게 그 틀이다. 그러나 'evolution'의 번역에서 '진화'가 '천연'을 도태시킨 지 오래다. 이 점은 지금의 중국에 어떤 의미일까.

한국의 친구, 중국의 펑여우(朋友)

"꿈은 하늘에서 잠자고…"로 시작하는 조용필의 '친구여'라는 노래가 있다. 1980년대를 풍미한 우리 대중가요다. 노래는 세상을 떠난 친구와의 추억을 떠올리다가 "모습은 어디 갔나, 그리운 친구여…"로 맺고 있다. 서정적이면서 아름다운 노랫말로 많은 이의 심금을 울렸던 노래다. 우리 가요 중에서 '친구'를 주제로 한 노래 중에서 퍽 유명하다.

중국과 대만, 홍콩에서 친구 노래로 가장 유명한 저우화젠(周華健)의 '펑여우(朋友)'라는 노래의 가사는 뉘앙스가 조용필의 노래와는 사뭇 다르다. 그 시작은 이렇다.

"친구야 평생을 함께 가자 … 한 마디 말에 인생을 걸고, 한 잔 술에 한평생의 정을 담고(朋友一生一起走 … 一句話一輩子, 一生情一杯酒)"

이른바 '중국어 권역'이라 불리는 지역에서 이 노래는 친구를 주제로 한 가요 중에는 대표성을 지닌 것으로 꼽을 수 있다.

대중에게 잘 알려진 한국과 중국의 두 노래는 모두 '친구'라는 주제를 다루고 있지만 정서는 사뭇 다르다. 한국의 노래가 서정적이고 낭만적인 데 비해 중국의 그것은 비장하다. 중국의 친구 노래는

후베이(湖北) 우한(武漢)의 황학루(黃鶴樓)에서 바라본 시내 모습.

친구라는 존재가 마치 내 일생의 커다란 열쇠를 쥔 사람처럼 그려지고 있다. 삶의 풍파 속에서 크게 기대야 하는, 그래서 일생을 함께 같은 길로 걸어가야 하는 그런 대단한 무게감을 지닌 존재로서 말이다.

벗과 벗 사이의 유대를 강하게 표현하는 우리말 속 성어나 단어는 대개 중국에서 만들어진 한자(漢字)다. 그 또한 비장감이 돋보인다. 목숨을 바쳐서라도 친구를 지킨다는 문경지교(刎頸之交)가 우선이다. 생사(生死)와 존망(存亡)을 건 약속이다. 금석지교(金石之交)는 쇠처럼, 돌처럼 굳고 든든한 친구 사이를 가리킨다. 관포지교(管鮑之交) 또한 일생의 모든 무게를 대신 지고 나갈 단단한 친구 사이를 지칭한다. 뜻이 맞고 가는 길이 같다는 뜻의 지동도합(志同道合)도 그렇고, 닥친 어려움을 함께 이겨 나간다는 뜻의 환난지교(患難之交)도 마찬가지다. 한데 뭉쳐 위기를 헤쳐 나가자는 취지의 풍우동주(風雨同舟)도 같은 맥락이다. 오래 함께 지내도 서로 거스르지 않는 막역지교(莫逆之交), 가난하고 어려울 때 사귄 빈천지교(貧賤之交), 나아가 벗이 사라지면 자신의 즐거움을 끊는다는 맹세의 지음(知音)도 있다.

새겨 볼 대목이다. 우리 쓰임으로도 정착했지만 아주 깊고 깊은 친구와 친구 사이를 표현하는 이런 표현들이 나타날 수밖에 없었던 중국의 인문(人文) 배경을 제대로 살펴야 한다는 얘기다. 전란과 재난이 아주 잦았던 중국의 실제 역사 환경이 그 대상이다. 인생의 모진 풍파 속에서 혈연에 기대며 삶의 토대를 유지했던 중국인 사회의 특징은 그 혈연 테두리를 벗고 나가 더 큰 세상으로 향하는 길목에서는 이 친구의 존재가 절실하게 필요했던 듯하다. 따라서 중국인들은 '친구'로 말할 수 있는 사회적 네트워크 확장에 큰 비중을 둔다. 그래서 '관시(關係)'에 혈안이다. 사람 사이를 정감과 포부로 얽는 유대감이 장점이지만, '끼리끼리' 문화로 부패의 온상을 이루는 맹점도 있다. 중국을 이해하는 데 빼놓을 수 없는 영역이다.

5

문자의 덫

언어는 어떻게 사유를 가두는가

한 글자는 곧 하나의 명령이었다. 문자에는 힘이 있었다. 이름 하나를 짓는 데에도 권력이 작동했고, 말의 높낮이에는 위계가 숨어 있었다. 경학(經學)은 단순한 고전 해석이 아니라 체제를 재구성하는 이론이었으며, 언어는 생각을 표현하는 도구가 아니라 생각의 흐름을 가두는 장치였다. 문자의 권력은 말보다 더 오래 살아남는다. 문장을 통제하면, 감정과 사유를 함께 묶을 수 있기 때문이다.

2000년 이어지는 경학(經學)의 시대

본래는 옷감 짜는 베틀의 세로와 가로선을 일컫는 말이 경위(經緯)다. 그로부터 이 글자들은 더 나아가 남북(南北)을 잇는 길, 동서(東西)로 난 도로를 각각 지칭했다. 이는 나중에 지구의 좌표(座標)를 표현하는 서양 단어의 번역에도 등장한다.

longitude는 동서로 떨어진 거리를 가리키는 단위다. 동양에서는 이를 경도(經度)로 옮겼다. 남북을 잇는 선이 일정한 사이로 떨어져 있음을 표현한다. 이른바 종축(縱軸)이다. 옆으로 이어지면서 남북으로 떨어진 간격을 표현하면 위도(緯度)다. 횡축(橫軸), latitude의 번역어다.

동양에서는 그 앞뒤를 따진다. 경위(經緯)라고 적어 남북 종축을 먼저 세우고, 동서의 횡축을 뒤에 붙인다. 남북의 종축은 존비(尊卑)와 위계(位階)의 개념이 강하다. 누가 먼저라거나 높다는 점을 강조한다. 그에 비해 동서의 횡축은 평등과 자유의 의미가 짙다.

따라서 이 횡축은 위계 관념이 짙게 밴 종축보다 가벼운 취급을 당한다. 한자세계에서는 늘 종축을 앞에, 횡축을 뒤에 둔다. 종횡(縱橫)이라고 쓰지, 횡종(橫縱)이라고는 하지 않는다. '세로'인 종축, '가로'인 횡축에서 세로를 가로 앞에 두는 식이다. 우리가 입말에서 '가로세로'라고 쓰며 가로를 세로 앞에 두는 경우와는 엄연히 다르다.

그런 문화적 관념 때문에 가장 높은 가르침이 적힌 책을 경(經)이라고 부른다. 제자백가(諸子百家)의 사유를 담은 책에 일반적으로 따르던 명칭이었으나 어느 때부턴가 유교(儒敎)의 경전만을 그 안에 뒀다. 한(漢)나라가 중국의 정체성을 형성하면서 벌어진 일이다.

이때는 다른 제자백가의 사고를 모두 뭉개고 유교만을 최고의 가르침으로 받들었다. 이른바 독존유술(獨尊儒術)이다. 이로부터 '경학(經學)의 시대'가 열렸다. 중심 사상을 떠받쳐 인위적인 질서를 세우고자 했던 노력이다. 이 개념은 중국 사상사의 흐름을 적은 펑여우란(馮友蘭)이라는 학자가 사용하면서 유명해졌다.

그런 완고한 '독존유술'의 시대에서 성장해 온 '경학'과 반대의 개념에 서있는 말이 '자학(子學)'이다. 펑여우란은 유학을 제외한 제자백가(諸子百家)의 학설을 그 '자학'으로 간주했다. 완고한 유가의 관념과는 달리 더 자유롭게 펼쳐졌던 사상 체계의 흔적들이다. 모든 이가 나서서 제 의견을 말하는 백가쟁명(百家爭鳴), 모든 꽃이 한껏 피어나는 백화제방(百花齊放)의 시대에 딱 맞았던 사상적 흐름이다.

그러나 중국은 늘 '중심'을 설정해 다른 것을 모두 수렴하는 체계성을 지녔던 곳이다. 지난 2000여 년 넘게 이어져 온 왕조의 역사가 늘 그랬다. '중심'을 세우지 못할 때는 잔혹한 전쟁이 이어지며 땅을 핏빛으로 물들여 온 역사였다. 그래서 '중심 콤플렉스'가 아주 강하다. 그런 사유와 관념 때문에 중국은 질서와 위계를 내세우는 '세로'의 축을 만들기에 분주했고, 그에 따라 '경학'의 전통은 늘 '자학'의 흔적을 압도하고도 남았다.

2000여 년의 왕조 역사를 이어왔지만, 중국은 아직 '경학의 시대'다. 왕조시대의 장구한 전통을 이어받아 여전히 '중심'을 세워 '주변'을 이끄는 구조다. 비록 공자의 유교는 공산주의 이념으로 바뀌었지만 중심과 핵심을 강조하는 본질은 같다. 공산당 대회가 열릴 때마다 다시 지켜보는 대목이다. 자유와 평등보다는 중심과 질서를 강조하는 중국의 '역(逆)방향 질주'는 늘 현재 진행형이다.

가짜와 짝퉁, 그리고 의고(擬古)의 전통

장쩌민(江澤民) 중국 국가주석 때의 일이다. 그가 인민대회당에서 각 지역 성장(省長)을 접견했다. 허난(河南) 성장과 악수할 차례였다. 장쩌민 주석은 느닷없이 이렇게 물었다. "이 사람은 가짜 아닌가?"

2000년 무렵 베이징에서 유행하던 우스개다. 당시 가짜 제품 생산지로 유명했던 허난을 비꼬던 베이징의 블랙 유머. 소득 수준이 낮아 베이징에서 허드렛일에 종사하던 허난 사람들로서는 억울했던 농담이다.

당시 함께 유행했던 우스개 한 토막은 이렇다. 중동의 한 국가가 무기 전시회를 열었다. 구색을 갖추느라 프랑스가 만든 첨단 엑조세 미사일을 들여왔다. 전시회 며칠 전에 일이 터졌다. 누군가 이 첨단 미사일을 훔쳐간 것이었다. 당황하는 관계자들에게 누군가 점잖게 충고를 던졌다. "중국 허난에 알아보라"고 말이다.

관계자들은 분주하게 움직였다. 허난에서는 이 중동 국가의 주문에 따라 도난당한 엑조세 미사일과 똑같은 모습의 짝퉁 미사일을 만들어 신속하게 보내왔고, 관계자들은 무사히 전시회를 치렀다고 하는 내용이다. 역시 한때 중국 짝퉁의 메카로 떠올랐던 허난의 '가짜 만들기 진짜 실력'을 가리키는 유머다.

개혁·개방 이후 중국에는 사실 가짜와 짝퉁이 넘치고 또 넘쳤다. 이는 중국의 오랜 '베끼기 전통'에서 비롯했을 가능성이 있다. 그 베끼기의 전통에 견줘 먼저 생각해 볼 단어는 의고(擬古)다. '옛것을 본받다'라는 뜻의 조어다.

지난 것을 익혀 새로 알아간다는 온고지신(溫故知新), 과거의 일을 배워 새로운 것을 만든다는 법고창신(法古創新) 등의 성어도 모두 같은 맥락이다. 기예를 다루는 영역에서 우선 앞의 사람이 남겼던 흔적과 전통 등을 베껴가며 실력을 닦는 의고의 전통은 매우 뚜렷하다.

모고(摹古)는 원래 있는 원작을 베끼는 일이다. 회화 등에서는 임모(臨摹)라고 적는다. 이를테면 모사(摹寫)다. 글이 대상일 경우에는 임서(臨書)라고 달리 적는다. 모조(摹造), 모작(摹作) 등이 같은 맥락의 단어다. 그러나 지나치면 문제다.

베껴서 아예 제 것으로 만들면 초습(抄襲)이자 표절(剽竊)이다. 드러내놓고 베끼는 방모(仿冒), 아예 가짜를 만드는 위조(僞造)와 변조(變造)에 이어 날조(捏造)까지 등장하면 문제는 아주 커진다. 양심을 아예 저버린 도둑질과 탈취(奪取)에 해당하는 행위다.

오랜 전통 때문일까. 중국에서는 가짜와 짝퉁이 이미 흐름을 이뤘다. 이른바 '산채(山寨) 문화'라고 하는 열악한 제품의 생산과 유통이 심각하다. 가짜 달걀, 플라스틱 쌀, 염료로 물들인 만두, 아이들을 사망케 한 엉터리 분유와 최근의 가짜 백신이 다 그렇다.

배움의 단계인 모방은 나무랄 게 없다. 그러나 정직과 양심이 없으면 가짜와 짝퉁으로 흘러 마침내 마구잡이 조작과 날조가 범람하면서 결국 사람까지 해친다. 가짜와 짝퉁을 누를 정직과 양심의 역량이 중국에 얼마나 있는가를 세계가 지켜보는 중이다.

덩샤오핑과 시진핑 이름의 평(平)

중국인이 가장 좋아하는 글자 평(平)의 초기 글자꼴.

우리 쓰임새도 적지 않은 강구연월(康衢煙月)이라는 성어는 평화롭고 넉넉한 세상을 가리킨다. 앞의 '강구'라는 단어는 넓고 평탄한 길이다. 버젓한 상가 건물 등이 즐비하고, 큰 수레 등이 막힘없이 지나갈 수 있는 길이다. '연월'은 아지랑이처럼 공중에 은은하게 낀 내와 그 위의 달이다. 정지(靜止), 즉 고요하게 무엇인가 머물러 있는 상태를 드러내는 말이다.

'강구연월'은 넓게 펼쳐진 거리에 분위기가 차분하게 가라앉은 모습의 형용이다. 이 성어로부터 즉각 떠올릴 수 있는 단어는 '안정(安定)'이다. 다른 한자 단어로 표현한다면 평온(平穩)이다. 중국에서는 이를 강조하기 위해 사평팔온(四平八穩)이라는 성어를 곧잘 쓴다. 퍽 안정적이어서 오류나 혼란 등이 없는 경우다.

중국인의 의식 속에 이 '평온'을 향한 갈구는 아주 집요하다. 우선 글자 '평(平)'의 조어(造語) 행렬에서도 잘 드러난다. 영어의 peace는 중국어로 화평(和平)으로 적는다. 모두가 조화롭게 어울리는 안정적 환경이다. 승평(昇平)과 태평(太平)이라는 단어도 마찬가지다. 중국인이 정말 꿈꾸는 세상이다. 전란과 재난이 없어 살기 좋은 세월이다. 평안(平安)은 걱정이나 탈 없이 잘 지내는 상태다. 일이 순조롭게 펼쳐질 때인 평탄(平坦), 평순(平順)도 어감이 좋다.

험한 산길을 가리키는 기구(崎嶇), 험준(險峻)은 그래서 기피 대상이다. 물이 흘러넘쳐 안정적인 상황을 해치는 동탕(動蕩), 더 나아가 걷잡을 수 없는 동란(動亂)은 중국인이 가장 경계하는 장면이다. 집권 공산당 또한 다른 무엇보다 유온(維穩)을 특히 강조한다. 안정[穩]을 유지[維]한다는 뜻이다. 그런 바람 때문에 이름에 '평'을 쓰는 사례가 많다. 현대 중국의 두 지도자 덩샤오핑(鄧小平)과 시진핑(習近平)이 그렇다.

개혁·개방으로 덩샤오핑이 이뤘던 성취[小平]를 시진핑이 더 큰 치세(治世)로 이끈다[近平]고 풀이할까. 그러나 상황이 예전만 못하다. 중국 관영지 '환구시보(環球時報)'의 표현대로 미·중 마찰을 비롯한 국내외 위협적인 요소가 마치 '전쟁을 알리는 봉홧불이 사방에서 일어나는[烽烟四起]' 분위기를 보이고 있기 때문이다.

실제 2024년 말 미국 대선에서 도널드 트럼프 대통령 후보가 당선을 확정하면서 중국은 그의 취임 이후 더 거센 위기에 직면할 수 있다. 덩샤오핑과 시진핑의 이름에 들어 있는 그 '평'이라는 글자의 기대와는 달리 중국은 이제 더 큰 미국의 공세를 겪어야 할 상황으로 빠져들고 있다. 그러나 이 위기는 아직 오지도 않은 태평성세(太平盛世)를 목청 높여 미리 노래한 중국의 잘못이 크다.

아울러 요즘 중국인, 특히 젊은 중국인들의 '평'에 대한 해석은 다르다. 태평의 시대를 늘 꿈꿔왔던 전통의 중국인들과는 달리, 요즘 중국 젊은이들은 '아예 드러눕다'라는 뜻으로 그 '평'이라는 글자를 해석하고 있다. '당평(躺平)'이라는 단어를 쓰면서 말이다. 눕다[躺]는 글자에 붙은 '평'은 아예 몸을 지면에 바짝 붙인다는 뜻이다. 그래서 우리말로는 '아예 드러눕다'라는 표현이 꼭 안성맞춤이다. 취직을 완전히 포기하고 그저 가난하더라도 편하게 살 방도만 궁리하겠다는 뜻이다. 덩샤오핑과 시진핑의 '평', 요즘 중국 젊은이들의 '평'이 서로 이렇게 다르다. 글자에서도 세대 차이가 느껴지는 중국이다.

만다린과 푸퉁화

만다린(mandarin)은 세계적으로 잘 알려진 단어다. 복잡하고 다양한 중국 언어 체계 속에서 중심을 잡아가는 '표준어'를 말한다. 청(淸)나라 귀족을 뜻하는 '만주 대인[滿大人]'에서 나왔다고 먼저 알려졌다. 이 만주 대인이라는 단어를 표준어 발음으로 소리 내면 '만다렌'이다. 이 발음으로부터 세계적으로 중국어 표준어를 지칭하는 '만다린'이 유래했다는 설명이다.

그러나 동남아 국가에서 관료를 비롯한 지배 계층을 가리켰던 'Mantri'에서 만다린이라는 단어가 유래했다는 설명이 이제 더 유력하다. 그런 '유래' 설명과는 상관없이, 중국과 처음 접촉했던 포르투갈 등 유럽 상인들이 중국의 공식 언어[官話]나 그를 사용하는 당시 중국 청(淸)나라 정부의 관료 계층을 일컫는 말로 사용하면서 더 유명해졌다고 이해할 수 있다.

만다린은 이제 중국을 상징하는 무엇인가에 항상 따라붙는 단어로 변했다. 고급 호텔, 상품, 항공사, 복장 등에 이 단어는 자주 등장한다. 특히 베이징(北京)을 중심으로 발달한 현재 중국 표준어의 공식 영어 명칭은 '만다린'이다. 그러니까, 중국 정부가 이 부분을 제대로 정리해 공식적인 여러 호칭을 정리하기 전까지 '만다린'은 외국인이 바라보는 중국의 오랜 전통, 여러 문화적 정체성을 가리키는 단어에 해당한다.

요즘의 중국은 그 표준어를 '푸퉁화(普通話)'라고 부른다. '널리[普] 통용[通]하는 말[話]'이라는 뜻이다. 공산당이 1949년 중화인민공화국을 건국하기 이전에는 이 표준어를 '국어(國語)'로 적었던 때가 있었다. 신해혁명(辛亥革命) 뒤의 이른바 민국(民國) 시절이었고, 그 정통성을 내세워 중국을 통치했던 국민당(國民黨) 정부 또한 마찬가지였다. 그러나 '국어'라고 할 때의 '국'이라는 글자에는 다양했던 중국 내 소수민족을 차별할 수 있다는 취지에서 공산당 집권 이후에는 현재의 명칭인 '푸퉁화'로 바꿨다.

중국은 전 세계 중국어 독자들을 상대로 2008년부터 야심 찬 선전 및 홍보 전략을 구사하고 있다. 이른바 '대외선(大外宣)'이다. '중국 대외(對外) 선전(宣傳) 대포국(大布局)'의 준말이다. 중국 공산당과 정부의 이념 및 정책을 널리 알리려는 계획이다. 특히 베이징 올림픽을 개최한 2008년을 기점으로 중국은 대규모의 예산을 투입하면서 문화적인 역량을 해외에 적극 홍보하는 중이다.

그에 맞서 미국도 야심 찬 프로그램을 가동했다. 미국의 소리(VOA), 자유아시아방송(RFA) 등 미국 매체들이 자국 행정부의 지원을 받아 대대적인 중국어 방송에 나설 예정이다. 자유와 민주·인권을 강조하며 중국 공산당을 비판하는 내용이 중심이다. 미국제

(製) '만다린'이 중국산(産) '푸퉁화'를 추격하며 압박하는 모양새다. 세계 패권에 도전하는 중국, 그를 봉쇄하려는 미국의 힘이 무역과 금융을 넘어 이제 언어를 매개로 한 가치와 이념의 영역에서도 크게 부딪히고 있다.

자금성 붉은 담 위의 난초꽃

베이징(北京)의 큰 상징은 자금성(紫禁城)이다. 도시 북녘에 웅장하게 자리를 잡은 만리장성(萬里長城)과 함께 이 자금성은 중국의 얼굴인 베이징의 역사적이며 문화적인 자부심을 드러내는 자랑거리다. 붉은색 담과 황금빛 지붕이 뚜렷한 색채감을 드러내는 자금성은 명(明)과 청(淸) 두 왕조의 황제(皇帝)가 머물렀던 황궁(皇宮)이다. 1925년 이후 고궁(故宮)으로 불렸지만 원래 명칭은 그렇다.

먼저 '자금(紫禁)'이라는 두 글자를 이해할 필요가 있다. 앞의 '자'는 색감을 드러내는 글자다. 보라색을 가리키기도 하지만 사실은 붉은색의 색조가 더 강하다. 짙은 빨강 정도로 이해하는 것이 바람직하다. 그러나 색감을 넘어 하늘의 별자리를 가리킬 때가 있다. 중국 천문(天文)에서 가장 높은 별자리로 여겨지는 자미성(紫微星)이다. 뭇별을 거느리는 최고의 별이다. 북두칠성 동북쪽 하늘에 있는 별 중 하나다.

중국의 전통 천문은 땅 위의 권력을 그대로 투영했다. 지상(地上) 최고 권력자인 황제(皇帝)와 그 주변에 있는 대신(大臣)의 역할 등을 하늘의 별자리로 옮겨 설명한다. 그 복판이자 가장 높은 곳의 별 자미성에 해당하는 땅의 최고 권력자는 곧 황제다. 자미성을 중심으로 모든 별이 운행(運行)을 이어간다고 상상했듯이 중국인들은 땅 위의 모든 권력 또한 황제를 중심으로 돌아간다고 봤던 것이다.

그런 의미 체계를 지닌 '자'라는 글자 뒤에 '금(禁)'을 붙여 만든 호칭의 황성(皇城)이 바로 '자금성'이다. 둘째 글자인 '금'의 새김은 간단하다. 사람의 통행을 제한하는 행위다. 세상에서 가장 높은 권력자가 거처하는 공간이라서 일반인들의 출입을 막는다는 뜻이다. 문으로 들고 나는 행위를 막았던 '문금(門禁)'으로 이해할 수 있다. 따라서 '자금'은 가장 존귀한 권력자의 거처에 아무나 드나들 수 없음을 알리는 호칭이다.

앞 글자 '자'는 인문적인 시선으로 볼 때는 '삼엄(森嚴)'이다. 빽빽하고 울창한 나무가 있어 어딘가 전율(戰慄)이 느껴져 아무나 범접할 수 없는 분위기다. 인간 세상의 가장 존귀한 권력자가 사는 공간이라 그런 분위기를 조성하려는 차원에서 붙인 글자다. 자금성 전체의 담을 이 색으로 칠한 이유이기도 하다. 어쨌든 자금성의 분위기는 삼엄함이 넘쳐 사람을 압도하는 권위의식과 깊은 관련이 있다.

중국이 홍콩에 부여했던 특별한 지위는 2018년을 기점으로 서서히 하강했다. 홍콩의 민주적, 자유주의적 기풍은 사라지고 중국의 통제와 간섭이 심해졌다. 중국은 결국 홍콩에 자국 내부에서만 적용했던 '국가 안전에 관한 법안'을 적용했고, 그에 반발하는 시위가 2018년 정점에 달했다. 홍콩의 지역 상징은 자형화(紫荊花)다.

엄격하게 따지자면 양자형(洋紫荊)이라고 적어야 옳다. 홍콩에서만 자생했던 일종의 난꽃이다. 천연의 자줏빛을 자랑하는 예쁜 꽃이다. 홍콩에서만 자랐던 이 꽃의 이름 앞에 붙었던 '양(洋)'을 없애고 본래 있었던 중국 토종 '자형화'의 이름을 매긴 때가 홍콩의 주권이 중국에 귀속한 1997년이다. 이후 이 '자형화'는 홍콩의 상징으로 여겨지고 있다.

2018년 홍콩 시민들이 벌였던 시위는 매우 상징적이다. 중국 전역의 지배력을 상징하는 공산당과 자유·민주를 고수하려는 홍콩의 지향이 문명적으로 충돌했던 현장이었고, 당시 홍콩인들은 그 시위에 매우 열정적으로 뛰어들었다. 문화의 상징으로 보자면, 삼엄한 자금성 담 위로 자줏빛 자형화(紫荊花)가 고개를 쳐들었던 형국이다. 그러나 그 결과는 이제 알 만한 사람들은 다 알고 있다. 가냘프고 소담했던 홍콩의 '자형화'는 삼엄해서 권위가 가득한 비슷한 색조의 '자금성' 담 위에서 말라 비틀어져 죽어가고 있는 형국이다.

제갈량 신드롬의 속내

"주유가 있는데 왜 제갈량을 세상에 나오게 했습니까(旣生瑜, 何生亮)…."

아주 유명해서 요즘 중국인들도 아직 입에 자주 올리는 한탄이다. '삼국연의(三國演義)'에서 조조(曹操) 군대에 맞서 적벽(赤壁) 싸움을 치른 주유(周瑜)가 동맹군이었지만 저보다 늘 한 수 위의 전략과 전술을 펼쳤던 제갈량(諸葛亮)을 시기하며 내뱉은 유명한 탄식이다.

그러나 새빨간 거짓 설정이다. 주유와 제갈량 둘은 생전에 만난 적이 없는 사이다. 제갈량은 이 전투에 아예 발을 들여놓지도 않았다. 중국 역사에서 퍽 유명한 이 싸움의 진정한 주역은 주유다. 나중에 적벽대전을 다룬 영화가 만들어져 그 싸움의 진짜 주인공이 주유라는 사실을 새삼 드러냈지만, 중국 민간은 오랫동안 '삼국연의'의 이 거짓 설정에 아무런 의심 없이 빠져들었던 점도 사실이다.

제갈량이 싸움을 잘했다는 말도 거짓이다. 이 또한 '삼국연의'의 지나친 과장에 힘입어 중국인들이 늘 잘못 이해하고 있는 대목이다. 제갈량은 유비(劉備)가 죽은 뒤 벌인 여러 차례의 북벌에서 사마의(司馬懿) 등에게 우롱만 당했다. 바람과 비를 부른다는 뜻의

쓰촨(四川) 청두(成都)에 있는 무후사(武侯祠)의 제갈량 상.

호풍환우(呼風喚雨)의 경지, 모든 책략은 신의 경지에 도달했다는 신산(神算)의 설화도 모두 허구에 해당한다.

그럼에도 유비의 촉한(蜀漢)을 중국 역사의 정통(正統)으로 간주하는 소설과 중국 민간의 취향으로 인해 제갈량은 끊임없이 꾸며진다. 전쟁 승리의 화신, 모든 이를 압도하는 최고의 전략가, 뛰어난 정치인으로 말이다. 여기에는 다 나름대로 이유가 있다. 실제 역사 기록에 등장하는 제갈량은 진지한 성품이 돋보였다. 조심하며 삼가는 근신(謹愼), 임금을 향한 변치 않는 충절(忠節), 백성을 돌보는 애민(愛民)의 지향도 뚜렷했다.

중국의 지식 전통인 '우환의식(憂患意識)'의 흐름이다. 유가(儒家)에서 가장 뚜렷하게 드러나는 이 경향은 쉽게 풀면 우국충정(憂國衷情)이다. 제 개인의 수양을 넘어 국가와 사회, 민족의 이익에 헌신하려 걱정[憂患]에 젖는 지식인의 마음과 자세다. 공자(孔子)에서 비롯한 유가의 전통적 흐름, 일반 지식인의 사유 형태에서도 풍부하게 드러난다. 그 상징으로 가장 내세울 만한 인물이 바로 제갈량이고 중국 대중의 정서는 따라서 그를 늘 미화한다.

개혁·개방 이후 거세게 일어선 중국의 동력 중 하나가 어쩌면 이런 지식인들의 우환의식이다. 그러나 시선이 제 나라, 민족에게만 지나치게 묶여 있다. 이 또한 과도한 자국 중심주의, '국뽕'에 머물면 큰 문제다. 중국도 이제 어느 정도 국력을 쌓았으니 그 지식인들의 시야 또한 이웃 나라들인 동아시아와 세계 전체를 위해 뻗으면 어떨까. 세계인의 일원으로서 세계적인 문제를 함께 고민하며 우환의식을 실천에 옮기면 어떨까. 중국발 미세먼지를 겪을 때마다 늘 품어보는 생각이다.

중국에 암기(暗器)가 많은 까닭

기계적인 장치를 이용해 멀리 쏘는 활이 쇠뇌[弩]다. 인류의 무기(武器) 발전사에서 한 획을 그을 만한 발명이다. 이 쇠뇌가 처음 만들어진 곳은 중국이다. 지금으로부터 2500년 전인 춘추시대에 이미 등장한다. 2000~3000년 전의 금속 다루는 기술로 이런 쇠뇌에 들어가는 발사 장치를 만드는 일은 매우 어렵다고 한다. 그러나 중국은 일찌감치 정교한 기술력을 동원해 이런 쇠뇌를 제작한 곳이다.

쇠뇌는 다른 문화적 함의도 있다. 우선 보이지 않는 곳에서 날아오는 살상용 무기라는 점이다. 원거리에서 상대를 공격하니 매우 효율적이다. 격심한 전쟁을 겪어야 하는 입장에서 볼 때 이런 무기는 절실하게 필요했을 법하다. 그러나 이 쇠뇌는 당당한 싸움법과는 거리가 멀다. 우직하게, 정면에서 곧장 달려들어 승부를 내는 결전 방식은 결코 아니다. 상대가 볼 수 없는 먼 곳에서 화살을 발사하는 방식은

한(漢)나라 때 만들어진 정교한 쇠뇌 발사 장치.

"비겁하다"는 평을 들을 수 있지만, 효율로 볼 때는 매우 긴요한 무기에 해당했을 것이다. 이 쇠뇌로부터 중국의 싸움 방식, 더 나아가 사고 토대를 분석하는 철학적 시도도 있었다.

여하튼 중국의 전통적인 싸움 방식은 일정한 패턴을 지니며 발전했다. 바둑과 쇠뇌의 사례에서 드러나듯 보이지 않게, 조용히, 상대가 눈치 채지 못하게 우회해 싸움을 벌인다. 이는 지금까지 전해지는 '메이드 인 차이나(Made in China)'의 최고 명품인 바둑의 게임 방식을 살펴보면 잘 알 수 있는 대목이다. 서로 마주 서 있다가 순간적으로 총을 꺼내 쏘는 서양식 카우보이들의 결투를 보면 "꼭 저래야 할까…?"라며 답답하게 여기는 중국인들이다.

그래서 일찌감치 등장했던 쇠뇌의 제작 전통은 다양한 '암기(暗器)'의 생산으로 이어진다. 우리식으로 말하자면 상대의 의표를 찌르는 비밀병기다. 소매에서 느닷없이 튀어 나가는 조그만 화살, 부채로 위장한 칼, 독을 묻힌 바늘 등이다. 손으로 던지는 단순 투척용, 화약을 써서 약물 등을 분사하는 방식, 술잔에 몰래 타는 독약, 손가락에 끼는 반지 형태의 칼날 등 종류가 아주 다양하다. 비밀 무기를 사용하는 이런 싸움 방식에서 중국은 분명 세계 문명사의 으뜸을 차지할 만한 수준이다.

그러나 모두 기만(欺瞞)을 바탕으로 삼아 발전한 싸움의 양태다. 그래서 남과의 다툼에 나선 중국인의 사고는 곧잘 어두운 곳을 향하기 마련이다. 상대를 자신이 놓은 덫에 빠뜨리는 음모(陰謀)가 흐름을 이루기 십상이라는 얘기다. 떳떳하게 싸워 승부를 가리는 싸움판은 퍽 드문 반면 온갖 꾀와 노림수의 권모, 술수, 기만, 음모는 중국의 싸움에 자주 등장하는 편이다.

크게는 사느냐 죽느냐, 작게는 이해를 두고 펼치는 모든 경합(競合)의 마당에서 정정당당한 싸움만이 최고는 아니다. 생사존망(生死存亡)이 걸린 싸움에서 그런 명분과 도리를 따지는 것은 어쩌면 사치이자 허영이다. 그럼에도 예나 지금의 중국인들은 늘 복잡하고 우회적이며, 어두운 싸움 방식을 드러낸다. 이는 중국인의 뚜렷한 문화적 경향(傾向)이라고도 볼 수 있다. 특히 각종 비즈니스에서 겉으로 내세운 화려하고 거창한 명분이나 형식과 달리 중국인의 생각이 어두운 색조(色調)를 띠는 이유다.

중국인이 사랑하는 꽃

한국이라는 나라를 대표하는 꽃은 무궁화(無窮花)다. 그러나 중국에는 나라를 상징하는 꽃인 국화(國花)가 아직 없다. 적당한 꽃을 찾아내지 못했기 때문이라고 추정만 하는 상황이다. 가끔 누군가 나서서 이제는 국화를 선정해야 한다고 역설하지만 지금까지 큰 진전은 없다. 그래도 민간 일부에서는 나라꽃 예비 후보를 선정하느라 가끔 분주하다. 2018년 초 중국 화훼(花卉) 협회가 앞장섰다. 일반인 33만 2,000여 명을 상대로 설문 형식의 작업을 벌였던 모양이다.

다중으로부터 의견을 모아 선정한 꽃들은 이렇다. 우선은 모란꽃이 가장 유력하다. 한자로는 목단(牡丹)이다. 부귀(富貴)의 상징이어서 현세적인 가치를 중시하는 중국인의 기호에 딱 맞다. 크고 듬직하며 색깔도 화려해 '꽃의 왕[花中王]'이라고도 부른다. 국력에 비해 늘 몸집이 더 크게 보이기를 좋아하는 중국인의 기질에 잘 맞는 꽃이다. 화훼협회 여론 조사에서 거의 80%에 이르는 지지율을 보였다.

그 다음으로 꼽혔던 꽃은 매화(梅花)다. 겨울의 모진 추위를 이겨낸 뒤 먼저 망울을 터뜨리는 꽃이다. 삶의 고달픔을 이겨내는 의지의 상징이다. 모란 못지않게 중국인의 심성에 어울리지만, 매화는 이미 대만의 국화여서 12%를 조금 웃도는 지지에 그쳤다. 옛 문인(文人)들이 겨울의 모진 추위를 뚫고 먼저 봄소식을 알리는 강인하며 아름다운 매화를 지독히도 사랑했기에 이 꽃이 중국의 국화로 꼽힐 가능성은 늘 있다.

난초꽃은 3위에 꼽혔다. 부드럽고 우아한 자태를 지녔다는 이유다. 그 다음은 연꽃이다. 중국인은 보통 이 꽃을 하화(荷花)라고도 적는다. 중국인에게 매우 큰 영향을 미쳤던 불교(佛敎)의 대표적인 꽃이라 역시 중국 국화로서의 자격이 충분하다. 가을에 소담하게 꽃을 피우는 국화(菊花)도 한 자리를 차지했다. 추위에 굴하지 않는 강한 기질이 돋보였기 때문이다. 중국은 곧 국회격인 전국인민대표대회(全人大)에 상정해 나라꽃을 결정할 예정이다.

그러나 '불청객' 하나가 슬쩍 모습을 드러냈다. 부추꽃, 즉 구채화(韭菜花)다. 일상에서 부추를 좋아하는 사람은 많지만, 그 꽃은 사실 퍽 낯선 존재다. 모란이나 매화, 국화 등과 견주면 영 어울리지 않는다. 그러나 여론조사에서 이 부추를 꼽는 사람이 의외로 많았다고 한다. 중국에서 이 부추가 국화를 꼽는 반열에 느닷없이 오른 곡절은 남다르다. 사람들은 위에 자라난 부분을 베어 먹지만 부추는 금세 또 자란다. 그런 속성 때문에 중국 증시에서는 부추를 '개미 투자자'에 비유한다. 당하고 털리면서도 계속 증시에 뛰어드는 소액의 개인 투자자다.

부추꽃의 모습이다. 요즘 중국인들은 웃자란 부분을 늘 뜯기는 부추를 보며 자신의 신세를 떠올린다고 한다.

 '부추를 베다[割韭菜]'라는 말도 어느덧 유행어로 자리를 잡았다. 유력한 계층이 힘없는 사람의 재산 등을 부추 베어 먹듯 가로챈다는 뜻이다. 공산당과 정부의 강력한 통제와 간섭을 견디면서 살아야 하고, 부패와 비리 공무원에게 늘 뜯기며 살아가야 하는 중국 일반인들이 부추에 어느덧 자신의 모습을 투영했던 듯하다. 나라꽃 선정에 이 부추가 줄곧 주목을 받았다니 현대 중국의 민생(民生)도 아주 고달픈가 보다.

호리병박과 중국 국경일

중국인들이 아주 좋아하는 식물 중 하나는 호로(葫蘆)다. 우리는 보통 호리병박이라고 부른다. 줄기가 여럿 감기며 올라가는 덩굴성이고 씨앗도 많다. 중국인이 이 열매를 특히 좋아하는 이유는 여럿이다. 우선 호로와 중국어 발음이 비슷한 단어가 복록(福祿)이다. '호로'와 '복록'의 현대 중국어 표준 발음은 각각 '후루'와 '푸루'다. 얼핏 들으면 같은 대상을 가리키는 말로 들린다. '복록'이라는 단어에는 행복, 더 나아가 높은 벼슬자리를 얻어 출세한 뒤 받는 고액의 샐러리라는 뜻이 담겨 있다. 게다가 호로가 지닌 복잡한 덩굴과 풍부한 씨앗은 번영(繁榮)에 다산(多産)까지 의미한다.

색깔까지 황금색이다. 커다란 박을 몇 개 엮으면 물에도 뜬다. 부(富)를 상징하고, 물에 빠진 사람의 목숨을 건지는 구명(救命)의 용도도 있으니 더할 나위 없다. 그런 호리병박에 장수(長壽)의 기원까지 곁들이면 최고다. 행복과 높은 샐러리, 거기에 아주 오래 살 수 있으리라는 세 가지의 기원은 보통 '복록수(福祿壽)'로 적는다. 한 사람의 평생에서 누릴 수 있는 기쁨 중에 이 세 가지가 으뜸이라고 중국인들은 철석같이 믿는다.

그래서 '복록'을 가리키는 진짜 호리병박을 말린 뒤 그 위에 장수를 축원하는 글귀를 새겨 선물하는 습속이 발달했다. 행복과 출세, 거기다가 장수를 모두 축원하는 뜻이다. 아울러 다산과 번영도 상징하니 중국인의 선물로서는 '센스만점'이다. 이런 의미를 부여하며 중국의 '복록수'를 향한 선망은 오늘날에도 굳건히 이어지고 있다.

예나 지금이나 삶에서 맞이하는 기쁨, 즉 경사(慶事)를 향한 중국인들의 집착은 대단하다. 전란과 재난이 셀 수도 없이 많이 닥쳤던 역사적 환경에서 중국인들이 키운 현세적 가치관이 큰 토대다. 멀고 험난한 곳에 있는 가치(價値)보다는 눈앞에 펼쳐지는 현실에서의 이익(利益)을 더 추구하다 보니 이런 직접적인 소망과 희구가 발달한 곳이 중국이다.

기쁨을 가리키는 대표적인 글자 하나는 경(慶)이다. 옛날에는 매우 귀했던 사슴 가죽[鹿], 사람의 마음[心], 어떤 행위[夊]를 표현하는 글자다. 따라서 값비싼 사슴 가죽을 선물로 주는 동작, 또는 그 마음을 뜻한다. 글자 초기 꼴에서 이 점은 뚜렷하게 나타난다. 이 글자로 만들어진 단어는 무수하다 싶을 정도로 많다. 집안에 닥친 기쁜 일은 가경(家慶), 과거급제의 기쁨은 과경(科慶), 후대가 선대의 덕으로 받는 복은 여경(餘慶)이다. 기쁜 일 자체는 희경(喜慶)이다.

매년 10월 1일은 현대 중화인민공화국의 건국일, 즉 국경(國慶)이다. 그러나 하강하는 경제, 미국과의 분쟁에 대외 환경까지 합쳐져 요즘 중국이 맞이하는 국경절 분위기는 그리 썩 밝지가 않다. 강경한 도널드 트럼프 미국 대통령의 취임으로 중국의 안팎 사정은 조금도 나아질 기미가 없다. 아주 현세적이어서 어느 때는 매우 당돌하다 싶기도 한 중국인의 마인드로 이 난국을 무사히 돌파할 수 있을지 궁금하다.

6

경계 너머의 풍경

균열은 어디서 시작되는가

▄

풍경은 종종 말보다 많은 것을 말한다. 난초꽃이 피어 있는 자금성의 담장, 흐릿하게 번지는 장강의 안개, 항구에서 불어오는 바람 — 이런 것들은 직접적으로 어떤 의미를 말하지 않는다. 하지만 그 침묵 속에서 우리는 구조의 잔상을 읽게 된다. 중심은 종종 외곽에서 드러나고, 체제는 여백에서 그 본질을 노출한다. 이중적 풍경은 그렇게 탄생한다. 똑같아 보이지만 전혀 다른 두 개의 얼굴이 나란히 서 있는 모습, 중국은 그런 경계에서 흔들리고 있다.

2025년 중국

화양(華陽)이라는 지명은 한국에도 흔하다. 서울을 비롯해 전국 여러 곳에 있다. 전쟁을 끝내고 평화를 얻고자 하는 바람이 들어있는 말이다. 본래는 중국 산시(陝西)의 화산(華山) 남녘을 일컫는다. 한자세계에서는 볕이 잘 드는 산의 남쪽을 양(陽)으로 적는다. 지구 북반구의 산에서는 남쪽 사면에 볕이 잘 든다고 해서 이런 구분이 생겨난 것이다. 산의 북사면(北斜面)은 따라서 그 반대의 '음(陰)'으로 부른다.

'화양'이라는 단어의 유래는 이렇다. 약 3000년 전의 주(周)나라 무왕(武王)이 적국이었던 상(商)을 물리쳤다. 그는 전쟁을 종식하려는 뜻이 강했다. 그에 따라 전쟁에 동원했던 말은 화산 남녘에 방목하고 물자 운반에 썼던 소를 도림(桃林)이라는 벌판에 풀었다. 그중 전쟁에 가장 긴요했던 말을 풀어 놓은 일이 퍽 유명해졌다. 이른바 마방남산(馬放南山)이다. 그 '남산'이 곧 화산의 남녘이다. 그래서 화산의 남쪽이라는 의미의 '화양'이라고 적어도 전쟁을 끝내고 맞이하는 평화를 의미한다.

전쟁이 자주 닥쳤던 중국이었다. 역사 속의 전쟁 통계를 보면 문헌에 등장하는 대규모 전쟁의 기록이 대략 3,700회 정도에 이른다고 한다. 고증할 수 있는 중국의 역사가 4000년에 채 못 미치니 중국에 살았던 사람들은 대개 1년에 한 번꼴로 커다란 전쟁의 소용돌이에 휘말리거나, 적어도 그 영향을 받았다는 이야기다. 그런 까닭에 중국의 인문(人文)에는 싸움에 대비하고자 하는 위기의식 못지않게 평화를 이루고자 하는 염원도 함께 자라났다. 위의 단어들이 좋은 예다. '마방남산'은 다른 성어로 산마휴우(散馬休牛)라고도 한다.

비슷한 표현은 여럿이다. 대개는 '싸움을 멈추다'의 새김이 강하다. 침병(寢兵)이라는 표현이 재미난다. '병력을 쉬게 하다' 정도의 뜻이다. 에둘러 표현하는 경우도 있다. 강화(講和)가 그렇다. 상대와 화의(和議)를 모색한다는 의미다. 구화(媾和)라고도 한다. 군대를 쉬게 하는 식병(息兵), 병력을 물린다는 미병(弭兵)도 같은 맥락의 단어들이다. 그러나 요즘은 전쟁의 화력을 멈춘다는 맥락에서 정화(停火)로 적거나 아예 휴전(休戰)으로 표기한다.

요즘 중국도 '마방남산', '산마휴우'가 꿈일 것이다. 아울러 병사들을 집으로 돌려보내 단잠을 자게 하고 싶을 것이다. 평화를 협상하는 '강화',

중국의 군인 출신이 쓴 책
'초한전(超限戰)'의 표지.
세계적으로 큰 반향을 일으켰다.

화해를 모색하는 '구화'도 하고 싶을 것이다. 그러나 다 꿈에 불과할 듯하다. 미국은 자신의 턱밑에까지 바짝 다가선 중국을 그냥 두지 않을 심산이다. 더 나아가 조야(朝野) 가릴 것 없이 "이번만큼은 중국을 가만둘 수 없다"며 초강경의 제재와 압박을 예고하고 있다.

그러나 미국을 호전적이라고 탓할 수 없는 게 중국의 속사정이다. 초한전(超限戰)이라는 개념을 앞세워 전방위적으로 미국의 허점을 파고들었던 중국이기 때문이다. '초한전'은 무역, 금융, 첨단기술 등 전쟁 외의 모든 영역까지 포함해 무차별적으로 벌이는 전쟁 개념이다. 중국 발명의 이 '초한전'은 정부가 공식 언급한 적은 없지만, 중국이 미국과 서방 세계를 대상으로 줄곧 펼쳐온 신 냉전식 사고에 해당한다. 미국은 그런 중국에 바짝 경계감을 높인 상황이다. 2025년을 기점으로 미국과 중국은 본격적인 힘겨루기에 나설 전망이다.

강 건너 불

강 건너편에 난 불을 바라보는 시선에서 한반도의 인문과 중국의 그것은 적잖은 차이를 드러낸다. 한국인들은 이를 '강 건너 불구경'이라는 관용구로 표현할 때가 많다. 안에 담긴 뜻은 '나와 관계없이 무관심하게 바라보는 일'이다. 혹은, 남의 집에 난 불을 적당한 재밋거리로 간주하는 속뜻도 담고 있다.

이 '강 건너 불구경'의 중국 버전은 격안관화(隔岸觀火)다. 1차적인 풀이는 같다. 불이 난 집처럼 다급하지 않아 멀리서 지켜본다는 뜻이다. 그러나 그 안에 담긴 뜻은 우리의 쓰임과 매우 다르다. 우선은 관망(觀望)이다. 사태의 추이를 냉정한 눈으로 지켜보겠다는 자세다. 이어 불이 번져 종내 어떤 상황이 내게 닥칠지에 주목한다.

남의 집이 불에 타 없어지는 일은 개의치 않는다. 아울러 불이 붙은 집의 사람들을 돕는다는 이타적 행위는 솔직히 마음에 없다. 다음에 내가 어떤 행동을 취해야 할지를 먼저 따지며 계산하는 눈치다. 불이 나서 꺼지고, 누군가가 나서 수습하는 모든 과정에서 제 힘들이지 않고 얻는 이익인 '어부지리(漁父之利)'에 더욱 관심을 두는 분위기다.

남들이 접근하지 못하는 성벽을 쌓고 그 위에 올라서서 사태를 관망한다는 뜻의 '작벽상관(作壁上觀)', 산 위에서 호랑이 두 마리의 싸움질 결과를 지켜보는 '좌산관호투(坐山觀虎鬪)'도 같은 맥락이다. 냉정한 방관자의 입장이면서, 집요한 '셈(算)'의 태도가 돋보인다.

그런 타산(打算)의 중국 전통은 아주 유구하다. 우선 묘산(廟算)이라는 말이 눈에 띈다. 춘추시대 이전인 주(周)나라 때 이미 자리 잡은 일이다. 왕실 조상의 신위를 모셔서 매우 중요한 묘당(廟堂)에서 세우는 책략이라는 뜻이다. 이 '묘당'은 또한 임금과 주요 대신들이 모두 모여 나라의 중요한 일을 논의하는 조정(朝廷)의 의미도 함께 지니고 있다.

이 '묘산'이라는 단어는 달리 말하자면 싸움의 크고 작은 방법, 즉 전략(戰略) 및 전술(戰術)과 동의어다. 중국인들에게 훨씬 더 친근한 표현으로 적자면 곧 모략(謀略)이다. 싸움에 나서기 전 임금과 신하가 함께 세우는 전쟁의 전략이다. 셈을 할 때 사용하는 산가지[籌]를 늘어놓으며[運] 책략을 구성한다고 해서 때로는 운주(運籌)로 적기도 한다.

그런 셈과 모략의 전통이 '손자병법(孫子兵法)'에서 '삼십육계(三十六計)'에 이르기까지 면면히 흐르는 곳이 바로 중국이다. 손톱만 한 알을 손가락으로 밀어 올리거나 내려 거침없이 셈을 하는 주산(珠算)이 중국의 발명품이라는 점도 이참에 눈여겨볼 필요가 있다.

비핵화 이슈로 한반도는 늘 뜨겁다. 압록강 건너편에서 북한을 바라보며 중국이 2018년 다시 김정은을 베이징(北京)으로 끌어들였다. 김정은의 베이징 방문 뒤 중국이 펼쳐 보일 셈법이 우리에게는 퍽 큰 관심거리였다. 자유와 민주라는 가치(價値, value) 체계에서 북한을 상대하는 우리에게 집요한 이해타산의 중국은 늘 경계의 대상이다.

강호(江湖)라는 중국의 민간 세계

묘당(廟堂)이라는 단어가 있다. 왕실 제사를 지내던 종묘(宗廟)와 정치를 논했던 명당(明堂)을 합성한 말이다. 나중에는 나랏일을 집행하는 조정(朝廷)의 뜻으로 발전했다. 이 '조정'은 또 나랏일을 집행하는 조(朝)와 권력자가 일상생활의 시간을 보내는 정(廷)으로 나뉘지만, '조정'이라는 말 자체가 그런 공적인 여러 가지 사안이 벌어지는 권력 장소라는 뜻으로 쓰일 때도 있다.

이러한 묘당과 조정은 중국의 공적인 영역으로 간주할 수도 있는데, 그 대척점에 해당하는 곳이 지금도 중국에 실재하는 '강호(江湖)'다. 그 '강호'라는 낱말의 유래에는 여러 풀이가 있다. 장시(江西)와 후난(湖南) 두 성(省)의 앞 글자 하나씩을 떼와 합성한 단어라는 설도 있으나 확실치는 않다. 나중에 설명할 기회가 있겠지만, 강과 호수의 출렁이는 물결에서 유래한 '비(非)정형성'과 '불규칙성'을 나타내는 단어일 수도 있다. 어쨌든 큰 흐름으로 보면, 나라 행정과 정치가 벌어지는 공식적이면서 공개적인 곳으로부터 멀리 떨어진 일반인 삶의 터전이 곧 '강호'다.

'비정형성'과 '불규칙성'을 본질로 하는 곳이라 중국의 강호는 딱딱한 형식과 절차에 구애받지 않는다. 아울러 정부의 통제와 간섭으

중국 남북을 잇는 거대 물길인 대운하(大運河)의 한 강남 구간.

로부터 멀리 떨어진 곳이라 정치적 구속력이 약해 자유롭기까지 하다. 그러나 그곳에 몸을 들이고 사는 일은 나름대로 고단하다. 치열한 생존의 경쟁이 약육강식(弱肉强食)의 수준으로 펼쳐지기 때문이다. 그래서 강호의 분위기는 늘 험악하며 불안정한 경우가 많다.

언어도 공식적인 말과 사뭇 다르다. 은어(隱語)가 풍성하다. 강호에서 쓰였던 말은 달리 순전(唇典)이라고 했다. 그와 발음이 유사해서 보기 좋게 춘점(春點)으로 적거나, 시어(市語) 또는 항화(行話)라고도 불렀다. 예를 들면 어떤 목적으로 사람을 잡아두는 인질(人質)을 현금으로 바꿀 수 있다는 뜻의 표(票)로 표현한다. 그 인질을 묶어두면 방표(綁票), 살해하는 경우는 '찢다'의 뜻을 곁들여

시표(撕票)라고 적는 식이다. 강호의 언어 또한 공식적인 정부의 언어와는 상당히 다른 현지어일 경우가 많다.

강호를 구성하는 직업군도 퍽 다양하다. 상인(商人)과 걸인(乞人), 재주를 파는 예인(藝人), 숨어 사는 은자(隱者), 점술가, 무뢰배, 도적 등이다. 협객(俠客)이 나타나 정의를 구현한다는 설정은 무협지에서 비롯한 상상에 불과하다. 정치나 행정, 제도의 딱딱한 틀에서 벗어나 있어 중국 민간의 실제 감성과 사고를 잘 드러내는 세계다. 그래서 묘당이 중국의 얼굴이라면, 강호는 그 몸체다. 개혁·개방 이후 짝퉁 제품의 양산을 넘어 이제는 강력한 경쟁력을 갖추기에 이른 '산채(山寨) 문화'는 그런 중국 강호의 산물이다.

국가의 요소를 키우고 민간의 그것을 줄인다는 국진민퇴(國進民退)가 2010년 이후 보여 온 중국 집권 공산당의 큰 흐름이다. 그에 따라 중국 강호의 고수(高手)들이 긴장한다. 관이 짓누르면 민간이 반발한다는 관핍민반(官逼民反)의 성어가 있음에도 중국 공산당은 강호에 대한 통제와 간섭에 있어서는 늘 자신만만한 모양이다. 비즈니스에서 '강호'를 형성하는 중국 민간 또는 민영 기업들이 고전을 면치 못하는 분위기다.

달빛에서 빚어낸 스파이 전통

사이를 가리키는 한자 간(間)의 초기 꼴.

문의 틈을 비집고 들어오는 달빛이 있다면 먼저 시정(詩情)이라도 품을 만하다. 그러나 갈라진 문틈과 달빛으로부터 전쟁을 떠올리는 사고가 일찍이 중국에서 나왔다. 한자 '간(間)'을 두고서다. 이 글자는 본래 '한(閒)'으로 적었다. 열고 닫는 문(門)이라는 글자 요소 위에 달[月]이 떠 있는 모습이 글자의 초기 꼴이다. 풀이는 별다른 이견 없이 문틈으로 새어 들어오는 달빛이다. 이후 달을 가리키는 월(月)이 탈락하고 대신 해를 지칭하는 일(日)이 붙었다. 지금까지 우리가 알고 있는 '사이 간(間)'이라는 글자의 발전 자취다.

따라서 이 글자가 처음에 얻었던 뜻은 '틈'이나 '사이' 정도였다. 그럼에도 중국 문명사의 발전 역사 중 '아침'에 해당한다고 할 수 있는 춘추시대(春秋時代, BC 770~BC 403)에 일찌감치 이 글자는 '간첩', 즉 스파이(spy)라는 의미를 획득한다. 다소 서정적이라고 할 수 있는 문틈의 달빛을 바라보며 왜 중국 문명의 아침을 살았던 사람들은 '간첩'이라는 개념을 선뜻 유추해 낸 것일까.

우선 '간첩'이라는 조어는 〈육도(六韜)〉라는 병법서에 일찌감치 등장한다. 그러나 이를 본격적으로 개념화해 사용한 사람은 병법의 대가 손자(孫子)다. 우리에게는 '손자병법(孫子兵法)'의 저자로 잘 알려진 인물이다. 그는 중국 문명사의 '새벽'에 이미 싹튼 병법의 사유를 정교한 개념으로 정리해 하나의 뚜렷한 사상 체계로 이끈 사람이다. 중국인들은 그를 '중국 병법 사상의 중흥조(中興祖)'라고 일컫기도 한다. 그는 저작에서 간첩의 효용성을 강조하며 다섯 종류의 스파이를 거론했다.

상대 국가의 일반인을 쓰는 인간(因間), 정부에 진입한 사람을 포섭하는 내간(內間), 타국 스파이를 거꾸로 활용하는 반간(反間), 붙잡혀 처형당할 수 있는 혼란 전파자 사간(死間), 정보를 수집해 살아 돌아오는 생간(生間) 등 '오간(五間)'이다. 싸움의 사고, 즉 모략(謀略)의 전통에서 일찍 뿜어져 나왔던 스파이의 개념들이다. 명칭도 다양하다. 세작(細作)은 정규전 외에 별도의 정교한 공작을 벌인다는 뜻이다. 나쁘게 부르면 간세(奸細)다.

특별 임무 수행자는 특무(特務) 특공(特工), 남의 침상 밑에 숨은 사람은 와저(臥底), 비밀스레 염탐한다고 밀탐(密探)이다. 1800년 전에는 이미 간첩 업무를 전담하는 교사(校事)라는 기관도 등장했다. 중국은 이렇듯 비정규전의 싸움 방식을 중시한다. 정규전을 지칭하는 정(正)과 비정규전의 방식인 기(奇)를 동렬에 놓고 그 중요성을 강조했던 손자가 대표적이다. '간첩'의 맥락이 그런 비정규전의 큰 축이다.

대표적인 중국의 통신장비 기업 화웨이(華爲)를 비롯해 유학생, 학자 등이 서방의 집중 감시를 받고 있다. 모두 간첩 혐의가 있다는 이유에서다. 아울러 중국이 생산한 전자제품 등에는 원격 접속 장치인 '백도어(backdoor)' 기능이 들어가 있어 그 제품을 수입한 나라의 정보가 도·감청 당할 수 있다고 알려져 미국을 비롯한 세계 각국의 경계감이 크게 높아진 상태다. 아주 오래 전 문틈으로 비치는 달빛을 보며 생각해 낸 '간첩'의 전통이 오늘날에도 끈질기게 이어지는 중국이다.

더 굳어지는 중국의 얼굴

중국의 수도 베이징(北京)은 여행객의 시선으로 보기에도 우중충할 때가 많다. 도시의 얼굴인 천안문(天安門) 광장이 특히 그렇다. 밝은 태양이 내리쬐는 날에도 이 광장 주변은 어딘가 꽤 어둡고 무겁다는 느낌을 준다. 옛 황궁(皇宮)인 자금성(紫禁城)의 붉은 담이 우선 일반인의 심사를 짓누르고, 광장의 복판으로는 과거 최고 권력자만이 거닐던 황도(皇道)의 축선이 지난다. 거대한 건축물이 촘촘하게 들어서 있어 괜한 위축감도 든다. 황제 권력의 크기와 무게가 피부로 느껴지기 때문이다.

과거의 중국, 현대 중국의 권력 정점이 다 이곳에 자리를 틀고 있다. 옛 황제 거주지였던 자금성 남쪽으로 현대 중국의 최고 의사 결정이 내려지는 인민대회당(人民大會堂)을 비롯해 건국 영웅 마오쩌둥(毛澤東)의 초상화와 그 시신이 놓인 기념관이 들어서 있다. 불만을 지닌 사람이 시위를 하려 들면 편복(便服)의 경찰이 순식간에 나타나 곧 제압하는 곳으로 유명하다.

공산당 최고 권력의 선율(旋律), 옛 황제 권력의 기운이 그대로 살아 흐르는 곳이다. 그래서 베이징은 예로부터 '천자의 발밑[天子脚下]'이라는 별칭으로 불렸다. 그곳에서 살아야 하는 백성들은 권

베이징을 동서로 관통하는 창안(長安) 대로의 모습.

력에 짓눌려 말 잘 듣는 백성, 순민(順民)의 숙명을 피할 수 없었다.

베이징의 다른 이름은 많다. 춘추시대 연(燕)나라가 있었다고 해서 연경(燕京)으로 적었고, 북쪽의 깊고 어두운 이미지 때문에 유주(幽州)로도 불렸다. 수도가 들어서 있는 곳이라 경성(京城), 권력 교체 등으로 수도의 지위를 잃었을 때는 북평(北平), 행정구역 명칭을 따를 경우엔 탁군(涿郡), 몽골의 원(元)나라가 지배할 때는 대도(大都)였다.

그러나 베이징의 대표적 명칭 중 으뜸은 계(薊)다. 가시가 돋은 식물 '엉겅퀴'의 한자다. 이 식생이 베이징 일대에 잘 자랐던 모양이다. 약 3000년 전 이곳을 지칭했던 이름으로 문헌에 일찍 등장한다. 서양에서 유래한 꽃말로 보면 엉겅퀴는 '엄격', '근엄'이다. 손을 찌르는 가시가 많아서다. 사람을 억누르는 베이징의 분위기와 맞아떨어진다. 건국 70주년 대규모 열병식 이후로 집권 공산당은 내부 통제를 더욱 강화했다. 개혁·개방으로 조금 풀리는가 싶었던 중국의 얼굴이 더 굳어지며 딱딱해졌다. 급기야 성급히 내건 '중국 꿈(中國夢)'의 부푼 몽상이 미국의 강력한 경계심을 불러 이제 미국과 중국은 돌이킬 수 없는 단절의 강을 건너려는 참이다. 10년 전의 중국과 2025년을 맞이하는 지금의 중국 사정은 거의 하늘과 땅의 차이에 이른다고 할 수 있다. 가뜩이나 어둡고 무거운 베이징 한복판의 분위기가 침울한 빛을 띠어가고 있다.

몸집만 큰 '아기'들의 나라

우리는 흔히 중국을 '대륙(大陸)'으로 부를 때가 있다. 실제 매우 큰 나라다. 국토의 면적 또한 이미 잘 알려져 있다. 더 큰 나라도 있지만, 면적만으로 볼 때도 중국은 매우 거대한 국가다. 그래서 '대륙'이라는 표현으로 부를 때도 있지만, 실제 마음까지 큰 나라인지는 의문이다. 가끔 드러내는 중국의 신경질적이며 유치한 모습은 우리로 하여금 '대륙'이라는 호칭이 맞는지 다시 생각하게 만든다.

그럼에도 중국의 면적은 960만 ㎢다. 실제 땅 크기는 매우 어마어마한 정도다. 유럽연합 전체에 시베리아를 뺀 러시아 일부를 합쳐야 가능한 크기다. 그러니 중국이 대국임에는 분명하다. 그런 크기의 중국을 형용하는 오랜 한자 단어는 앙앙(泱泱)이다. 아주 넓은 땅을 표현한다. 그래서 자부심 또한 두드러졌다. '세상 중심에 내가 있다'는 의미의 나라 이름 중국(中國), 하늘로부터 강력한 권한을 내려 받아 땅에 세운 왕조라는 뜻의 천조(天朝)가 다 그렇다. 둘 다 중국이 스스로를 자칭한 경우다. 아울러 제가 다스리는 구역은 아예 '하늘 밑 전부'라는 새김의 천하(天下)라고 했다.

그 땅 사람들도 크고 멋질까. 얼마 전 중국사회에서 크게 유행했던 단어 하나가 있다. '커다란 아기'라는 뜻의 거영(巨嬰)이다. 실제 몸집이 큰 아기를 지칭할 수도 있지만, 이 경우는 아니다. 어른처럼 몸집이 크지만 마음 바탕이 제대로 자라지 못한 사람을 일컫는다. 단순한 아기가 아니라 성인이면서 아기 상태인 사람을 뜻한다. 2017년 중국 당국이 정하는 금서(禁書) 리스트에 오른 책 '거영국(巨嬰國)'은 중국인의 심리 상태를 "돌봐주는 이가 필요하며, 스스로 황제의 꿈에 사로잡혀 세계가 나를 중심으로 돈다고 믿는다"고 했다.

중국의 문명적 폐해를 지적한 책 '거영국(巨嬰國)'의 표지.

아울러 중국인들은 걸핏하면 조급하게 행동하는 심각한 조증(躁症), 안정에 관한 지독한 집착, 집체주의(集體主義)를 향한 광신(狂信)을 보이다 사회적 병증을 드러낸다고 분석했다. 결론은 "중국인의 집단 심리 연령은 1세 이하, 입으로만 만족감을 느끼는 구강기(口腔期) 단계에 머물러 있다"는 것이다. 14억 중국 인구에게는 모욕에 가깝다. 책이 금서에 오른 이유일 것이다.

이 대목에서 서양을 무조건 증오하며 외국 선교사와 그 가족들을 살해했던 청말(淸末) 의화단(義和團), 붉은 이념의 광기에 휩싸였던 문화대혁명의 홍위병(紅衛兵)이 우선 떠오른다. 또 경제적으로 역량이 커지자 배타적 애국심과 지나친 자국 중심주의에 기우는 요즘 중국인의 모습도 겹친다.

또한 세계 외교 무대에서 지나친 자신감에만 몰두해 외교적 관례를 무시하고 험한 막말만을 쏟아대는 중국 늑대 외교(戰狼外交)의 '늑대 전사'들 모습도 어른거린다. "이제 우리나라는 세계 최고"라는 식의 자부심에 들떠 세계 곳곳을 돌아다니며 중국 이미지를 크게 훼손하는 젊은 중국인과 온갖 무례함을 선보이는 중국 아줌마(中國大媽) 부대도 마찬가지다. 현대 중국인의 실제 모습을 알리는 거대한 모자이크의 굵직한 조각들이다.

이는 모두 매우 억압적인 고금(古今)의 중국 정치체제가 키운 기형적인 사회 및 민간심리의 산물이다. 그래도 중국 공산당은 지금 상태를 드러내놓고 자부한다. 서방의 정치체제가 선동가와 군중심리에 휘둘려 큰 함정에 빠져들 것이라 보기 때문이다. "겉모습만 민주(民主)일 뿐 내용은 포퓰리즘으로 기울 것"이라며 '거영'의 나라가 서방의 정치체제와 사회 시스템을 비웃는 형국이다.

무기력한 중국 무술(武術)

2018년 현재 39세의 쉬샤오둥(徐曉冬)이라는 중국인 남성이 있다. 별명은 '격투기 광인(狂人)'이다. 2017년 5월 중국 태극권(太極拳)을 단련한 유명 무술인 웨이레이(魏雷)에게 도전장을 냈다. 결과는 아주 싱거웠다. 두 사람이 격투를 벌인 지 20초도 채 지나지 않아 태극권의 웨이레이는 은퇴한 격투기 선수 쉬샤오둥에게 무참하게 얻어맞고 무릎을 꿇었다.

2018년 3월 쉬샤오둥은 다시 영춘권(詠春拳)에 도전장을 냈다. 영춘권은 세계적인 쿵푸 스타 '브루스 리', 즉 이소룡(李小龍)으로 인해 유명해진 중국 권법이다. 그에 앞서 영춘권을 창시한 엽문(葉問)의 일대기를 다룬 '일대종사(一代宗師)'라는 영화가 한국에서도 흥행에 성공했다. 아무튼 은퇴한 격투기 선수와 영춘권의 유명 계승자가 벌인 이 시합 또한 아주 싱겁게 끝났다. 영춘권 고수는 줄곧 도망만 다니며 얻어맞았다.

중국이 자랑하는 무술의 전통이 위기를 맞고 있다. 그러나 사실은 요즘 두드러진 현상이라고만 볼 수는 없다. 기록을 찾아보니 1974년 중국의 쿵푸와 태국의 킥복싱이 맞붙은 적이 있다. 당시 언론 보도는 "쿵푸 선수는 길면 2분 20초, 짧으면 20초도 버티지 못

홍콩 침사추이 인근에 조성한 쿵푸 스타 브루스 리(이소룡)의 동상.

했다"고 당시의 처참한 상황을 전하고 있다. 그에 앞서 1954년에는 중국 남부의 전통 무술 백학권(白鶴拳)과 태극권이 맞붙었다. 발로 낭심을 걷어차는 등 동네 왈패 수준의 주먹질만 벌여 사람들의 따가운 시선을 받았다. 1928년 400여 명의 '고수'들이 모여 벌인 무술 시합에서는 얼굴 물어뜯기, 상대방 안고 구르기 등의 졸전만을 거듭해 비난에 휩싸였다.

손에서 강력한 바람이 나가 상대를 날려버린다는 장풍(掌風)이 있고, 물 위를 걸어 다닌다는 경공(輕功)도 있다. 손에서 불을 내뿜는 화염장(火焰掌)이 있는가 하면, 사람을 밀치기만 해도 멀리 튕겨 나가게 하는 금강권(金剛拳)도 있다. 겉으로만 보면 중국 무술은 이렇듯 요란하다. 그러나 다 허풍이다. 그런 가식과 허상을 다시 깨부순 쉬샤오둥이라는 인물이 그래서 새삼 화제다. 내실보다는 겉치레에 힘을 쏟는 중국 전통문화에 당당하게 도전했기 때문이다.

중국은 그런 포장(包裝)에 능하다. 전쟁의 참혹함을 영웅들의 패권 로망으로 엮은 '삼국연의(三國演義)', 도둑과 강도들을 충절(忠節)로 각색한 '수호전(水滸傳)'이 대표적이다. 심각한 살육이 벌어져 민생은 그저 도탄에 빠져 허우적거리던 참상, 조정의 핍박으로 어쩔 수 없이 반란의 깃발을 들어 올린 민초(民草)들의 생생한 아픔을 모두 그렇게 포장을 해버렸다. 어쩌면 우리는 아직 그 '포장'만 보고 중국을 판단하는지도 모른다. 포장지를 뜯고 그 안을 찬찬히 살펴야 할 때다.

세 자루의 칼과 중국인 창업 열기

중국인 사회에서 '세 자루의 칼(三把刀)' 이야기는 제법 유명하다. 보통은 요리용 칼[菜刀], 머리 깎을 때 쓰는 칼[剃刀], 옷감 자르고자 사용하는 칼[剪刀]을 가리킨다. 다른 한편으로는 생업의 종류를 지칭한다. 요리사, 이발사, 재단사다. 칼의 종류는 지역에 따라 조금 다를 수도 있다. 예를 들어 목욕 문화가 발달했던 장쑤(江蘇) 양저우(揚州)에서는 손톱, 발톱 자르는 칼이 꼭 나온다.

별다른 밑천 없이 제 고향을 떠나 아주 먼 외지에 나간 중국인들이 창업을 시도할 때 생긴 말들이다. 이들은 특유의 근면함이 무기였다. 그러나 자본이 따로 있을 수 없는 처지였다. 가난해서 제 고향에 논마지기 한 뼘도 없는 처지가 대부분이었기 때문이다.

이들은 대신 자신의 재주를 팔았다. 어려서부터 다뤄 온 세 자루, 아니면 그 이상의 칼을 잡는 방식이었다. 그 영역은 대개 요리와 이발업, 옷감 재단, 신발 수선, 그릇 고치기, 목욕업 등 허드렛일일 때가 퍽 많았다. 고향을 떠나 자수성가한 중국인의 성공담에서는 이 같은 '세 자루의 칼' 이야기가 늘 입에 오른다.

말도 통하지 않고, 피부색이 다른 사람들과 지내야 하는 해외 삶에서는 더 그랬던 모양이다. 머나먼 이국땅으로 나간 화교(華僑)들의 성공담이 대개 더 그랬다. 전통 농경사회에서 다진 손기술과 성실함으로 화교들은 음식을 만들거나, 이발업에 종사하고 또는 옷감이나 남의 발톱 등을 손질하며 생업의 기반을 닦았다.

화교들이 '세 자루의 칼'로 성공 신화를 구가하던 시절은 이미 오래전에 지나고 말았다. 그 버전이 크게 달라졌다. 2000년대 들어서는 '삼사(三師)'가 유행이었다. 엔지니어[工程師], 의사(醫師), 회계사(會計師)다. 독립적인 전문성으로 높은 급여를 받는 사무직 또는 전문가 그룹의 인기를 반영한 듯하다. 그러나 이마저도 요즘은 더 발전했다. 이른바 '삼가(三家)'다. 과학가(科學家), 기업가(企業家), 발명가(發明家)다. 단순 사무직이나 전문 업종을 넘어 더 큰 돈과 더 높은 명예를 얻을 수 있는 사람들이 인기의 정점에 올랐다.

머나먼 이국땅에 도착해 제가 지닌 손재주로 겨우 생계를 해결하고, 가족을 부양해 간신히 살아야 했던 중국 화교들이 안정적인 직업과 그 전문성으로 지역사회의 엘리트 반열에 들어섰다가 이제는 그 수준마저 넘어 명망 높은 과학자와 기업인, 발명가의 대열로 들어서고 있다는 얘기다. 농업사회의 정체된 환경에 묶였다가 해외로 진출해 그 속박을 벗었던 화교들의 이야기였다.

그러나 이제는 중국 전역에서 그런 바람이 분다. 왕성한 창업의 열기가 식을 줄 모르는 곳이 중국이다. 최근의 한 통계는 중국인의 잠재적 창업 능력이 63%에 달해 지구촌 평균인 43%를 크게 웃도는 것으로 나타났다. 중국인의 삶과 늘 함께해 온 '세 자루의 칼' 이야기는 사실 단순한 생계형 일화가 아니었던 모양이다. 어찌 보면, "나도 주인이 되고 싶다"라는 중국인 특유의 창업 욕망을 드러낸 예시에 해당하리라는 생각이다. 마침 중국에는 오래전부터 전해지는 이런 속언이 있다. "닭의 주둥이가 될지언정 소의 꼬리가 되진 않는다(寧爲鷄口, 不作牛後)"다. 농촌사회의 오랜 속담이었으나, 다른 한편으로는 "조건이 맞으면 남의 밑에 있지 않겠다"라는 문화적 심리로 볼 수 있다. 미국의 압박으로 아주 어려운 지경에 빠져들고 있지만, 중국 제조업의 수준은 이미 많은 분야에서 한국을 넘어섰다. 중국 제조업에 견준 우리의 경쟁력을 심각하게 살펴야 할 때다.

예절 뒤에 숨긴 칼

술을 마셔도 혼자 마시는 독작(獨酌)보다는 상대와 어울리는 대작(對酌)이 낫다. '권커니 잣거니'의 뜻, 수작(酬酌)이 가능하기 때문이다. 비록 이 말은 요즘 "웬 수작이냐?"라고 눈을 부라릴 때의 쓰임으로 전락했지만….

술이 등장하는 옛 예법(禮法)도 거추장스러울 정도로 많고 복잡하다. 그러나 어느덧 전통으로 흘러 우리 삶 속에 정착한 말들도 제법 풍성하다.

잔을 적당히 채우면 짐작(斟酌)이다. 넘치게 따르는 일과 모자라게 따르는 일의 중간이라고 보면 좋다. 그래서 여러 상황을 헤아려 적정한 수준을 맞추는 일을 '짐작'이라고 적는다. 그와 비슷하게 앞뒤를 잘 헤아려 술잔을 채우면 참작(參酌)이다. 마침내 알맞게 잔을 채우면 작정(酌定)이다. "무작정 일을 벌였다"고 비난받을 때 쓰는 그 '작정'이다. 누군가 내게 잔을 권했으면 돌려서 따라줘야 한다. 보수(報酬)와 응수(應酬)다.

제사를 올리거나 남과 교제하는 상황에서 나온 조어(造語) 행렬이다. 술이 등장하는 일종의 '음주 예절'이라고 볼 수 있다. 그런 음주 예절 하나만으로도 이렇게 많은 어휘를 만들어 낸 곳이 중국이

베이징 자금성의 핵심 건물 중 하나인 태화문(太和門).

다. 그 점에서 중국은 세계적이다. '의례(儀禮)', '주례(周禮)', '예기(禮記)' 등 전적이 쏟아졌고, 예를 정치의 근간으로 삼자는 예치(禮治)의 주창자 공자(孔子)의 유가(儒家)는 중국인의 관념을 2000년 넘게 지배했다.

예전 우리도 썼던 말에 동가(東家)라는 단어가 있다. 머물고 있는 집의 주인을 가리킨다. '동녘 동(東)'이 들어간 유래는 고대 중국 예법과 관련이 있다. 주인은 동편, 손님은 서편에 서도록 했던 옛 예제(禮制)의 유산이다. 그래서 중국인들은 요즘에도 집주인을 방동(房東)으로 적는다. 주식을 보유한 주주는 고동(股東)이다. 동쪽

길에 있는 주인이라는 뜻의 동도주(東道主)는 행사와 경기 등의 주최자를 가리킨다.

오랜 예법의 전통을 지닌 곳이라 중국의 예절은 복잡하며 화려하다. 국가 단위, 또는 지방 정부 차원의 의전(儀典)은 특히 거창하고 장중(莊重)하다. 그 복잡하고 화려한 예법의 전통을 잘 살려 특유의 장중함을 강조한 중앙정부의 의전에 한국인들은 혀를 내두르는 경우가 많다. 일부는 그런 중국 의전에 흠뻑 빠져 "큰 나라로부터 대접받았다"고 흐뭇해하기 십상이다. 중국의 은근하고 정중한 의전에 도취해 제 본분을 잊기도 한다는 얘기다.

그러나 중국인들이 즐겨 쓰는 성어가 있다. 선례후병(先禮後兵)이다. 처음에는 예의로써 상대하지만, 곧 싸움을 벌인다는 뜻이다. 번잡한 예절의 이면에는 칼이 숨겨져 있다는 얘기다. '형식에 가려진 내용', '복잡한 겉면에 숨은 의도'는 우리가 중국을 살필 때 늘 눈길을 둬야 하는 대목이다.

전통을 오독(誤讀)하는 중국 지도층

'칠월류화(七月流火)'라는 성어가 있다. 액면 그대로만 보면 '칠월에 불길이 흐르다'로 이해할 수도 있지만, 사실은 그 반대다. 무더위를 상징하는 대화(大火)라는 별이 서쪽으로 흐르면서 여름이 가을에 자리를 비킨다는 뜻이다. 중국 천문(天文)의 한 현상을 설명하는 아주 오래전의 표현이었다. 그러나 그 내용을 잘 모르는 사람에게는 무척 덥다는 뜻으로 읽힐 수 있다. 유래를 잘 모르면 범할 수 있는 착오다. 일반 중국인들은 잘못 읽을 수 있는 성어이기도 하다.

그러나 이 말은 중국의 대학 중문과 1학년 학생이면 책에서 배울 수 있는 성어다. 이 성어를 잘못 인용한 대학 총장이 아주 큰 화제였다. 중국에서 내로라하는 유명 학부인 인민대학(人民大學) 총장이 이 말을 잘못 썼다. 인민대학은 중국 3대 명문 대학의 하나로, 공산당 최고위 간부의 교육기관으로 꼽히기도 한다. 대만의 고위 정치인이 2005년 여름에 이 학교를 방문하자 총장은 이 성어를 사용하면서 "환영의 열기가 어디 날씨뿐이겠느냐?"고 했다. 매우 더운 여름에 방문한 손님에게 아주 뜨거운 환영의 열기를 전한다는 뜻이었다.

더 큰 사달도 났다. 2017년 명문 베이징(北京)대학 개교 120주년 기념식이었다. 린젠화(林建華) 총장은 학생들에게 커다란 뜻을 지칭하는 '홍곡(鴻鵠)'의 포부가 필요하다는 내용의 연설을 했다. 그러나 정작 그는 '홍곡'을 '홍호(鴻浩)'로 발음했다. 중국을 상징하는 최고 학부의 총장이 '고니'를 가리키는 곡(鵠)과 '크다'는 뜻의 호(浩)라는 글자를 구분하지 못했던 것이다. 이들은 그래서 글자를 제대로 읽지 못하는 '백자선생(白字先生)'이라는 별칭을 얻었다.

중국의 시진핑(習近平) 국가주석 또한 이 혐의에서 자유롭지 못하다. 그는 총서기 취임 뒤 몇 차례 연설문을 오독했다. '노인을 돌보다'는 섬양(贍養)이라는 단어를 '우러러 공경하다'의 첨앙(瞻仰)으로 읽었고, 소중하게 여기는 규칙 금과옥률(金科玉律)을 금과률옥(金科律玉)으로 발음했다. 우리식으로 설명하자면 금과옥조(金科玉條)를 금과조옥(金科條玉)으로 발언한 셈이다. 몇 해 전 국제회의에서는 상업과 농업을 진작시키자는 성어 통상관농(通商寬農)의 뒤 두 글자를 '위에 걸쳐 입는 옷'이라는 엉뚱한 맥락의 관의(寬衣)로 읽어 화제로 떠올랐다. 시진핑 국가주석의 오독 사례는 여기에서 그치지 않는다. 어쨌든 몇 차례 오독 사례가 이어지면서 그가 인문 소양이 부족한 게 아니냐는 추측이 나오기도 했다.

이는 모두 전통 고전에서 유래한 말을 잘못 이해한 경우들이다. 그러나 그런 오독은 고쳐 읽으면 그만이다. 더 나쁜 오독이 있다.

중국의 숱한 전통 중에서 바람직하지 않은 것이 있다. 주변을 우습게 대하면서 남을 아예 자신에 복속시키려는 중화주의의 폐단이다. 중국에는 바람직한 전통도 있지만, 이렇듯 고약하고 시대착오적인 전통도 있다. 그 좋고 나쁨을 서로 바꿔 읽으면 정말 심각한 오독이 아닐 수 없다.

주원장이 명(明)을 세운 힘

명(明)나라를 세운 주원장(朱元璋)에게 큰 도움을 준 사람이 있다. 황제의 자리에 오르기 전, 패업을 향한 막바지 발걸음을 재촉하던 주원장에게 마음속의 경솔함을 눌러 채비를 더욱 견고하게 갖추도록 이끈 주승(朱升)이다. 주원장이 주변의 군벌들과 거칠고 치열한 전쟁을 치르며 왕조 창업을 위해 다가가던 무렵이었다고 한다. 주원장은 수소문을 통해 자신에게 고귀한 충고를 해줄 인물을 찾았다. 당시 초야(草野)에 숨어 있던 주승을 찾아간 주원장은 먼저 천하통일을 위한 방책을 물었다. 주승은 짤막한 권유를 건넨다.

"성을 높이 쌓고, 식량을 널리 모으며, 왕을 서둘러 칭하지 말라(高築墻, 廣積糧, 緩稱王)."

왕조 건업에 혈안이었으나 영리했던 주원장은 재빨리 이 말의 요체를 알아들었다. 그에 따라 자신의 근기(根基)를 튼튼히 다지고, 전쟁 수행을 위한 경제력 확보에 나서면서 창업 시점을 앞당기고자 서두르지 않았다. 원칙적이며 장기적인 대비책이었다. 현실의 전쟁에서 남을 이기기 위한 가장 기본적인 조건이 무엇인가를 되돌아보게끔 하는 충고였다. 실력을 다지며 겉치레에 불과한 것은 접어 두라는 내용이었다. 그런 충고 덕분인지 결국 그는 명 왕조의 건국자로 우뚝 선다.

현대 중국을 세운 마오쩌둥(毛澤東)도 이를 패러디했다. 옛 소련과의 대립이 정점을 향해 치닫던 1972년이었다. 그는 이런 지시를 내린다.

"방공호를 깊이 파고, 식량을 잘 모으며, 패권을 거론하지 말라(深挖洞, 廣積糧, 不稱覇)."

단순한 흉내 내기가 아니다. 현실의 혼란한 상황을 타개할 지혜의 큰 자락이 주승의 충고에 고스란히 담겨 있기 때문에 마오쩌둥이 그를 인용한 것이다.

주승의 당시 그 발언은 '주원장의 개국삼책(開國三策)', 또는 '아홉 글자 방침(九字方針)'으로 지금까지 전해온다. 국가를 이끄는 사람, 큰일을 이루려는 이들에게 여러 가지를 되새기게끔 하는 말로도 유명하다. '성을 높이 쌓는 일'은 제 안전의 토대를 무너뜨리지 말라는 충고다. '식량을 널리 모으는 일'은 제 동력(動力)을 잃지 말라는 권고다. '성공을 서두르지 않는 일'은 명분보다 실리(實利)에 주목하라는 뜻이다.

주원장의 후예인 현재의 중국인은 이 가르침을 절반 정도는 이뤘다. 요즘 많은 문제에 봉착했지만, 근간을 잘 유지해 개혁·개방으로 국부(國富)를 쌓았다. 그러나 어느덧 제 경계를 잊었고, 또 잃었다. 2000년대 들어서면서 중국은 꾸준하게 세계의 패권을 탐냈다. 무섭게 성장한 국력을 토대 삼아 안으로는 거센 중화민족주의를 전파하고 교육했다. 급기야 시진핑(習近平) 집권 이후에는 '중국 꿈(中國夢)'을 내세우며 속도를 냈다. 미국의 경계심이 극에 달했고, 도널드 트럼프 2기 집권이 이뤄지면서 중국은 가혹한 경제·안보 위기를 맞았다. 옛 지혜로부터 아주 멀어진 현대 중국 공산당이다. 우쭐하다가 진지한 성찰을 잃은 결과다.

중국의 흑사회(黑社會)

건달이나 깡패 등을 일컫는 중국 단어는 유맹(流氓)이다. 본래는 전란이나 재난 등에 쫓겨 정처 없이 떠도는[流] 백성[氓]을 가리켰다. 따라서 유민(流民)이라 적어도 무방하다. 마땅히 살 만한 곳이 없어 여기저기 떠돌아다니는 유민(遊民)이라는 말도 있다. 큰 차이는 없으나, 앞의 '유민'이 궁극에는 정치적으로 체제 안정을 위협할 수 있는 집단으로 비쳐 더 주목을 받기도 한다.

조직을 갖춘 폭력배는 중국에서 흑사회(黑社會)로 적는다. 현대에 들어와 생긴 조어(造語)다. 전통적인 개념은 방회(幫會)다. 먼 거리를 이동하며 스스로 무장해 각종 위험에 대응해야 했던 상인 그룹, 즉 상방(商幫)에서 유래했다고 본다. 청(淸)대 대운하에서 조운(漕運)에 종사하던 사람들이 조직한 청방(靑幫)이라는 집단이 아주 유명하다. 지금도 대만에서 명맥을 유지한다. 한때 중국을 다스렸던 장제스(蔣介石)도 이들과 인연을 맺은 적이 있다고 알려졌다.

홍방(紅幫)이라고도 적는 홍문(洪門)도 그렇다. 백련교(白蓮敎), 대도회(大刀會), 가로회(哥老會) 등으로 확산하면서 중국 민간사회를 주름잡았다. 해외 화교들이 세웠던 치공당(致公黨)은 이들의 한 세력이 정치화한 결과다. 신해혁명(辛亥革命)의 주역인 쑨원(孫

文)을 비롯해, 중국 사회에 이름을 대면 다 알 만한 여러 유명 인물들도 이런 각종 흑사회의 출신이었다고 한다.

이들 중국 흑사회의 조직은 간단치 않다. 범죄를 저지르고, 행패를 부리는 면모는 극히 일부다. 유명한 정치인과 기업인 등 명망가들까지 몸담아 견고한 사회적 네트워크를 자랑하고 있어 일부러 이런 조직에 몸을 들이려는 사람도 적지 않다. 중국이라는 사회에서 출세하려면 정상적인 생활과 함께 이런 특별한 네트워크에도 가입해야 한다는 관념들이 있다. 흑(黑)과 백(白)을 동가(同價)의 개념으로 병렬하는 중국식 흑백량도(黑白兩道) 사고의 한 단면이다.

홍콩은 홍문의 한 갈래인 삼합회(三合會)로 유명하다. 폭력을 주조(主調)로 하는 홍콩 누아르 영화의 큰 토대다. 유구한 흑사회 전통을 자랑하는 곳이 홍콩이다. 대륙의 여러 곳에서 재난과 전쟁을 피해 홍콩으로 이주한 이민 사회의 한 단면이기도 하다. 오랜 이주의 과정에서 자연스레 폭력적인 충돌이 벌어지고, 각 이민 그룹은 자위(自衛) 차원에서 폭력조직을 구성해 대응해야 했기 때문이다. 그런 폭력 조직들이 2018년 자유와 민주를 외친 홍콩 시민들의 시위 행렬에 뛰어들어 그들을 무차별 구타해 다시금 화제에 오르기도 했다.

마침 중국에서는 조직폭력을 뿌리 뽑기 위한 캠페인이 한창이었다. 그에 위기감을 느낀 홍콩 폭력조직들이 중국 당국에 충성을 다

짐하려 벌였던 일이었을지도 몰랐다. 그랬던 것일까. 어쨌거나 성난 민심에 기름을 부은 형국이라 홍콩 사태는 더 꼬이기도 했다. 겉으로는 거창한 대의명분 등을 내걸어 자신을 포장할 때도 많지만 폭력조직은 결국 폭력조직이다. 조금 더 힘 센 존재가 나타나면 반드시 꼬랑지 내리고 주구(走狗)의 역할에 나서는 집단이다.

질질 끌다가 흐지부지

시절은 퍽 수상한 때였다. 중국 대륙의 마지막 왕조인 청(淸)이 곧 기울지도 모른다는 전망이 이 하늘 저 땅을 떠돌 무렵이었다. 나라 전역이 커다란 전쟁 소용돌이에 빠져들고 있었다. 남부 광둥(廣東)에서 기승을 부렸던 태평천국(太平天國)의 민란은 어느덧 장강(長江)을 넘어 북상할 기세였다. 마지막 희망은 대신 증국번(曾國藩)에게 모아지고 있었다. 그는 강력한 후난(湖南) 지역 병력을 지휘해 민란 세력 토벌에 나서고 있었다.

그러나 좀체 민란의 병력을 이길 수 없었다. 보양(鄱陽) 호수 인근의 싸움에서 그는 잇달아 패했다. 솔직하게 그 전황을 보고해야 했던 그는 "싸웠지만 줄곧 지고 말았다"는 내용의 전황 보고를 작성한다. '누전누패(屢戰屢敗)'라는 표현이었다. 이 보고서가 왕조의 수도인 베이징(北京)에 전해지면 그는 좌천 또는 패전의 책임을 지고 죽어야 할지도 몰랐다.

그러나 그가 작성한 이 전황 보고서를 본 참모 하나가 급히 나섰다고 한다. 참모는 곧 상관의 허락을 받아 글자 두 개의 순서를 바꾼다. '누패누전(屢敗屢戰)'이었다. 결과는 아주 달랐다. 그의 상관 증국번은 왕조의 지휘부로부터 "대단한 장수"라는 찬사를 얻었다.

현대 중국에서도 지혜의 대명사로 추앙받는 청말의 대신 증국번(曾國藩)을 다룬 책.

이후 증국번은 승승장구해서 마침내 태평천국 지도부를 모두 꺾고 청나라 조정의 안정을 되찾는 일등공신으로 성장한다.

앞의 '누전누패'는 "계속 싸웠는데도 줄곧 졌다"는 표현이다. 그러나 뒤의 '누패누전'은 "줄곧 졌는데도 계속 싸웠다"는 뜻이다. '전'이라는 글자와 '패'라는 글자의 순서만을 바꿨음에도 글귀의 뜻은 완전히 달라지고 만다. 우리식으로 표현하자면 연전연패(連戰連敗)와 연패연전(連敗連戰)이다. 훌륭한 꾀를 낸 부하 참모 덕분에 증국번은 무사히 위기를 넘기고, 조정이 손에 꼽는 일등공신의 자리를 차지했다.

그러나 중국에는 이런 좋은 의미에서의 꾀만 있지 않다. 의미가 두루뭉술해서 다면적인 해석이 가능할 때가 많은 한자세계의 약점을 활용한 노림수가 자주 등장하기 때문이다. 그런 사유를 닮은 표현들은 제법 풍성하다. 닥친 위기를 우선 모면하고 보자는 이런 꾀는 "큰일은 작은 일로, 작은 일은 없던 일로 한다(大事化小, 小事化了)"는 문화적 토대를 낳기도 한다. 본래는 웬만한 일에 놀라서 허둥대지 말라는 권고다. 그러나 일상에서는 사안을 눙치다가 대충 끝낸다는 뜻으로 많이 쓰인다.

이렇듯 중국에는 '질질 끌다가 흐지부지하는 비결'이 있다. 이른바 '타자결(拖字訣)'이다. 중국인 특유의 지연(遲延)과 미봉(彌縫)의 맥락이다. 보통은 관료들이 적당하게 시간을 끌면서 사안의 해결을 차일피일 미루는 태도를 꼬집는 데 잘 등장한다. 상황의 유불리(有不利)를 헤아리고 또 헤아리다가 이로운 쪽으로 슬쩍 자리를 옮기려는 사람의 사고가 숨어 있다. 제 의중을 바로 드러내지 않고 국면을 저울질하는 이해타산(利害打算)의 모략적 사유다.

2019년 우한(武漢)에서 발생한 코로나19의 전파 및 확산 경로는 아직 명확히 밝혀지지 않았지만, 발생 초반의 은닉과 엄폐는 중국 당국의 뚜렷한 행적이었다. 그때 적절한 시기를 놓침으로써 코로나19는 불과 몇 달 사이 전 세계 모든 지역으로 퍼지고 말았다. 중국이 상황의 심각성을 제대로 깨달아 세계보건기구나 각 국가와 과감한 협조체계를 구성했다면 상황은 훨씬 나아질 수 있었다. 그 심각한 발생 초기 상황에서 중국 당국은 어쩌면 '연전연패'냐 '연패연전'이냐는 수사학적 모략과 계산에 골몰했을지도 모른다. 코로나19 발생 초기에 드러냈던 중국의 얼굴은 그때 매우 어두웠고, 태도는 미덥지 못했다.